다이라노 기요모리

가사마쓰 아키오 지음
박현석 옮김

玄 人

다이라노 기요모리

平清盛

가사마쓰 아키오
笠松彬雄

* 일러두기

1. 목차의 굵은 글씨는 역사적 주요 사건을 나타낸다.

2. 본문 속 단위 환산은 대략적인 수치다.

3. 본문 속 일본어 표기의 경우 'か와 た' 계열의 글이 어두에 올 때도 원래의 발음을 살려 'ㅋ', 'ㅌ' 등으로 표기하였다.

　　예) 교토→쿄토 / 도쿄→토쿄 / 지바→치바

4. 일본어의 'た'가 '오'로 발음되는 경우, 장음을 살려서 '오오'로 표기하였다.

　　예) 오사카→오오사카

목 차

옮긴이의 말

(1) 키요모리의 조상

신하로서 최고의 지위를 누렸던 타이라노 쇼코쿠 조카이 뉴도[1] 키요모리(平 相国 浄海 入道 清盛)는 칸무 천황(737~806)의 다섯 번째 왕자인 카쓰라바라 친왕의 9대손에 해당하는 사누키[2]의 카미(守장관) 마사모리의 손자이자 교부쿄[3] 타다모리의 적자였다.

이를 도식화해보면,

칸무 천황—카쓰라바라(葛原) 친왕—타카미(高見) 왕—타카모치(高望) 왕—요시모치(良望)—사다모리(貞盛)—쓰네히라(経衡)-마사노리(正度)—마사히라(正衡)—마사모리(正盛)—타다모리(忠盛)-키요모리—시게모리(重盛)—코레모리(維盛)

의 순서가 된다.

카쓰라바라 친왕의 아들인 타카미 왕은 무위무관(無位無官)으로 일생을 보냈으나 그의 아들인 타카모치 왕 때 비로소 타이라(平)라는 성을 받았으며 카즈사[4]의 스케(介차관)가 되었고 이후부터 신하가 되어 조정을 섬기게 되었다.

타카모치 왕의 아들인 요시모치는 친주후[5]의 쇼군(将軍장관)이 되었다

---

1) 불문에 든 귀족을 이르는 말.
2) 讃岐. 지금의 카가와(香川) 현. 사누키노쿠니, 산슈(讃州)라고도 불렸다. 국력에 의해 상국(上国)으로 분류.
3) 刑部卿. 형부성의 장관.
4) 上総. 지금의 치바(千葉) 현 중부. 카즈사노쿠니, 소슈(総州). 대국(大国).
5) 鎮守府. 나라 시대에서 헤이안 시대에 걸쳐 무쓰노쿠니에 설치되었던 군정부.

가 후에 히타치[6]의 다이조(大掾삼등관) 쿠니카(国香)가 되었다. 이 쿠니카 이후 사다모리, 쓰네히라, 마사노리, 마사히라, 마사모리까지의 6대는 각 쿠니[7]의 즈료(受領루니를 다스리던 관)로 있었으나 크게 이름을 떨치지는 못했다.

그런데 마사모리의 아들인 타다모리 대에 이르러 헤이시(平氏타이라씨)는 갑자기 세상으로부터 인정을 받기 시작했다. 타다모리가 비젠[8]의 카미(장관)로 있을 때 토바(鳥羽) 상황[9]의 요청으로 토쿠초주인(得長寿院절)을 지어 헌상했으며 서른세 칸짜리 당을 짓고 잇센잇타이(一千一体) 관음상을 모셨기에, 그에 대한 상으로 타지마노쿠니[10]를 받고 쇼덴[11]을 허락받았기 때문이었다.

타다모리는 시라카와(白河1053~1129) 천황, 호리카와(堀河1078~1107) 천황, 토바(1103~1156) 천황, 스토쿠(崇徳1119~1164) 천황, 코노에(近衛1139~1155) 천황 등 다섯 임금을 섬겼는데 문무 모두에 뛰어난 무장이었다.

시라카와[12] 상황을 섬기던 때 다음과 같은 공을 세웠다는 이야기가 전해진다. 상황은 기온노야시로(祇園社신사)의 남동쪽에 총애하는 후궁인 기온노뇨고(祇園女御)를 살게 하고 종종 그곳을 찾았다. 어느 날 밤, 은밀하게 그곳을 찾았는데 타다모리도 호쿠멘의 무사[13]로 상황을 수행했다. 그날은 비가 내려서 한 치 앞도 보이지 않는 어두운 밤이었다.

---

6) 常陸. 지금의 이바라키(茨木) 현. 히타치노쿠니, 조슈(常州). 대국.
7) 国. 옛 행정구역 단위.
8) 備前. 현 오카야마(岡山) 현의 일부. 비젠노쿠니, 비슈(備州). 상국.
9) 上皇. 천황의 자리를 후계자에게 물려준 자를 일컫는 말. 상황 가운데 불문에 든 자는 법황이라고 했다.
10) 但馬国. 현 효고(兵庫) 현 북부. 탄슈(但州). 상국.
11) 昇殿. 궁중 가운데 천황의 일상적 거처인 세이료덴(清涼殿)에 들 수 있는 자격.
12) 시라카와 천황은 1073~1087년까지 재위했는데 그 자리를 물려준 뒤에도 호리카와, 토바, 스토쿠 천황의 3대에 걸친 43년 동안 정치에 관여했다.
13) 北面の武士. 상황이나 법황의 거처를 경호하는 무사.

용맹스러운 타다모리

기온노야시로 근처까지 왔을 때, 나무 사이로 숨어서 귀신 같은 것이 지나가는 모습이 보였다. 머리를 풀어헤치고 은바늘을 다발 지은 것 같은 모습이었는데, 입에서 불티를 뿜으며 사라졌다가는 뚜렷하게 보이곤 했다. 시라카와 상황이 이상히 여겨,

"누가 가서 저 이상한 자를 잡아들이도록 하라."

라고 말했으나 수행하는 자들도 두려움을 느껴 앞으로 나서는 자가 없었다. 그때 타다모리가 용감하게 앞으로 나서며,

"말씀을 받들겠습니다."

라고 말하자마자 달려가 그 괴물을 사로잡았다. 잡고 보니 밀짚으로 엮은 삿갓을 쓰고 불씨를 작은 통에 담아 그것을 입으로 불며 사원의 등롱에 불을 붙이러 가는 노승이었다.

상황이 타다모리의 강용함을 크게 칭찬하며,

"옛날에 이치조(一条980~1011) 천황은 미나모토노 요리요시(源 頼義)를 한시도 곁에서 떠나지 못하도록 했다고 들었네. 앞으로는 그대도 짐의 곁을 떠나지 말도록 하게."

라는 고마운 말씀을 내렸다. 타다모리는 이로부터 한층 더 총애를 얻어 마침내는 기온노뇨고를 받기에 이르렀다.

이상은 무용에 관한 이야기였으며, 타다모리는 시가에도 매우 능했다. 한번은 타다모리가 비젠노쿠니에서 쿄토(京都)로 올라왔을 때 토바 상황이,

"아카시(明石)의 포구는 경색이 어땠는가? 아름답지 않았는가?"
라고 물었다.

이에 타다모리는 정좌하고 앉아 그 자리에서 '아름답다고 들은 아카시의 포구를 밤에 지났기에 파도소리만 들었을 뿐, 경색은 보지 못했습니다.'라는 내용의 시가를 지어 물음에 답했는데, 그 시가는 일본의 시가집인 『킨요슈(金葉集)』에도 실렸을 만큼 뛰어난 것이었다.

(2) 타다모리의 지용

타다모리는 이처럼 총애를 얻어 교부쿄에 임명되고 쇼덴을 허락받았으며 종종 검과 옷을 하사받고, 거기에 장원과 영주가 없는 땅을 하사받을 정도의 권세를 누렸기에 다른 공경들이 그를 시기하여 기회가 있을 때 타다모리에게 망신을 주자고 서로 상의하곤 했다.

그 결과 텐쇼(天承) 원년(1131) 11월 23일의 연회가 열리는 날 밤에 타다모리를 공격하자고 뜻이 모아졌다.

이 사실을 얼핏 들은 타다모리는,

'무사의 집안에서 태어난 자가 야습을 받는다는 건 커다란 치욕이다. 또한 그러한 소문을 들었다고 해서 출타를 그만두는 것도 역시 기개가 없는 짓이다. 자신의 몸을 보전하여 임금을 섬기는 것이 충신의 도리다.'라고 생각하여 그에 대한 준비를 해서 집을 나섰다.

타다모리의 가신 가운데 치쿠고14)의 카미(장관)인 타이라노 이에사다(平 家貞)라는 용사가 있었다. 원래는 일문이었으나 사다모리 때에 가신이 된 집안이었다. 그 이에사다가 타다모리 앞으로 나가,

"오늘 밤의 연회에 드실 때를 노려 좋지 않은 간계를 꾸민 자들이 있다고 들었습니다. 저는 원래 일문의 끝자리를 차지하고 있었으나 지금은 가신이 된 몸입니다. 이러한 때에 주군을 위해 일하고 싶으니 저를 데려가주시기 바랍니다."

---

14) 筑後. 지금의 후쿠오카(福岡) 현 남부. 치쿠고노쿠니, 치쿠슈(筑州). 상국.

타이라노 타다모리

라고 말했기에 타다모리도 그를 데려가기로 했다. 이에사다는 가벼운 갑옷차림으로 칼을 차고 세이료덴(주11 참조) 앞의 뜰에서 대기하고 있었다.

이에사다의 아들인 헤이로쿠 이에나가(平六 家長)는 당시 17세였는데 그도 무장을 하고 세이료덴을 멀리서 바라보며 아버지가 '오너라.'라고 말하면 바로 달려갈 준비를 한 채 기다리고 있었다. 이러한 모습을 보고 공경들이 이에사다를,

"세이료덴 부근에 신분이 비천한 자가 있다니, 이 어찌된 일이란 말이냐? 무례한 놈, 당장 물러나라."

라고 나무라자 이에사다는 참으로 침착하게,

"저희 주군이신 비젠의 카미(타다모리)께서 오늘 밤 야습을 당하실 것이라는 소문을 들었기에 나리를 지켜드리기 위해서 대기하고 있는 것입니다."

라고 대답했는데, 그 모습은 일이 벌어지면 어디까지고 주군을 위해 뛰어들 듯한 기세였다.

타다모리는 검은 옻칠을 한 단도를 옷 위에 비스듬히 차서 손잡이가 사람들의 눈에 띄게 했다. 이러한 대비가 있었기에 그날 밤의 야습은 소문으로 그쳤을 뿐, 별다른 일은 일어나지 않았다.

타다모리가 누이도노(縫殿)에서 쿠로도(黑戶) 쪽으로 가고 있자니 그 부근에서 수상한 자가 어슬렁거리고 있었다. 타다모리는 바로 눈치챘으나 아무런 말도 하지 않고, 1자 3치(40㎝)짜리 칼을 뽑아 번쩍번쩍 빛나는 것을 머리 위에서 휘둘러본 뒤,

"아아, 이 칼로 무례한 악한들을 썩둑썩둑 베고 싶구나."

라고 말했다. 그러자 수상한 자가 그 자리에서 털썩 쓰러져버리고 말았다. 그것은 타다모리의 모습을 보고 깜짝 놀라 졸도해버린 겁쟁이로, 추구[15]의 스케(亮차관)인 히데나리(秀成)라는 자였다. 이 자 등이 주모자가 되어 야습을 꾀했던 것이다.

그날 밤의 연회에서는 천황 앞에서 춤을 추기로 되어 있었다. 타다모리가 임금의 부름을 받아 춤을 추기 시작하자 사람들은,

"이세 헤이시(伊勢 平氏)는 스가메(すがめ)다."

라며 장단을 맞추었다.

헤이시(타이라 씨)는 영지인 이세노쿠니[16]에서 오래도록 살았기에 사람들은 그들을 이세 헤이시(이세의 타이라 씨)라고 불렀는데 타다모리는 마침 애꾸눈이었다. 이에,

"이세 헤이시의 타다모리는 스가메(애꾸눈)다."

라는 뜻과,

---

15) 中宮. 황후의 거처.
16) 伊勢国. 현 미에(三重) 현의 대부분. 세이슈(勢州). 대국.

"이세에서 만드는 헤이시(호리병)는 스가메(질그릇)다."

라는 말을 교묘하게 연결지어 타다모리를 조소한 것이었다.

타다모리는 화가 났으나 달리 방법이 없었기에 연회가 채 끝나기도 전에 자리를 떴으며, 시신덴[17] 뒤에서 토노모리즈카사[18]를 불러 허리에 찼던 칼을 칼집째 건네주며,

"훗날 틀림없이 이것을 살펴보자고 할 터이니 잘 맡아두고 있게."

라고 말한 뒤 궁에서 물러났다. 기다리고 있던 이에사다가 걱정스럽다는 듯,

"안의 모습은 어땠습니까?"

라고 물었는데 있었던 일을 그대로 들려주면 당장 칼을 빼들고 달려들 기세였기에,

"그래, 별일 없었네."

라는 대답과 함께 그를 데리고 집으로 돌아갔다.

연회가 끝난 뒤 공경들이 토바 상황에게,

"설령 타다모리가 무가에서 태어난 자라 할지라도 어전에 들 때 칼을 찼다는 건 방약무인한 행동입니다. 게다가 신분이 낮은 비천한 가신을 정원 안으로 끌어들인 일도 그냥 넘어갈 수 없는 일이라 여겨집니다. 깊이 헤아리시어 타다모리처럼 무례한 자는 어전에 들지 못하도록 처분해주시기 바랍니다."

라고 아뢰었다. 이에 토바 상황이 놀라 곧 타다모리를 불러 진상을 물었다. 타다모리는,

"가신이 정원까지 들어온 것은 저도 모르는 일이옵니다. 아마도 야습이 있을 것이라는 소문을 듣고 가신으로서 걱정이 되어 제게는 알리지도

---

17) 紫宸殿. 헤이안 시대 궁궐의 정전. 각종 의식이나 공사를 행하던 곳.
18) 主殿司. 후궁의 청소·수레·등불 등을 관장하던 도노모리료의 관원.

칼을 살펴보는 토바 상황

않고 들어온 것인 듯합니다. 그에 관해서는 그 어떤 질책도 마다하지 않겠습니다. 다음으로 칼은 토노모리즈카사에게 맡겨두었으니 그것을 보신 뒤에 처분을 내려주셨으면 합니다."

라고 대답했다.

"그렇게 하도록 하지."

그리고는 그 칼을 가져오게 하여 살펴보았다. 칼은 검은 옻칠을 한 칼집 속에 들어 있었는데 그것을 뽑아보니 목검에 은박을 입힌 것이었다. 감탄한 상황이,

"치욕에서 벗어나기 위해 칼처럼 보인 것일 뿐, 이것은 칼이 아니로구나. 참으로 기발한 생각이다. 또한 가신이 정원으로 들어온 것도 무사의 관습이니 탓할 수 없는 일이다."

라며 오히려 칭찬하여 체면을 세워주었다. 이처럼 타다모리는 자신의 지용으로 커다란 사건을 교묘하게 피해나갔다.

(3) 키요모리의 탄생

타다모리의 장남으로 태어난 키요모리는 어렸을 때부터 남달리 영리했다. 얼굴도 아름다워서 어딘가 품위가 느껴졌다. 이는 앞서 말한 것처럼 아버지인 타다모리가 시라카와 상황의 총애를 얻어 어디에든 수행을 했는데 기온의 경내에서 귀신을 잡아 그에 대한 상으로 얻은 기온노뇨고(후궁)가 낳았기 때문이라고 전해진다.

시라카와 상황이 기온노뇨고를 주었을 때, 그녀는 마침 회임 중이었다. 그랬기에 타다모리에게,

"태어난 아이가 여자라면 짐의 아이로 삼겠네. 남자아이라면 그대의 아들로 삼아 훌륭한 무사로 키우도록 하게."

라고 말했다. 그런데 사내아이가 태어났기에 사람들에게는 말하지 않고 소중하게 길렀다.

사내아이가 태어났다는 사실을 어떻게든 전하고 싶었으나 적당한 기회가 찾아오질 않았다. 그러던 어느 날, 시라카와 상황이 키슈의 쿠마노곤겐[19]으로 참배를 가는 길에 키이노쿠니[20]의 이토가자카(糸我坂)라는 곳에서 휴식을 취했다. 그곳은 아리다가와(有田川ঃ)를 건너 유아사(湯浅) 쪽으로 넘어가는 길목이다. 그때 수풀 속에서 참마의 새싹이 여럿 달린 것을 꺾어 상황에게 바치며 에둘러서 그 아이가 기어다닐 수 있을 만큼 자랐다는 사실을 들려주었다. 이에 상황도 에둘러서 타다모리의

---

19) 熊野権現. 쿠마노의 3개 신사에서 모시는 신 및 신사를 일컫는다. (49)장 참조.
20) 紀伊国. 지금의 와카야마(和歌山) 현과 미에 현의 남부. 키슈(紀州). 상국.

양자로 삼으라고 대답했다.

키요모리는 12세 때 관례식을 치르고 효에[21]의 스케(佐차관)가 되었으며, 18세 때 4품이 되었기에 '4위 효에의 스케'라고 불렸는데 그러한 사정을 모르는 사람들은,

"정말 빨리도 출세했군. 화족 가운데는 이런 일도 있는 모양이야."
라고 평했다고 한다. 그때 이 말을 들은 토바 천황이,

"키요모리는 훌륭한 화족이다."
라고 말했다고 한다.

이상의 이야기는 『헤이케 이야기[22]』에 담긴 내용인데, 이 외에도 키요모리는 지에(慈慧) 대사의 환생이라는 내용도 담겨 있으니 아마도 두 내용 모두 전설이라 여겨진다.

대일본사에 '어머니는 시라카와 천황의 궁녀'라고 기술되어 있는데 이것이 진실일 것이라 여겨진다. 시라카와 천황을 모시고 있던 궁녀가 키요모리의 어머니가 된 것이라 여겨진다.

---

21) 兵衛. 어소 경비, 쿄토 내의 순시 등을 담당하던 효에후. 좌우의 효에가 있었다.
22) 平家物語. 카마쿠라 시대의 군담소설. 역사적 사실을 중심으로 헤이케의 흥망을 그린 서사시풍의 작품으로 후세의 작품에 커다란 영향을 주었다.

(4) 키요모리의 유년시절

키요모리는 어렸을 때 후지와라노 이에나리(藤原 家成)의 집에서 살았다. 아버지 타다모리가 후지와라노 무네카네(藤原 宗兼)의 딸을 아내로 맞았는데 아이가 생겼기에 무네카네의 조카인 이에나리의 집으로 키요모리를 보낸 것이었다.

키요모리는 어렸을 때부터 남달리 총명했기에,

'어떻게 해서든 일본에서 제일 훌륭한 사람이 되고 싶어. 얼른 출세하고 싶어.'

라고 늘 생각했다.

어느 날, 이에나리에게로 아자리23) 유신(祐真)이라는 승려가 찾아와서 독경을 한 적이 있었다. 그때 키요모리가,

"저희가 부처님께 기원하여 무엇인가를 얻을 수 있는 비법은 없습니까?"

라고 물었다. 스님이 잠시 생각하다,

"열심히 기원하기만 하면 무엇이든 성취할 수 있습니다. 허나 위덕(威德)을 만인 위에 베푸실 생각이라면 대위덕(大威德)의 법을 수업하시면 될 것입니다. 틀림없이 천자의 지위에 오를 수 있다고 하니."

라고 대답했다. 이에 키요모리는 크게 기뻐하며 그 스님에게서 대위덕의 법을 배웠다.

---

23) 阿闍梨. 제자들의 모범이 될 만한 고승의 경칭.

그로부터 7년 동안 정진하며 열심히 기원했다. 정확히 7년째 되던 날 밤, 기원을 하고 있자니 방 위에서,

"근행하려는 마음의 키요모리는 꽃이 피고 가지도 무성하리라."

라는 목소리가 들려왔기에 매우 기뻐하며 그 출세를 기다렸다.

그러나 아직 아무런 은덕도 입지 못했기에 쿄토의 동쪽에 위치한 오토와야마(音羽山)의 키요미즈데라(清水寺)에 모신 관음에게 천일기도를 시작했다.

비가 오는 날에도, 바람이 부는 날에도, 눈이 내리는 날에도 쉬지 않고 찾아가 천일기도를 올렸으며 그 마지막 날에는 밤새 기도를 올렸다. 한밤중, 깜빡 잠이 들어 졸다가 두 눈이 빠져 빙글빙글 돌며 어딘가로 날아가버린 꿈을 꾸었다.

잠에서 깨어난 키요모리는 한심한 일이라 생각했기에,

'그래, 신불에게 억지스러운 기원을 하면 오히려 벌을 받게 된다고 하던데, 내가 분에 넘치는 기원을 한 것이 잘못이었어. 이건 틀림없이 나의 탐욕스러운 마음을 뽑아내라는 의미일 거야.'

라고 크게 걱정했으나,

'아니, 그래도 누군가에게 한번 해몽을 부탁해보자. 다른 의미가 있는 걸지도 모르니.'

라고 생각했다. 그랬기에 키요미즈데라(절)의 산문 앞에,

<나의 눈이 빠져 공중을 맴돌며 날아가는 꿈을 꾸었는데 길몽인가, 흉몽인가?>

라고 적은 팻말을 세워 참배자들에게 물었다. 그러나 팻말을 본 자들은,

"글쎄, 길몽인지, 흉몽인지 잘 모르겠는데."

라고만 말할 뿐, 꿈에 대해서 해석해주는 사람은 아무도 없었다. 그런데 사흘째 되던 날 한 남자가 그것을 보고 끄덕이며,

"아아, 이건 경하스러운 꿈이다. 좋은 일을 '메데타이(目出たい)'라고 하지 않는가? 메데타이란 눈(메)이 나온다(데루)라고 쓰니, 이 꿈은 평소 걱정하던 일이 관음님의 음덕으로 해결되고 좋은 일을 보는 새로운 눈을 얻는다는 뜻이다. 이건 길몽이다."

라고 두어 번 되풀이한 뒤 길을 갔다. 팻말을 지키고 있던 가신이 달려와서 이 사실을 주군인 키요모리에게 고하자,

"아아, 고마운 일이로구나. 그렇게 된 거였군."

이라며 크게 기뻐하고 그 팻말을 소중히 보관했으며, 좋은 소식이 오기를 간절하게 기다렸다.

(5) 키요모리의 소년시절

키요모리는 다이지(大治) 4년(1129)에 종5위하에 서위되었으며 사효에의 스케(佐차관)에 임명되었다. 그의 나이 겨우 12세 때였다.

호엔(保延) 시절에 나카쓰카사[24]의 타이후(大輔차관)가 되었으며 빈고[25]의 카미도 겸하여 종4위상으로 승진하였다. 18세 무렵의 일이었다.

큐안(久安) 2년(1146)에는 정4위하로 승진하였으며 아키[26]의 카미(장관)에 임명되었다. 이는 29세 무렵의 일이었다.

이 무렵 키요모리는 쿠마노곤겐(신사)으로 참배를 간 적이 있었다. 이세의 아노(安濃) 포구에서 배로 참배하고 신궁(新宮) 쪽으로 갔는데 커다란 농어 한 마리가 배 위로 뛰어들었다. 수행하던 자가,

"예전에 중국 주나라 무왕의 배 위로 뱅어가 뛰어든 적이 있었습니다. 이는 무왕의 천하통일에 대한 전조였습니다. 이 물고기도 틀림없이 쿠마노곤겐이 은덕을 베푸신 것이라 여겨집니다. 자 얼른 드시기 바랍니다."

라고 고했기에 크게 기뻐하며 몸을 깨끗이 하고 수행하는 기간 중이었음에도 스스로 요리하여 키요모리 자신도 먹고 가신들에게도 먹게 하였다. 그 덕분에 다이조다이진[27]까지 승진하고 자식들도 고위고관에 오른

---

24) 中務. 천황의 국사 행위 및 후궁 관계의 정무에 종사하는 등 금중의 서무를 담당하던 관청.

25) 備後. 지금의 히로시마(広島) 현 동부. 빈고노쿠니, 비슈(備州). 상국.

26) 安芸. 지금의 히로시마 현 서부. 아키노쿠니, 게이슈(芸州). 상국.

27) 太政大臣. 태정관(다이조칸)의 장관으로 관제의 최고위.

배 위로 뛰어든 농어

것이라고 한다.

　한편 교부쿄에 오른 아버지 타다모리가 닌페이(仁平) 3년(1153) 정월 15일에 58세의 나이로 세상을 떠났기에 키요모리가 적자로서 그 뒤를 이었다. 이는 37세 무렵의 일이었다.

(6) 기온노야시로와 기온에

타다모리의 공명에 관한 전설, 키요모리의 실패담 등 헤이케(平家타이라가)의 역사와 관계가 있는 기온노야시로에 대해서 대략 이야기해보기로 하겠다.

현재 기온노야시로는 야사카(八坂) 신사로 불리며 신사 가운데서도 격식이 높은 칸페이타이샤(官幣大社)로 지정되어 있다. 이 신사의 기원을 살펴보면 사이메이(斎明) 천황 2년(656) 8월, 고구려에서 귀화하여 조정으로부터 야사카 미얏코(八坂 造)라는 성명을 받은 호족이 신라의 우두산(牛頭山)에 봉안되어 있던 신의 신령을 이 야사카로 옮겨와 받든 것이 기원이라고 한다.

이후 텐치(天智626-672) 천황 시절에 신사의 이름을 칸신인(感神院)으로 바꾸고 모시던 신을 고즈(牛頭) 천황으로 받들었다.

기온이라고 칭하게 된 것은 조간(貞観) 시절(859-877)로, 옛날에 키비 마사비[28]가 중국에서 돌아올 때 하리마노쿠니[29]의 히로미네(広峰)에 모신 고즈텐노샤(牛頭天皇社)를 야마시나지(山階寺)의 승려 엔뇨(円如)가 신탁에 의해 시모가와라(下河原)의 땅으로 신령을 나누어 모신 기온텐진도(祇園天神堂) 및 기온데라(祇園寺)가 소실되자 그것을 경내로 옮겨 합병했기에 기온노야시로라고 불리게 된 것이다.

기온에(祇園会)의 야마보코(山鉾상) 순행(巡行)은, 쿄토의 연중행사

---

28) 吉備 真備(695~775). 나라 시대의 공경, 학자.
29) 播磨国. 지금의 효고 현 남서부. 반슈(播州). 대국.

중 하나인데 일본의 축제 가운데서도 외국인에게까지 알려진 기온마쓰리(祇園祭)를 일컫는다. 매년 7월의 쿄토는 이 행사로 떠들썩하다.

그 기온마쓰리의 기원을 살펴보자면, 세이와(淸和) 천황 시절인 조간 18년(876) 여름에 매우 커다란 역병이 전국에 유행하였는데 특히 쿄토에서 맹위를 떨쳐 수많은 사람들이 목숨을 잃었다. 이에 천황이 크게 근심하여 곧 음양의 대가인 우라베 히라마로(卜部 日良麻呂)에게 역병퇴치를 위한 기도를 명했다.

히라마로는 6월 7일에 일본 60여개 주 숫자만큼의 길이 2길(6m)쯤 되는 창을 세우고 미타마에30)를 행했다. 또 같은 달 16일에 쿄토 안의 남자와 쿄토 밖의 농민에게 명하여 기온노야시로의 미코시31)를 짊어지게 하고, 길가에서는 징과 북을 두드리게 하여 미코시를 신센엔(神泉苑)으로 옮긴 뒤 기도했더니 그처럼 맹위를 떨치던 역병도 완전히 그쳤기에 사람들은 그 영험함을 깊이 숭경하게 되었다. 이를 기온 미타마에라고 불렀으며, 지금도 행해지고 있는 기온마쓰리의 기원이 되었다.

당시에는 워낙 귀하게 여겨지던 미코시(가마)였는데 그것을 짊어졌기에 이것이 미코시를 짊어지는 행사의 효시라 일컬어지고 있다. 그 마쓰리(제례, 축제)를 매년 집행하게 된 것은 엔유(円融) 천황 시절인 텐로쿠(天禄) 원년(970) 6월부터였다.

기온에에 관한 기록은 헤아릴 수도 없이 많지만 이 책과 관련이 있는 내용만을 살펴보자면, 주에이(寿永) 원년(1182) 6월의 기온에 때는 고시라카와32) 법황이 야마보코의 순행을 관람했다. 그 야마보코의 순행

---

30) 御霊会. 원한을 품은 채 죽은 영혼을 위로하기 위한 제사로 '고료에'라고도 하며 특히 기온에가 유명하다.
31) 御輿. 제례 때 신위를 모신 가마.
32) 後白河(1127~1192). 77대 천황. 1155~1158년까지 재위했으며, 양위 후 5대 30여 년에 걸쳐서 원정을 행했다. 겐지와 헤이시 투쟁의 숨은 연출자로 알려져 있다.

때 텐조비토[33] 20명이 붉은 비단 상의에 자줏빛 하의를 입고 황금 칼을 찬 아름다운 모습으로 말에 올라 행렬의 선두에 서게 된 것은 1180년대 이후부터였다.

타다모리의 공명에 관해서는 앞서 이야기한 바 있으니 이번에는 키요모리와 관계된 일을 소개해보겠다. 코노에 천황 시절인 큐안 3년 (1147) 6월의 기온에 때, 타다모리와 키요모리 부자는 오랜 숙원을 풀기 위해 기온노야시로에 덴가쿠마이[34]를 바쳤다. 그때 악인을 보호하기 위해서 무장을 한 가신 수십 명이 동행했는데 기온의 신관이 무기를 든 자는 경내로 들어올 수 없다고 제지했기에 다툼이 벌어지고 말았다. 그때 키요모리의 로도[35] 가운데 활을 쏜 자가 있었는데 거기에 맞아 부상을 입은 승려가 조정에 이 사실을 호소했다.

이에 조정에서는 이듬해 2월에 미나모토노 나리마사(源 成雅)를 기온 노야시로로 보내 제물을 바치게 했으며 키요모리에게는 동 30편을 벌금 으로 부과하고 그 죄를 면해주었다.

---

33) 殿上人. 세이료덴에 오르는 것을 허락받은 사람.
34) 田楽舞. 농악에서 발달한 무용으로 원래는 모내기할 때 행했으나 점차 대중화되어 놀이 따위에서 성행하게 되었다.
35) 郎党. 무가의 가신 중 주인 집안과 혈연관계가 없는 자.

(7) 호겐의 난

호겐(保元) 원년(1156)에 키요모리가 명성을 떨칠 기회가 찾아왔다. 그것은 호겐의 난(保元の乱)이었다. 이 난이 왜 일어나게 된 것인지 그 대략을 설명해보겠다.

한마디로 말하자면 황실의 내분과 후지와라 씨36)의 내홍이 결합하여 부자와 형제가 서로 다투고 목숨을 빼앗는 참으로 비참한 전쟁이 일어나게 된 것이다.

후지와라노 타다자네(藤原 忠実)에게는 두 아들이 있었다. 형은 타다미치(忠通), 동생은 요리나가(頼長)였다. 타다미치가 형이었기에 칸파쿠37)가 되었으나 아버지인 타다자네와 사이가 좋지 않았다. 타다미치는 시가에 능하고 서예에도 뛰어났으며 성격이 대범하여 사람들로부터 칭송받는 인물이었다.

동생인 요리나가는 사다이진38)의 자리에 올랐는데 형과는 달리 민첩하고 과감했으며 일본과 중국의 글에 대한 지식이 풍부하고 용모 또한 훌륭했다. 그리고 언제나,

"시가를 읊고 글을 쓰는 것이 제아무리 능하다 해도 그것은 소일거리에 지나지 않는 쓸모없는 일이다. 그보다는 정치에 관한 것을 열심히 공부해

---

36) 藤原氏. 헤이안 시대에 천황을 보좌하던 셋쇼·칸파쿠를 독점했으며, 역대 천황의 외척이 되어 헤이안 중기에는 후지와라 시대라 불릴 정도로 번영했다.
37) 関白. 임금을 보좌하는 조정의 신하 가운데 미성년인 임금을 보좌하는 자를 '셋쇼(섭정)', 성년 후의 임금을 보좌하는 자를 '칸파쿠'라고 했다.
38) 左大臣. 다이조칸의 실질적 장관.

야 한다."

라고 말하여 형을 비난하고 정무를 중히 여겼기에 아버지인 타다자네는 동생인 요리나가를 매우 아꼈다. 그러나 당시 사람들은 아쿠사다이진(悪左大臣)이라고 그를 불렀다.

너무나도 아낀 나머지 장자인 타다미치의 자격을 박탈했으며, 집안의 가보인 슈키다이반(朱器台盤식기)까지 요리나가에게 넘겨주었다. 이에 온화한 성격의 타다미치도 화가 나서 아버지인 타다자네, 동생인 요리나가와 절교해버리고 말았다. 날이 갈수록 이 내분이 더욱 커져서 언젠가는 밖으로 표출될 위기에 있었다.

고산조(後三条1034-1073) 천황39)이 후지와라 씨에게 압박을 가해 황실의 권위를 되찾았으며, 이후 시라카와 천황이 원정40)을 시작했다.

시라카와(72대)-호리카와(73)-토바(74)-스토쿠(75)-시게히토 친왕
└ 코노에(76)-고시라카와(77)

시라카와 천황에 이어 호리카와 천황이 즉위했는데 재위 21년 만에 세상을 떠났다. 뒤를 이어 호리카와 천황의 큰아들인 토바 천황이 즉위했다. 재위 16년 만에 큰아들인 스토쿠 천황에게 자리를 양위했다. 이때까지도 시라카와 상황이 정치를 행했기에 천하는 무사태평했다.

---

39) 어머니가 후지와라 씨가 아니었기에 즉위 후 후지와라 씨의 전횡을 억누르고 친정을 행했다. 새로운 정책을 추진하여 정치 쇄신에 노력했다.
40) 院政(일본어로는 인세이). 상황이나 법황이 천황을 대신하여 자신의 거처인 원(인)에서 행한 정치. 셋쇼나 칸파쿠의 간섭을 피하기 위해 천황의 자리를 후대에 물려주고 이러한 정치형태를 취한 것이다.

그런데 호엔 5년(1139)에 토바 상황의 총희인 비후쿠몬인(美福門院)이 아들을 낳았다. 토바 상황은 크게 기뻐하며 그를 곧 동궁으로 세웠고 에이지(永治) 원년(1141)에 3세의 나이로 즉위하게 했다. 그가 바로 코노에 천황이다.

이때부터 토바 상황을 이치인(一院)이라고 불렀으며 스토쿠 상황을 신인(新院)이라고 부르게 되었다. 스토쿠인(崇德院)은 자신의 뜻과는 상관없이 천황의 자리에서 내려왔기에 이를 매우 불쾌하게 여겼으며, 아버지인 토바인(鳥羽院)과의 사이가 벌어지고 말았다. 그러던 중 코노에 천황이 재위 14년 만에 세상을 떠나고 말았다.

신인(스토쿠)은 코노에 천황의 죽음으로 자신이 다시 즉위하거나, 혹은 자신의 아들인 시게히토(重仁) 친왕이 즉위하게 될 것이라고 생각했는데 뜻밖에도 비후쿠몬인의 계략에 의해서 이치인(토바)의 넷째 아들이 즉위하게 되었다. 그가 곧 고시라카와 천황이다. 그러한 계략을 세운 것은,

'신인이 코노에 천황을 저주하여 요절한 것이다.'

라고 생각했기 때문이었다. 이러한 사정이 있었기에 신인은 더욱 화가 났다. 이러한 때에 요리나가(동생)가 그곳을 드나들기 시작했다. 그러던 중 토바인이 호겐 원년(1156) 6월에 세상을 떠났다.

이에 요리나가는,

'시게히토 친왕을 즉위케 하여 천하를 내 뜻대로 주무르고 싶다.'

고 생각하여 여러 가지로 상의를 했으며 신인 또한,

'토바인이 세상을 떠난 이상 누구의 눈치도 볼 것 없이 천하를 잡을 수 있다.'

라고 생각했다. 이에 후지와라 씨의 암투와 황실의 내분이 원인이 되어 마침내 호겐의 난이 일어나고 말았다.

어느 날 밤, 신인이 사다이진 요리나가에게,

호겐의 난

"옛날부터 황위에 오른 예를 살펴보면 시게히토 친왕이 즉위하는 것이 당연한 일이라 생각하네. 그런데 욘노미야(四の宮고시라카와)에게 위를 넘겨주었기에 슬픈 2년을 보냈네. 하지만 이제는 이치인도 유명을 달리하셨으니 짐의 뜻대로 천하를 쥐어도 상관이 없을 듯하네."

라고 말했다. 요리나가는,

'그렇게 되면 나는 틀림없이 간파쿠가 될 수 있을 거야.'

라고 생각하여 기뻐하며,

"지당하신 말씀이십니다. 제가 할 수 있는 일이라면 무엇이든 하여 조력하도록 하겠습니다."

라고 그 계획의 실행을 권했다.

이에 신인 쪽에서는 타이라노 타다마사(平 忠正), 미나모토노 타메요시(源 為義) 등의 무사를 불러 모았다. 처음 타메요시는 고시라카와 천황으로부터도 부름을 받았으나 망설이고 있는 사이에 요리나가가 그를 설득했기에 마침내는 미나모토노 요시토모(源 義朝)를 제외한 아들 가운데 무용으로 이름이 높았던 타메토모(為朝)를 비롯하여 일문을 데리고 신인 쪽에 가담했다.

(8) 부름에 응하지 않은 키요모리

신인(스토쿠)의 계획은 곧 세상에 널리 알려지게 되었다. 쿄토 안이 떠들썩해졌다. 그 소동이 벌어지자 상하귀천을 막론하고 쿄토 안의 사람들은 가재도구를 챙겨 달아나며,

"토바 상황이 돌아가신 지 열흘도 되지 않았는데 나라에 이와 같은 난이 일어나다니 이 얼마나 슬픈 일이란 말인가."

라고 한탄했다.

궁궐에도 이 소문이 들려왔으며 미나모토노 요시토모, 무쓰41)의 신호간(新判官삼등관) 요시야스(義康=미나모토노 요시야스=아시카가 요시야스), 아키의 호간 모토모리(基盛=타이라노 모토모리) 등의 무사들이 구름떼 같은 군병을 이끌고 타카마쓰도노42)로 모여들었다.

"요시토모, 요시야스는 궐을 지키도록 하게. 그 외의 사람들은 모두 관문으로 달려가게."

라는 명령에 따라서 우지(宇治) 쪽으로는 모토모리, 요도가와(淀川)의 길로는 스에자네(季実), 아와타구치(粟田口)로는 코레시게(惟繁), 야마시나(山科) 쪽으로는 사네토시(実俊), 오오에야마(大江山) 쪽으로는 스케쓰네(助経)가 향하게 되었다.

칸파쿠 타다미치가 여러 공경들과 상의하여,

---

41) 陸奥. 지금의 후쿠시마(福島) · 미야기(宮城) · 이와테(岩手) · 아오모리(青森) 현과 아키타(秋田) 현의 일부. 무쓰노쿠니, 오슈(奥州). 대국.

42) 高松殿 코노에 천황, 고시라카와 천황이 거처하던 공간.

"모반한 자 모두 잡아들여 유배를 보내겠다."

라고 정했다.

우지로 가기 위해 모토모리가 100기쯤을 이끌고 야마토지(大和路_{도로}
명) 쪽으로 달려가고 있자니 홋쇼지(法性寺)의 이치노하시(一の橋) 부근
에서 쿄토로 향하는 이삼십 명쯤의 무사와 마주쳤다.

"그대들은 어느 지방에서 어디로 향하는 자들이오?"

라고 모토모리가 묻자,

"요즘 쿄토 안이 소란스럽다는 말을 들었기에 그 자세한 사정을 살피기
위해 상경하는 근방의 무리들입니다."

라고 대답했다. 이에 모토모리가,

"토바인 붕어 후, 주상의 허락이 있을 때까지 무사들의 상경을 제지하
라는 명을 받고 관소로 가는 길이오. 궁궐로 가는 자라면 선지(宣旨)를
받들고 온 사자를 따라서 들어가도록 하시오. 그렇게 하지 않으면 이곳을
지나게 할 수는 없소. 이렇게 말하는 나는 아키의 카미 키요모리의
차남인 아키의 호간 모토모리, 당년 17세요."

라고 이름을 밝혔다. 그러자 무리 가운데 대장인 듯한 자가,

"나도 이름 없는 가문의 사람은 아니오. 야마토노쿠니⁴³⁾의 외진 지방
에서 한동안 살았던 우노 시치로 미나모토노 치카하루(宇野 七郞 源
親治)라는 자요. 이번에 사다이진(요리나가) 나리의 부름을 받아 신인(스토쿠)
편에 가담하기 위해 가는 자요. 겐지(源氏_{미나모토 씨})는 두 주인을 섬길
수 없으니 선지가 있다 할지라도 궁궐에는 들지 않을 것이오."

라고 말하더니 앞으로 나서 길을 지나치려 했다. 헤이케(타이라 가)의 100여
기가 그들을 사로잡으려 했으나 상당히 강경한 자들이었기에 헤이케의

---

43) 大和国. 지금의 나라(奈良) 현. 와슈(和習). 대국.

세력이 크게 패하고 말았다. 이에 하는 수 없이 홋쇼지의 북쪽 외곽까지 물러나고 말았다.

모토모리가 흉도들과 고전을 펼치고 있다는 소식이 궁궐에 전해지자 무사들이 응원을 위해 저마다 달려왔다. 그러자 모토모리가 야트막한 언덕에 올라,

"지금 눈에 보이는 자들 외에 다른 적은 없다. 하나하나를 포위하여 사로잡아오도록 하라."

라고 명령하고 분투를 펼쳤기에 치카하루 이하 16명은 곧 사로잡힌 몸이 되고 말았다. 이에 모토모리는 갑옷의 왼쪽 소매에 꽂힌 화살도 뽑지 않은 채 붉게 물든 모습 그대로 궁궐로 들어가 그 경위를 고하였다. 주상이 크게 감격하여 그날 밤 바로 정4위하를 내렸다.

토바 상황이 세상을 떠난 것은 6월 2일이었는데 5일쯤부터 이번 계획이 알려지기 시작했으며 8일에는 칸파쿠 타다미치를 비롯하여 수많은 공경들이 입궐하여,

"오는 11일에 사다이진 요리나가를 귀양보내도록 하겠다."

라고 정했다. 모반의 죄가 드러났기 때문이었다.

관군은 더욱 엄중하게 준비를 했다. 키요모리에게도 관군에 가담하라는 어명이 있었으나, 아버지인 교부쿄 타다모리가 시게히토 친왕의 양육을 담당했었으며 키요모리도 친왕을 보살피는 임무를 맡고 있었기에 어느 쪽에도 가담하지 못하고 있었다. 그런데 키요모리는 대대로 명문인 무가에서 태어났고 인물도 출중했기에 비후쿠몬인이 꾀를 내어,

"토바 상황의 유명이니 궁궐을 지키도록 하라."

라고 사자를 보내어 전하게 했다. 이에 키요모리도 동생들과 아들들을 데리고 궐 안으로 들어갔다.

(9) 시게모리의 분전

신인(스토쿠)은 키타도노(北殿)로 자리를 옮겼다. 키타도노의 동문은 우마44)의 스케(助차관)인 타이라노 타다마사가, 쿠로우도노타이후45)인 타다 요리노리(多田 賴憲)와 함께 200여 기를 데리고 지켰다. 서문은 로쿠조호간(六条判官) 타메요시가 100기쯤을 데리고 지켰다. 친세이 하치로 미나모토노 타메토모(鎭西 八郎 源 爲朝)는 니시가와라(西河原)에 있는 문을 홀로 지켰다.

궁궐은 타카마쓰도노였으나 비좁았기에 급히 토산조도노(東三条殿)로 옮겼다. 타다미치를 비롯하여 쇼나곤(少納言) 신제이(信西) 등 수많은 사람들이 수행했다.

11일 오전 4시 무렵, 신인이 머물고 있는 키타도노로 관군이 밀고 들어갔다. 요시토모를 따르는 겐지(미나모토 씨)의 병사는 300여 기나 되었으며, 키요모리를 따르는 헤이케(타이라 가)의 군세는 더욱 많아서 1천 7백 기가 넘었다.

요시토모는 니조(二条)에서 동쪽으로 나아갔다. 키요모리 역시 뒤를 이어 나아가고 있었는데,

"11일은 동쪽이 막힌 날이며, 또 아침 해를 향해 활시위를 당긴다는 것은 불경한 일이다."

---

44) 右馬. 사마(左馬)와 함께 관마(官馬)를 담당하던 부서.
45) 藏人大夫 쿠로우도는 궁의 창고를 관리하는 직. 쿠로우도노타이후는 쿠로우도 가운데 위(位)가 올라 쿠로우도를 퇴직한 자를 일컫는다.

라며 산조(三条)로 내려가 강을 건너 동쪽 제방을 따라서 북쪽으로 향해 나아갔다. 그 군세 가운데 50기쯤이 선진으로 나서서,

"이곳을 지키는 자는 누구냐? 이름을 밝혀라. 나는 아키의 카미(키요모리) 나리의 로도(가신)로 이세노쿠니 사람인 후루이치(古市)의 이토 카게쓰나(伊藤 景綱)다."

"우리는 이토 고로(五郎), 이토 로쿠로(六郎)다."

라고 이름을 밝혔다. 그곳을 지키던 타메토모가 이를 듣고,

"너희 주인조차 나의 적으로는 부족할 듯한데 카게쓰나 따위가 뭐란 말이냐. 나는 하치만타로(八幡太郎) 나리의 손자이신 로쿠조호간 타메요시의 여덟 번째 아들인 친세이 하치로 타메토모다."

라고 커다란 목소리로 외쳤다. 카게쓰나가,

"내가 쏜 화살이 맞는지 안 맞는지 지켜보아라."

라며 힘껏 당겨 쏘았으나 타메토모는 꿈쩍도 하지 않고,

"그렇다면 이 화살을 한번 받아보아라."

라며 잠시 겨냥하다 퉁 쏘았다. 그러자 가장 앞에 있던 이토 로쿠로의 가슴을 관통하여 뒤에 있던 이토 고로의 갑옷 소매에 꽂혔다. 로쿠로는 그대로 말에서 털썩 떨어져 목숨을 잃고 말았다.

이토 고로가 꽂힌 화살 그대로 대장군 키요모리 앞으로 가서,

"하치로의 화살을 보시기 바랍니다. 도무지 범부의 화살이라고는 여겨지지 않습니다. 로쿠로는 이미 목숨을 잃었습니다."

라고 말하자 키요모리를 비롯하여 모두가 화살의 크기와 강함에 놀라고 말았다. 이에 키요모리가,

"나는 이 문을 공격하라는 명령을 받고 온 것이 아니니, 이 강용한 활의 명인이 있는 곳을 반드시 공격해야만 하는 것은 아니다. 동쪽 문을 공격하기로 하자."

라고 말하자 병사들이,

"동문도 여기서 가까우니 어쩌면 같은 사람이 지키고 있을지 모릅니다. 북문으로 가십시오."

라고 겁을 먹고 말했다.

당시 키요모리의 적자인 나카쓰카사의 쇼유(少輔차관) 시게모리는 19세였는데 붉은색 비단 옷에 벗풀 무늬 갑옷을 입고 은빛 우툴두툴한 투구를 쓰고 화살 24발을 메고 누른빛 말에 올라 앞으로 나서서,

"칙명에 따라 출진하였는데 적의 강함을 보고 물러서려 하다니 있을 수 없는 일이다. 모두 나를 따르라."

라고 외치며 공격해 들어가려하자 키요모리가 그것을 보고,

"저 아이를 막아라. 타메토모의 화살에 걸리면 목숨을 잃고 말 것이다. 섣불리 나서서는 안 된다."

라고 명령했기에 군병들이 앞으로 달려나가 길을 막았다. 하는 수 없이 시게모리도 카스가(春日)의 문 쪽으로 향했다.

키요모리의 로도 가운데 이가노쿠니[46] 사람으로 야마다 코자부로 코레유키(山田 小三郎 伊行)라는 강용하고 저돌적인 무사가 있었는데 대장군인 키요모리가 물러나는 것을 보고,

"타메토모가 제 아무리 강궁을 쏜다 해도 코레유키의 갑옷을 뚫지는 못할 것이다. 5대에 걸쳐 전해지며 지금까지 겪은 15차례의 전쟁에서 단 한 번도 부상을 입은 적이 없었다. 모두 지켜보기 바란다. 하치로 타메토모의 화살 하나를 받아내어 세상의 이야깃거리로 삼겠다."

라며 달려나가려 하는 것을 친구들이,

"쓸데없는 공명심은 버리도록 하게. 무익한 일일세."

---

46) 伊賀国. 지금의 미에 현 서부. 이슈(伊州). 한국(下国).

미나모토노 타메토모

라고 말렸으나 문 앞까지 나아가서 자신의 이름을 외쳤다.

타메토모는,

'틀림없이 활을 쏠 준비가 되어 있을 것이다. 화살을 한 번 쏘게
한 뒤 두 번째 화살을 메기는 동안 쏘아 떨어뜨리자.'
라고 생각하고 백마에 금빛 테두리를 두른 안장을 얹어 걸터앉아 앞으로
나아가,

"친세이 하치로가 여기에 있다."
라고 이름을 밝혔다. 코레유키는 기다리고 있던 차였기에 물론 시위
소리 높다랗게 화살을 쏘았다. 화살은 하치로 타메토모의 왼쪽 허벅지를
가리고 있던 갑옷 위에 푹 박혔다. 첫 번째 화살이 빗나갔기에 두 번째

화살을 메기는 동안 타메토모가 활시위를 힘껏 당겨 퉁 화살을 쏘았다. 코레유키가 앉은 안장의 앞쪽 둥근 부분에서부터 갑옷의 허벅지 가리는 부분을 지나 안장 뒤쪽의 둥근 부분까지 화살이 3치(9cm) 넘게 관통했다. 코레유키는 잠시 후 말의 왼쪽 옆으로 고꾸라지듯 떨어지고 말았으며 말은 강변 쪽으로 달리기 시작했다. 가신들이 달려와 주인을 어깨에 들쳐메고 아군 진영으로 돌아갔다. 이후부터는 이 문으로 공격해 들어가려는 사람이 아무도 없었다.

(10) 하리마의 카미가 된 키요모리

요시토모는 사자를 궁궐로 보내,

"적을 일거에 몰살하기 위해서는 화공을 쓰는 수밖에 없습니다. 윤허해주시기 바랍니다."

라고 칙명을 청했다. 이렇게 해서 칙명이 떨어졌기에 바람이 불어오는 쪽에 있는 추나곤(中納言) 후지와라노 이에나리의 집에 불을 질렀다. 마침 서풍이 맹렬하게 부는 밤이었기에 신인(스토쿠)이 머무는 곳까지 사나운 불길을 내뿜었다.

그러자 우에몬노타이후47) 이에히로(家弘)가 말을 타고 달려와서,

"관군이 구름떼처럼 몰려들고 있으며, 맹렬한 불길이 벌써 이곳을 덮치기 시작했습니다. 지금은 달리 방법이 없습니다. 얼른 다른 곳으로 피하시기 바랍니다."

라고 말했기에 신인은 깜짝 놀랐으며 사다이진 요리나가는 어찌해야 좋을지 몰라,

"목숨을 건질 수 있도록 그대가 힘을 써주기 바라네."

라고 말했다. 이에 신인도 급히 말에 올랐는데 너무나도 불안하게 보였기에 쿠로우도 노부자네(信実)가 말 엉덩이 쪽에 올라 신인을 끌어안았다.

사다이진의 말 엉덩이에는 쇼나곤이 올라타 사다이진을 끌어안았다. 동문을 빠져나와 키타시라카와(北白河)를 향해 달아나고 있는데 어디에

---

47) 右衛門大夫. 우에몬은 사에몬과 함께 궁성의 각 문을 경비하고 행행 시에 경호를 담당했다. 우에몬노타이후는 우에몬의 조(3등관) 가운데 특히 5위에 오른 자.

미나모토노 요시토모

서 쏜 것인지 화살 하나가 날아와 사다이진의 목에 푹 박혔다. 상처를
보니 목 아래에서부터 왼쪽 귀 위를 꿰뚫었다.

신인은 타메요시, 이에히로 등을 데리고 일단 히가시야마(東山)의
뇨이가타케(如意ヶ嶽)로 갔다가, 곧 오무로(御室)로 들어갔다.

타메요시는 토고쿠[48]로 내려가려 했으나 병에 걸려 어쩔 수 없이
히에이잔[49]에서 출가했으며, 아들 요시토모에게 의지하여 항복했다.
그리고 키요모리의 숙부인 타이라노 타다마사도 항복했다. 타다마사는
싸움에 진 뒤 조토다니(浄土谷)라는 곳에서 출가하여 깊이 숨어 있었으
나, 타메요시가 항복했다는 소식이 들려왔기에 자녀 넷을 데리고 조카인
키요모리를 은밀하게 찾아갔다. 목숨만은 살려줄 것이라 생각했던 것이
다.

키요모리도 살려주려고 마음만 먹었다면 살려줄 수 있었을 테지만,

---

48) 東国. 지금의 칸토(関東) 지방을 일컫는 말.
49) 比叡山. 쿄토 북동쪽, 시가 현과의 경계에 있는 산. 엔랴쿠지가 있어서 그 절을
히에이잔이라 부르기도 한다.

애초부터 숙부와 조카의 사이가 좋지 않았을 뿐만 아니라,

　'내가 숙부인 타다마사를 베면 틀림없이 요시토모에게도 그 아버지를 베게 할 수 있을 것이다. 설령 용서를 받는다 할지라도 참수에 처하라고 청하자.'

라고 생각했기에 우마의 스케인 타이라노 타다마사와 그의 적자인 신인의 쿠로우도 나가모리(長盛), 차남인 코고구(皇后宮황후의 궁)의 지초(侍長장관) 타다쓰나(忠綱), 삼남인 사다이진 코토(勾当장관 아래서 사무를 보던 자) 마사쓰나(正綱), 사남인 헤이쿠로 미치마사(平九郎 通正) 5명을 로쿠조 가와라50)에서 참수했다.

　그랬기에 요시토모도 울며 겨자 먹기로 아버지 타메요시를 베었다. 요시토모의 동생들도 아주 많았으나 전부 베어버리고 말았다. 그 가운데서도 오토와카(乙若)와 카메와카(亀若)이 최후는 참으로 가련했다. 타메토모는 이즈51)의 오오시마(大島)로 유배되었다가 훗날 주살당하고 말았다.

　시게히토 친왕은 출가를 하게 되었으며, 신인은 사누키로 유배당했다가 훗날 그 땅에서 숨을 거두고 말았다.

　타다자네는 나라로 달아나 모반을 꾀하고 있었기에 유배를 당할 뻔했으나 칸파쿠인 타다미치의 청으로 용서를 받았다. 그로 인해서 부자 사이도 화해를 할 수 있었다.

　이렇게 해서 호겐의 난도 매듭지어졌는데 그 공으로 키요모리는 하리마의 카미가 되었고 요시토모는 사마52)의 카미(頭장관)가 되었다.

　이때부터 겐페이53) 두 집안의 세력다툼이 마침내 격렬해지기 시작했

---

50) 六条河原. 예전에 처형장이 있던 곳.
51) 伊豆. 지금의 이즈 반도와 이즈 제도. 이즈노쿠니, 즈슈(豆州). 한국.
52) 左馬. 우마료와 함께 관마(官馬)를 관리한 사마료.
53) 源平. 미나모토 씨와 타이라 씨를 아울러 이르는 말.

다.

키요모리는 뒤이어 다자이[54]의 다이니(大弐차관)에 임명되었으며, 시게모리도 호겐 2년(1157)에 정5위하에 서임되고 사에몬[55]의 스케(佐차관) 겸 토오토우미[56]의 카미에 임명되었다. 이처럼 헤이케(타이라 가)는 날이 갈수록 세력이 커졌다.

그랬기에 세상 사람들의 질투를 사게 되었다.

---

54) 太宰. 큐슈(九州) 치쿠젠노쿠니에 설치한 지방행정관으로 군사·외교를 주요 임무로 했으며 큐슈 지방의 내정도 담당하던 다자이후(大宰府).
55) 左衛門. 우에몬과 함께 궁성의 각 문을 경비하고 행행 시에 경호를 담당했다.
56) 遠江. 지금의 시즈오카(静岡) 현 서부. 토오토우미노쿠니. 엔슈(遠州). 상국.

(11) 헤이지의 난

그 무렵, 후지와라노 노부요리(藤原 信賴)라는 사람이 있었다. 젊은 나이에 탄탄대로를 달리듯 승진하여 곤추나곤(権中納言정원 외의 추나곤) 겸 추구의 곤노타이후(権大夫정원 외의 타이후), 우에몬의 카미(頭장관)에까지 올랐으나 더욱 윗자리를 바라서 다이진타이쇼57)가 되고 싶어 했다. 그는 학문이 깊었던 것도 아니고 무술이 뛰어난 것도 아니었다. 그저 조정의 은혜를 입어 재주도 없으면서 고속승진을 한 것이었다.

그리고 그 무렵에 쇼나곤 뉴도 신제이라는 인물도 있었나. 박학다식해서 모르는 것이 없다고 일컬어질 정도였다. 게다가 고시라카와 천황의 유모인 키이노니이(紀伊二位)의 남편이었기에 천하의 대소사를 뜻대로 행했으며 천황을 보필했기에 세상이 잘 다스려지고 있었다.

호겐 3년(1158)에 고시라카와 천황은 자신의 자리를 아들에게 넘겨주었다. 그가 바로 니조(二条1143~1165) 천황이다. 그러나 신제이의 위세는 더욱 높아져서 나는 새도 떨어뜨릴 정도가 되었다. 또한 노부요리도 깊은 총애를 얻어 어깨를 나란히 할 자가 없을 정도가 되었다. 따라서 두 영웅은 반드시 다툰다는 말이 있는 것처럼 둘은 사이가 좋지 않아서 기회만 있으면 상대방을 이 세상에서 제거하겠다는 듯 서로를 미워하며 틈만 살피고 있었다.

어느 날, 고시라카와 상황이 신제이에게,

---

57) 大臣大將. 다이진(대신)이 근위대장을 겸한 것.

"노부요리가 타이쇼를 원하고 있는데 어떻게 했으면 좋겠는가?"
라고 묻자 신제이가 깜짝 놀라며,

"노부요리 따위가 타이쇼가 된다면 천하가 어지러워지는 원인이 될 것입니다. 결코 그리하셔서는 안 됩니다."
라고 대답했으나 상황은 그 대답이 마음에 들지 않은 모양이었다.

이 사실을 들은 노부요리는 신제이를 한층 더 미워하게 되었고 무예까지 연습하며 기회를 엿보았다.

처음 노부요리는 키요모리에게 접근하여 헤이케(타이라 가)의 힘으로 자신의 뜻을 이루려 했으나 키요모리는 다자이의 다이닌인 데다가 커다란 지방을 여럿 받아서 아무런 부족함도 없었기에 모반에 동의할 리 없다고 생각하여 마음을 바꾸었다.

이에 사마의 카미인 겐지(미나모토 씨)의 요시토모가 크게 대우받지 못하고 있다는 사실을 알고 접근하여 서로 상의했다.

헤이지(平治) 원년(1159) 12월 4일.

키요모리는 숙원을 풀기 위해 적자인 시게모리와 함께 키슈의 쿠마노로 참배를 떠났다. 그 사이에 노부요리가 요시토모를 불러서,

"신제이는 키이노니이(상황의 유모)의 남편이라는 자리를 이용해서 천하의 대소사를 제멋대로 주무르고 있으며, 나까지도 좋지 않게 얘기하는 등 참녕(讒佞)하기 짝이 없는 놈이오. 키요모리도 역시 그의 인척이 되어 겐지 사람들을 제거하려 꾀하고 있소. 귀하도 그 점을 생각하시어 신제이와 키요모리 두 사람을 제거할 수 있도록 힘을 보태주셨으면 하오."
라고 말했다. 이를 듣고 요시토모도,

"겐지 일문은 호겐의 난 때 조정의 적이 되어 일가 모두가 목숨을 잃고 저 혼자만 남게 되었습니다. 헤이케는 날이 갈수록 융성해져가는데

겐지는 쇠해가고 있으니 참으로 안타깝기 짝이 없는 일입니다. 이번에야
말로 겐지의 부침을 걸고 힘을 써보도록 하겠습니다."

라고 받아들였기에 노부요리는 크게 기뻐하며 묵직하게 만들어진 장검
한 자루를 그에게 주었다. 그리고 군세를 모아 준비를 시작했다.

9일 한밤중, 요시토모를 대장으로 한 500기쯤이 상황이 머물고 있는
원인 산조도노(三条殿)로 밀고 들어가 사방의 문을 차지했으며, 노부요
리가 말에 탄 채로,

"오래 전부터 총애를 얻었으나, 신제이의 참언으로 저의 목숨이 위태롭
다는 말을 들었기에 그것을 피해 잠시 토고쿠로 내려가고 싶습니다."

라고 말했기에 상황도 크게 놀라서,

"대체 누가 노부요리를 치려 한단 말이냐."

라고 말했는데, 추나곤 모로나카(師仲)가 수레를 끌고 와서 서둘러 상황
을 태웠다. 그러는 사이에도 사람들은,

"불을 질러라. 화공을 가하자."

라며 소란을 피웠다. 노부요리, 요시토모 등이 수레를 전후좌우에서
감싸고 궁궐로 들어가 잇폰노고쇼도코로58)에 상황을 가두어버렸다.

한밤중이 지나서는 신제이의 집으로 밀고 들어가 불을 질렀기에

아녀자들이 우왕좌왕 달아났다. 신제이는 모습을 바꾸어 집에서 빠져나와 여기저기 도망다니다 천문을 읽고 신변에 위험을 느껴 우지의 타하라(田原)로 몸을 숨겼으나 결국에는 발각되어 목숨을 잃고 말았다. 그리고 자녀들도 관직을 박탈당하고 말았다.

마침내 임관식이 거행되어 노부요리는 예전부터 희망했던 대로 다이진타이쇼가 되었다. 요시토모는 하리마의 카미가 되었으며 다른 이들도 각자 관위를 얻었다.

---

58) 一本御書所. 유포된 책을 따로 필사하여 보관하던 관청.

(12) 키요모리, 키슈에서 돌아오다

쿄토에서의 이 소동을 알리기 위해 로쿠하라(六波羅)에 있는 헤이케(타이라 가)의 집에서는 쿠마노로 참배를 가 있는 주군 키요모리에게 급히 사람을 보냈다. 그는 키슈의 키리메오우지(切目王子 신사)에서 키요모리를 간신히 따라잡았다.

키요모리가,

"대체 무슨 일이 벌어진 게냐."

라고 묻자,

"지난 9일 밤, 산조도노에 야습이 있어서 건물 모두 불에 타버리고 말았습니다. 신제이의 저택도 불에 타버리고 말았습니다. 이는 노부요리와 요시토모가 모의하여 헤이케(타이라 가)를 멸망시키려는 음모 같습니다."

라고 말했다. 이 말을 들은 키요모리가,

"바로 쿄토로 돌아가야 하는 건가? 기껏 여기까지 왔는데 참배도 하지 못하고 돌아가기는 안타까운 일이로구나. 어찌하면 좋을지."

라고 말하자 시게모리가,

"쿠마노에 참배하려는 것은, 현재와 미래의 안온을 빌기 위해서가 아닙니까? 지금은 상황께서 역신들에 의해 갇혀버린 중요한 순간입니다. 무신으로서 어찌 이를 구하지 않을 수 있겠습니까? 서둘러 쿄토로 돌아가셔야 합니다."

라고 말했기에 일동 모두가 거기에 찬성했다.

"아무리 그래도 적을 향해 나아가는데 갑옷 한 벌 없으니, 이를 어찌하면 좋겠단 말이냐?"

라고 키요모리가 한탄하자 치쿠고의 카미 이에사다가 묵직하게 보이는 기다란 궤짝 50개쯤을 짊어지고 오게 해서 갑옷 50벌과 화살이 담긴 전통 50개와 그 외의 무구 등을 꺼내 자신이 먼저 갑옷을 입고 칼을 허리에 차고,

"대장군을 섬기는 자로서, 이 정도의 준비는 해두었습니다."

라고 말했기에 모두가 감탄했다.

쿠마노 신사의 벳토[59]인 탄조(湛増)가 타나베(田辺)에서 사람을 보내 병사 20기를 붙여주었으며, 곤노카미(権守정원 이외로 둔 관의 장관) 유아사 무네시게(湯浅 宗重)도 30기를 이끌고 와서 가담했기에 그럭저럭 100기쯤이 되었다.

요시토모의 적남인 아쿠겐타로 요시히라[60]가 3천여 기를 데리고 셋쓰노쿠니[61]의 아베노(阿倍野)에서 기다리고 있다는 소문이 있었기에 키요모리가,

"이 적은 병력으로 대군에 맞서 덧없이 패할 수는 없다. 우선은 여기서 시코쿠[62]로 건너가 아군을 모은 뒤 쿄토로 들어가는 것이 어떻겠는가?"

라고 말하자 시게모리가,

"그 말에도 일리는 있으나 시일이 길어지면 헤이케(타이라 가)를 추토(追討)하라는 명령이 원(院상황)으로부터 떨어질 것입니다. 조적(朝敵조정의 적)이 된 뒤에는 후회해봐야 소용없습니다. 다수로 소수를 치는 것은

---

59) 別当. 친왕 · 섭정 · 대신의 집안이나 절 · 신사 등의 특별기관에 두었던 장관.
60) 悪源太郎 義平. 여기서 아쿠(悪)는 나쁘다는 뜻이 아니라, 강용하다는 뜻이다. 요시히라는 주로 아쿠겐타로 불렸으며 그는 요시토모의 장남이었다.
61) 摂津国. 지금의 오오사카(大阪) 부 북중부와 효고 현 남동부. 셋슈(摂州). 상국.
62) 四国. 일본 열도의 4대 섬 가운데 하나. 아와(토쿠시마) · 사누키(카가와) · 이요(아이치) · 토사(코치)노쿠니로 이루어져 있다.

당연한 일, 소수로 공격하여 설령 그 자리에서 목숨을 잃는다 할지라도 그것은 명예이지 결코 수치는 아닙니다. 이에사다, 어떻게 생각하는가?"

라고 묻자 치쿠고의 카미도,

"로쿠하라를 지키고 있는 분들도 얼마나 불안하시겠습니까. 서둘러 돌아가야 합니다."

라고 말했기에 마침내 도읍을 향해 달려가기로 했다.

키요모리를 비롯한 사람들 모두 참배를 위해 입었던 흰옷 위에 갑옷을 두르고,

"쿠마노곤겐 님, 이번 싸움에서 이기게 해주십시오."

라고 기도하고 그 자리에서 물러났다.

키이와 이즈미[63]의 경계인 오니(鬼)의 나카야마(中山)까지 왔을 때, 전령인 듯 말에 탄 자가 급히 달려오는 모습이 보였다.

"아쿠겐타가 보낸 사자일까?"

라며 깜짝 놀랐으나 로쿠하라에서 보낸 사람이었다.

"로쿠하라의 상황은 어떤가?"

라고 묻자,

"어젯밤, 제가 출발하기 전까지 이렇다 할 변화는 없었습니다. 단지 하리마의 추조(大宰 신제이의 아들로 키요모리의 사위) 나리께서 숨겨달라고 찾아오셨으나, 궁중으로부터의 선지(宣旨)라며 부르러 온 사람이 있었기에 어쩔 수 없이 10일 저녁에 그곳을 나가셨습니다."

라고 대답했다. 시게모리가 곁에서,

"딱한 사람들이로군. 헤이케를 의지하여 온 사람을 어찌 적의 손에 넘겨주었단 말인가. 그래서는 우리 편에 설 사람도 없을 걸세."

---

63) 和泉. 지금의 오오사카 부 남서부. 이즈미노쿠니, 센슈(泉州). 한국.

라고 말하며 화를 냈다.

　"그건 그렇고, 아쿠겐타 요시히라가 아베노에서 기다리고 있다는 소문은 사실인가?"

라고 묻자,

　"그것은 전혀 사실이 아닙니다. 이세노쿠니 사람인 이토의 병사 300여 기가, 나리께서 쿄토로 들어가실 때 함께 들어가겠다며 기다리고 있습니다."

라고 대답했기에 크게 기뻐하며,

　"적인 아쿠겐타가 아니라 든든한 아군이었군. 모두 서둘러라."

라고 앞으로 나아가 이즈미노쿠니의 오오토리(大鳥) 신사에 도착했다. 거기서 시게모리가 아끼던 토비카게(飛鹿毛)라는 말에 하얀 안장을 얹어 제물로 헌상했다. 그때 키요모리가,

　<지금의 나는 누에. 누에가 부화하여 나방이 되면 날아올라 산란(産卵)할 테니, 오오토리의 신이시여 키워주시길.>

이라는 내용의 시를 지었는데 그 뜻은,

　'쿄토로 돌아가 적을 물리쳐 나를 지키고 자손을 번창케 해주기 바란다.'

는 것이다.

　키요모리는 우선 후시미(伏見)의 이나리(稲荷) 신사에 참배하고, 삼나무 가지를 꺾어 갑옷 소매에 꽂은 뒤, 로쿠하라에 있는 자신의 집에 도착했다.

　노부요리 쪽에서는 '오늘 밤, 키요모리 군이 공격해올 것이다.'라며 투구의 끈을 묶고 기다리고 있었다.

(13) 로쿠하라로 온 주상

10일부터 로쿠하라에서는,

'어전(御殿노부요리 측)에서 공격을 해올 것이다.'

라며 대비를 하고 있었고, 어전에서는,

'로쿠하라에서 공격해 들어올 것이다.'

라며 수선을 떨었다. 이처럼 겐페이 두 집안의 군이 쿄토의 시라카와를 뛰어다녔다.

26일의 깊은 밤에 쿠로우도 시게요리(成頼)가 잇폰노고쇼도코로로 와서,

"상황께서는 어떻게 생각하십니까? 오늘 밤이 밝기 전에 일대 격전이 벌어질 듯합니다. 서둘러 다른 곳으로 피하시기 바랍니다."

라고 말했기에 고시라카와 상황은 깜짝 놀라 닌나지(仁和侍)로 몸을 피했다.

니조 천황은 여장을 하고 어전의 키타노진(北の陣)을 통해서 밖으로 빠져나왔다. 키요모리의 가신인 이토 카게쓰나가 수레와 함께 성 외곽의 동쪽 문으로 나와 나는 듯이 길을 서둘렀다. 시게모리를 비롯하여 요리모리(頼盛), 쓰네모리(経盛) 등 300여 기가 도중에서 기다리고 있다가 수레를 지키며 로쿠하라로 들어갔다. 헤이케 사람들은 기뻐하며 사기가 올랐고, 곧 쿠로우도 시게요리로 하여금 로쿠하라를 황거(皇居)로 삼게 했다. 그리고,

"조적(조정의 적)이 되고 싶지 않은 자들은 서둘러 달려오라."

고 포고했기에 칸파쿠를 비롯하여 다이조다이진, 사다이진, 나이다이진(內大臣) 등이 앞 다투어 달려왔다. 병사들도 늦을세라 몰려들었기에 로쿠하라의 문 앞은 구름떼와 같은 대군으로 강변 근처까지 넘쳐났다.

그런 줄도 모르고 노부요리는 평소와 다름없이 술에 취해서 누워 있었는데 27일 이른 아침에 나리치카(成親)가 달려와서,

"어찌 이러고 계십니까? 주상께서는 이미 다른 곳으로 자리를 옮기셨습니다. 이제 이곳에 남은 쿠게[64]는 아무도 없습니다. 아무래도 운이 다한 듯합니다."

라고 말했다. 노부요리는,

"무슨 허황된 소리를 하는 게냐. 쓰네무네(経宗)와 코레카타(維方)에게 엄히 명령을 해두었으니 걱정할 것 없다."

"아니, 그 사람들이 일을 꾀했다고 합니다."

라는 말을 듣고 서둘러 가보니 천황도 상황도 보이지 않았기에 깜짝 놀라 나리치카에게,

"이 사실을 누구에게도 발설해서는 안 된다."

라고 속삭였다.

그러는 사이에 로쿠하라의 군이 공격해 들어올 것이라는 말이 들려왔기에 사람들은 그에 대한 대비를 했다. 노부요리는 빨간 히타타레[65] 위에 국화문양이 들어간 자줏빛 갑옷을 입고, 황금빛 칼을 차고, 뿔이 달린 은빛 우둘투둘한 투구를 쓰고 시신덴의 정면 중앙에 앉아 있었다. 차림새만은 아주 훌륭한 대장처럼 보였다.

---

64) 公卿. 조정에서 벼슬을 하는 3품 이상의 고관. '쿠교'라고도 읽었으며, 한자로 '公家'라고도 썼다.

65) 直垂. 원래는 평민들의 옷이었으나 훗날 무가에서 예복으로 입었으며, 쿠게들도 일상복으로 입게 되었다. 갑옷 안쪽에 입는 히타타레는 '요로이(갑옷)히타타레'라고 불렸다.

무사들의 대장인 사마의 카미 요시토모도 적자인 아쿠겐타 요시히라와 함께 말을 타고 닛카몬66)으로 나아갔다. 둘째 아들인 토모나가(朝長), 셋째 아들인 요리토모(賴朝)도 그 뒤를 따랐다.

황거가 된 로쿠하라에서는 공경들의 회의가 열렸는데 키요모리도 부름을 받았기에 남색 히타타레에 검은색 가벼운 갑옷을 입고 좌우의 팔에 보호구를 차고 굴건을 쓰고 임금 앞에 엎드렸다. 토노추조67) 사네쿠니(実国)를 통해서,

"조정은 굳건하여 무너질 리 없으니 이번에도 역신이 멸망할 것은 의심의 여지조차 없는 사실일세. 허나 지금은 마침 궁궐을 새로이 조영한 때이니 병화(兵火)를 입어서는 안 되네. 관군(타이라 군)이 거짓으로 패해 물러나면 적은 틀림없이 추격에 나설 테니, 그때 관군이 궁궐로 들어가 화재를 면할 수 있도록 일을 꾀해주었으면 하네."
라고 말했기에 키요모리는 공손하게,

"역도는 곧 치도록 하겠습니다. 그리 시간은 걸리지 않을 것입니다. 그러나 화재가 나지 않도록 하라는 칙명은 쉬운 일이 아니라 여겨집니다. 그래도 무략을 충분히 발휘하여 궁궐에는 피해가 없도록 하겠습니다."
라고 대답하고 물러났다.

그런 다음 드디어 노부요리, 요시토모의 공격에 나섰는데 천황이 와 있었기에 키요모리는 로쿠하라를 지키기 위해 남았고, 시게모리가 대장군이 되어 궁궐로 향했다.

---

66) 日華門. 궁궐의 내곽에 있는 문. 시신덴 남쪽 정원의 동쪽에 있었다.
67) 頭中将. 코노에(近衛)의 추조(차관)로 쿠로우도의 토우(장관)를 겸한 자.

(14) 타이켄몬 전투

대장군은 사에몬의 스케(차판)인 시게모리와 미카와68)의 카미(장판)인 요리모리, 사무라이로는 치쿠고의 카미 이에사다와 그의 아들인 사에몬의 조(尉삼등판) 사다요시(貞能), 슈메의 호간69) 모리쿠니(盛国)와 그의 아들인 우에몬의 조 모리토시(盛俊), 요사자에몬노조(与三左衛門尉) 카게야스(景安), 신도(進藤) 사에몬 이에야스(家泰), 난바 지로 쓰네후사(難波 次郎 経房), 세노오 타로 카네야스(瀬尾 太郎 兼康), 이토 무사(武者) 카게쓰나, 타테 타로 사다야스(館 太郎 貞康), 타테 주로 사다카게(館 十郎 貞景)를 비롯하여 총 3천여 기가 로쿠하라를 나서 카모가와(강)를 건너 서쪽 강변에 자리 잡았다.

시게모리는 당년 23세. 오늘 전투의 대장군으로 붉은 비단 히타타레에 치자색 갑옷을 입고, 용의 머리 모양 투구를 쓰고, 오가라스(小烏)라는 칼을 차고, 흑백 반점이 있는 매의 꼬리깃으로 화살깃을 만든 화살을 메고, 묵직한 등나무로 만든 활을 들고 말에 오른 모습은 참으로 늠름한 젊은 무사였다.

시게모리가 커다란 목소리로,

"연호는 헤이지(平治), 도읍은 헤이안조(平安城), 우리는 헤이시(平氏)이니 셋 모두에 헤이(平)가 갖추어져 있다. 적을 평정(平定)할 것은

---

68) 三河. 지금의 아이치(愛知) 현 동부. 미카와노쿠니. 산슈(三州·参州). 상국.
69) 황태자의 승마·마구를 관리하던 부서인 슈메쇼(主馬所)의 장관으로 케비이시를 겸한 자.

이미 정해진 일이다. 자, 각자 무용을 떨쳐 명예를 얻도록 하라."

라고 말하고 3천여 기를 3갈래로 나누어 요메이(陽明), 타이켄(待賢), 유호(郁芳) 3개의 문으로 밀고 들어갔다.

궁궐에서는 세 방면의 문을 군게 걸어잠그고 정면을 열어두었다. 쇼메이(承明)와 켄레이(建礼) 2개 문 옆의 작은 문도 열어놓았으며, 시신덴 앞뜰에 말을 여럿 끌어다놓았다. 그리고 겐지(미나모토 씨)의 백기를 20개 세워놓았으며 군병들이 정원에 가득했다. 한편 헤이케(타이라 가) 군은 홍기 30여 개를 치켜들고 3천여 기가 한꺼번에 함성을 질러 궁궐을 뒤집어놓을 듯한 기세였다. 이에 노부요리의 낯빛이 단번에 새파랗게 질려버리고 말았다. 남쪽 계단을 내려오는데 무릎이 부들부들 떨렸다. 남들처럼 말에 오르려 말을 끌어다놓기는 했으나 원래부터 거구였으며 거기에 커다란 갑옷을 입고 있었고 말도 커다랬기에 말에 오르지 못하고 쩔쩔매고 있는데, 말은 홍분해서 이리저리 날뛰었다. 시중드는 자 7명이 다가가 말을 끌어안았으며 사무라이 2명이,

"어서 오르십시오."

하며 노부요리의 엉덩이를 밀어올렸다. 그런데 너무 세게 민 것인지 말의 등을 넘어 왼편으로 털썩 고꾸라지고 말았다. 서둘러 일으켜보니 얼굴에 흙이 잔뜩 묻었으며 코피가 줄줄 흐르고 있었다.

평소 노부요리를 대장으로 받들고 있던 요시토모가 이 모습을 보고는 그를 한껏 노려보며,

"저 노부요리라는 아둔한 놈이 겁을 집어먹었구나."

라고 말한 뒤 유호몬 쪽으로 가버렸기에 노부요리도 코피를 훔치며 간신히 말에 올려져 타이켄몬으로 향했으나 그렇게 도움이 될 것 같지는 않았다.

사에몬의 스케 시게모리가 500여 기를 궁궐 앞에 남겨두고 500여

기로 밀고 들어가 커다란 목소리로,

"이 문의 대장군은 노부요리 경인 듯한데, 내가 잘못 본 것이오?
이렇게 말하는 나는 칸무 천황의 후예로 다자이의 다이니인 키요모리의
적자, 사에몬의 스케 시게모리, 당년 23세."

라고 자신의 이름을 밝혔다. 그러나 노부요리는 거기에 대해서 답하려
하지도 않고,

"사무라이들이여, 저 자를 막아라."

라며 달아나버리고 말았다. 대장이 달아나버렸으니 적과 맞서려는 자가
아무도 없었다. 걸음아 나 살려라 달아나버렸기에 시게모리는 씩씩하게
정원의 푸조나무 아래까지 공격해 들어갔다.

이를 본 요시토모가 크게 화를 내며,

"아쿠겐타 어디에 있느냐. 천하의 겁쟁이 노부요리가 지키던 타이켄몬
이 뚫리고 말았다. 저 적들을 쫓아내라."

라고 말하자 아쿠겐타 요시히라가,

"알겠습니다."

라며 달려나갔다. 뒤이어 카마타 효에(鎌田 兵衛), 고토 효에(後藤 兵衛),
사사키 겐조(佐々木 源三), 하타노 지로(波多野 次郎), 미우라 아라지로
(三浦 荒次郎), 나가이 사이토 벳토(長井 斎藤 別当), 아베 로쿠야타(安倍
六弥太), 이노마타 코헤이로쿠(猪俣 小平六), 쿠마가이 지로(熊谷 次郎),
히라야마 무샤도코로(平山 武者所) 등 17기가 말머리를 나란히 하고
달려들었다.

겐타 요시히라가 커다란 목소리로,

"이곳의 대장은 누구냐, 이름을 밝혀라. 이렇게 말하는 나는 세이와
천황의 9대손인 사마의 카미 요시토모의 적자인 카마쿠라(鎌倉) 아쿠겐
타 요시히라다. 당년 19세. 앞으로 나와라."

라고 이름을 밝힌 뒤 500기 한가운데로 뛰어들더니 종횡무진으로 날뛰어 적을 흩어놓았다.

"조무래기 무사들은 돌아볼 것도 없다. 대장군을 찾아내 그와 맞서라. 치자색 갑옷의 소매에 나비문양 금속이 달린 자가 바로 시게모리다. 밀고 들어가 그를 말에서 떨어뜨려 생포하도록 하라."

라고 명령하자 대장을 지키기 위해 헤이케의 사무라이들 100기쯤이 그 사이로 뛰어들었다. 아쿠겐타를 비롯한 17기는 대장군만을 노리고 정원의 푸조나무를 중심으로 하여 사콘의 벚나무(동쪽), 우콘의 귤나무(서쪽) 사이를 일고여덟 번이나 휩쓸고 다녔다.

17기가 마음껏 날뛰자 500여 기는 당해낼 수 없다는 듯 궁궐 밖으로 물러나버리고 말았다.

대장군 시게모리가 활을 지팡이 삼아 멈춰 서서 말을 쉬게 하고 있자니 이에사다가 다가와서,

"선조이신 헤이쇼군 사다모리[70]께서 환생하신 듯 늠름한 모습이십니다."

라고 칭찬했기에 용감한 모습을 이에사다에게 다시 한 번 보여주고 싶다고 생각한 것이리라, 앞서 함께 뛰어들었던 500기는 남겨두고 새로운 500기를 이끌고 다시 정원의 푸조나무까지 공격해 들어갔다.

아쿠겐타가 이를 보고,

"이번에는 새로운 병사인 듯하구나. 하지만 대장은 아까와 같이 시게모리다. 이번에야말로 놓쳐서는 안 된다."

라고 명령했다. 그러자 한껏 기세가 오른 17기가 앞 다투어 달려나갔기에

---

70) 平將軍 貞盛. 헤이안 시대 중기의 무장인 타이라노 사다모리(平 貞盛, ?~?)를 말한다. 무사로서는 최고 위인 종4위하에까지 올랐으며 쿄토에서의 타이라 씨의 발전을 위한 기초를 쌓았다.

100여 기 정도가 대장군 앞을 가로막았으나 아쿠겐타는 조금도 신경 쓰지 않는 듯한 모습으로 다가가 등자를 힘껏 밟고 서서 좌우의 손을 치켜들고,

"다행히 요시히라는 겐지(미나모토 씨)의 적자다. 귀하도 헤이케(타이라 가)의 적자. 적으로서 부족함이 없다. 이리 와서 나와 겨루자."

라고 말하고 앞서와 마찬가지로 정원의 푸조나무 아래를 뛰어다니며 대여섯 번쯤 접근했기에 시게모리는 궁궐 밖으로 물러나버리고 말았다.

그러더니 시게모리와 요사자에몬 카게야스, 신도 사에몬 이에야스 등 주종 3명만이 부대에서 멀어져 니조에서 동쪽으로 물러났기에 아쿠겐타가 카마타에게 눈짓을 하고,

"거기 달아나는 것은 대장이 아니냐. 돌아와라, 돌아와."

라며 그 뒤를 쫓았다. 호리카와(堀河) 부근에서 거의 따라잡았으나 왼쪽에 목재를 높다랗게 쌓아놓은 것을 보고 겐타의 말이 놀라 오른쪽으로 펄쩍 뛰다 쓰러져버리고 말았다. 놓칠 수 없다는 듯 카마타 효에가 커다란 화살을 집어 쏘았으나 갑옷의 왼쪽 소매에 맞아 튕겨나오고 말았다. 바로 두 번째 화살을 쏘았으나 그것도 화살이 부러지며 튕겨나오고 말았다. 겐타가,

"저건 카라카와(唐皮)라는 이름 높은 갑옷이다. 말을 쏘아 떨어뜨린 뒤 쳐라."

라고 명령했기에 이번에는 뒤따라가서 말을 쏘았다. 병풍이 쓰러지듯 말이 쓰러졌기에 시게모리도 튕겨 떨어졌으며 투구가 벗겨져 머리가 헝클어져버렸다. 시게모리와 엉겨붙기 위해 카마타가 달려들었다. 그냥 보고만 있을 수 없었기에 시게모리는 활고자로 카마타의 투구를 찔렀다. 활고자에 찔려 비틀거리는 사이에 투구를 주워 머리에 썼다. 그때 요사자에몬이 두 사람 사이로 뛰어들어,

타이켄몬 전투에서의 미나모토노 요시히라(좌)와 타이라노 시게모리(우)

"중국 한나라의 기신(紀信)은 고조를 대신하여 목숨을 바쳤다. 여기에 카게야스가 있다. 나와 겨루자."

라고 외치며 카마타 효에와 엉겨붙어 엎치락뒤치락하는 사이에, 말을 일으켜세운 아쿠겐타가 호리카와(강)를 넘어 시게모리와 맞붙으려 하다가,

'카마타를 도와야 하는 건가, 시게모리를 쳐야 하는 건가.'

하고 잠시 망설인 뒤, 마침내는 카마타를 도와 요사자에몬을 세 번 찌르고 목을 베었다.

믿고 있던 가신이 목숨을 잃자 시게모리는 최후를 결심하고 아쿠겐타와 맞붙으려 했으나 그때 신도 사에몬이 달려와서,

"섣불리 맞서서는 안 됩니다."

라며 아쿠겐타와의 사이로 뛰어들어 아쿠겐타와 맞붙었다. 그 사이에 시게모리는 호랑이 아가리에서 벗어나 로쿠하라까지 달아났다. 두 가신의 충성으로 간신히 목숨을 건진 것이었다.

헤이케는 칙명에 따라서 로쿠하라로 퇴각했다. 겐지는 계략인 줄도

모르고 궁궐은 잊은 채 그들의 뒤를 쫓아 공격해 들어갔다. 그 빈틈을 이용하여 관군이 궁궐로 들어가 문을 굳게 걸어잠갔기에 겐지는 궁궐로 들어가지 못하고 갈 곳을 잃어 로쿠하라로 공격해 들어갔다.

그 사이에 노부요리는 은밀히 달아나버리고 말았다.

(15) 겐지의 멸망

고조바시(五条橋다리)를 끊고 로쿠하라에서 기다리고 있자니 겐지가 밀고 들어와 한꺼번에 함성을 질렀다. 함성에 놀라 키요모리도 갑옷을 입었는데 당황한 탓인지 투구를 거꾸로 쓰고 말았다. 사무라이들이,

"투구를 거꾸로 쓰셨습니다."

라고 말하자 키요모리는,

"주상이 여기에 계셔서 적을 향하면 주상께 고개를 돌리는 셈이 되기에 그것이 황공하여 일부러 거꾸로 쓴 것이다."

라고 궁색한 변명을 했다.

한편 미나모토노 요리마사(源 賴政)는 300여 기를 데리고 로쿠로가와라에서 대기하고 있었다. 아쿠겐타가 카마타를 불러,

"저기에 있는 게 요리마사인가?"

"그렇습니다."

"얄미운 행동이로구나. 우리가 패하면 헤이케에 빌붙기 위해 상황을 살펴보고 있는 것인 듯하다. 저런 자는 짓밟아버리고 말겠다."

라며 50여 기를 데리고 달려가,

"그대는 효고71)의 카미(頭장관)이신가? 겐지가 이기면 일문이니 궁궐을 편들고, 헤이케가 이기면 주상이 계시니 로쿠하라를 편들려고 싸움의 승패를 가늠하고 계신 것 아니신지? 무사가 두 마음을 품는다는 건

---

71) 兵庫. 병기 및 의식용 무구를 관리하던 곳.

수치라 할 수 있소. 특히 겐지의 관습은 그렇소. 이리 와서 나와 승부를 겨루도록 하시오."

라고 말하고, 한꺼번에 들이쳐 공격하기 시작했다. 처음 요리마사는 겐지 편에 설 생각이었으나 아쿠겐타의 공격을 받았기에 그것을 핑계로 로쿠하라에 가담해버리고 말았다. 아쿠겐타가 화를 참지 못하고 한 행동 때문에 겐지는 소중한 아군을 잃어버리고 말았다. 일치단결은 어느 때에라도 필요한 법이다.

한편 아쿠겐타가 로쿠하라로 공격해 들어가서,

"오늘 로쿠하라로 공격해 들어왔는데 문 안으로 들어가지 못한다는 것은 분한 일이다. 모두 돌진하라."

라며 강용한 자 50기를 데리고 밀어붙였기에 헤이케에서는 끝까지 막아내지 못하고 물러나기 시작했다. 겐타가 기뻐하며 문 안으로 들어갔다.

이때 키요모리는 안채의 서쪽 끝에 있는 문가에서 군을 지휘하고 있었는데 문에 적의 화살이 빗발처럼 날아와 꽂히자,

"우리 군에 수치를 아는 자가 없기에 적이 이처럼 가까이까지 온 것이다. 적을 내몰아라."

라며 남색 히타타레에 검은색 갑옷을 입고 흑마에 올라 앞으로 나아갔다. 등자를 힘껏 밟고 서서 커다란 목소리로,

"공격군의 대장은 누구냐. 나는 다자이의 다이니 키요모리다. 이리 오너라."

라고 외치자 아쿠겐타가,

"아쿠겐타 요시히라가 여기에 있다."

라고 외치며 다가왔다. 이를 본 치쿠고의 카미 이에사다 부자를 비롯하여 슈메의 호칸 모리쿠니, 스가(菅) 부자, 난바, 세노오 등의 헤이케 무사들이 너도 나도 달려와 앞을 가로막았기에 겐페이가 서로 뒤얽혀 싸움을

펼쳤다. 아쿠겐타도 있는 힘껏 싸웠으나 겐지는 아침부터 계속된 싸움에 지쳐 있었지만, 헤이케는 새로운 병력이 번갈아가며 나섰기에 겐지는 마침내 패해서 문 밖으로 물러나고 말았다. 그리고 강을 건너 강변의 서쪽으로 퇴각했다.

이렇게 해서 겐지는 점점 패하게 되었으며, 요시토모는 쿄토에서 벗어나 토고쿠를 향해 달아나기 시작했다. 헤이케의 군병들이 노부요리와 요시토모의 저택을 비롯하여 모반자들의 집으로 밀고 들어가 불을 질렀기에 그 일족들은 우왕좌왕 달아났다.

노부요리는 이곳저곳 몸을 숨기며 돌아다니다 결국에는 붙들려 로쿠조가와라에서 처형당하고 말았다. 처형을 당한 것도 다 자업자득이라고 할 수 있으리라.

이렇게 해서 헤이지의 난도 평정되었기에 새로운 관리의 임명식이 거행되었다. 다이니 키요모리는 정3위에, 시게모리는 이요[72]의 카미에, 모토모리는 야마토의 카미에, 셋째 아들인 무네모리(宗盛)는 토오토우미의 카미에 임명되었다. 키요모리의 동생인 미카와의 카미 요리모리는 오와리[73]의 카미에, 이토 카게쓰나는 이세의 카미에 임명되었다. 노부요리 · 요시토모 일문은 관직을 박탈당하고 말았다.

앞서 연호를 호겐에서 헤이지로 바꿨을 때,

"헤이케가 번창하여 천하를 다스린다는 뜻일까?"

라고 사람들이 수군거렸는데, 정말 그 말대로 겐지가 멸망하여 헤이케의 세상이 되어버리고 말았다.

---

72) 伊予. 지금의 아이치 현과 코치 현의 일부. 이요노쿠니, 요슈(予州). 상국.
73) 尾張. 지금의 아이치 현 서부. 오와리노쿠니, 비슈(尾州). 상국.

(16) 아쿠겐타 요시히라의 최후

요시토모는 카마타 효에 마사이에와 함께 오와리의 우쓰미(内海)까지 달아났다가 정월 3일에 욕실에서 불의의 공격을 받아 목숨을 잃었으며, 그를 살해한 나가타 시로 타다무네(長田 四郎 忠致)가 그의 목을 가지고 쿄토로 들어갔다. 그에 대한 상으로 타다무네는 이키[74]의 카미가 되었고 아버지인 카게무네(景致)는 효에의 조(삼등관)가 되었으나 두 사람 모두 여기에 만족하지 못하고,

"하다못해 하리마의 카미나 사마의 카미 정도는 될 줄 알았는데, 이래서는 체면도 서지 않는군."

이라고 불평을 하다 시게모리에게 그 비겁한 행동[75]을 강하게 질타당했다.

아쿠겐타 요시히라는 오우미노쿠니[76] 이시야마데라(山寺) 부근에 숨어 있다가 난바 사부로 쓰네후사의 가신에게 생포당하여 로쿠하라로 끌려왔다. 요시히라는 아버지의 죽음을 알고 어떻게 해서든 키요모리 부자를 죽여 원수를 갚아야겠다고 생각하여 쿄토 부근에 숨어 있었던 것이다.

난바 사부로에게 명하여 로쿠조가와라에서 처형케 했는데, 요시히라는 처형장에 앉아서도 두려워하는 기색조차 없이,

---

74) 壱岐. 지금의 나가사키(長崎) 현 이키 시. 이키노쿠니, 잇슈(壱州). 하국.
75) 나가타 집안은 원래 겐지의 가신이었다.
76) 近江国. 지금의 시가(志賀) 현. 고슈(江州). 대국.

"이 요시히라 정도의 인물을 백주에 강가에서 베다니 안타까운 짓을 하는구나. 지금까지의 예를 봐도 낮에는 히가시야마(山) 같은 곳의 한쪽 구석에서 베었으며, 강변에서 벨 때는 밤이 들어서야 베었다. 궁시(弓矢)를 쥔 자는 언제 화를 입게 될지 알 수 없는 법이거늘, 헤이케 놈들은 하나같이 인정이라는 것을 모르는 놈들뿐이로구나. 작년에 너희들이 쿠마노로 참배를 갔을 때 도중까지 달려가서 치려했으나 노부요리라는 겁쟁이가 쿄토로 끌어들여 한꺼번에 멸망시키자고 했기에 오늘의 이 치욕을 맛보게 된 것이다. 유아사나 후지시로(藤代) 부근에서 기다렸다가 공격을 하거나, 아베노에서 기다렸다가 한 놈도 남김없이 쳤으면 좋았을 것을……."

이라고 말하기에 쓰네후사가,

"이제 와서 쓸데없는 넋두리해봐야 소용없다."

라고 말하자 아쿠겐타가 웃으며,

"흠, 정말 쓸데없는 푸념을 늘어놓았군. 너는 이 요시히라의 목을 칠 만한 자격이 있는 자냐? 명예로운 일이니 잘 베도록 해라. 허투루 베었다가는 네놈 뺨을 물어뜯겠다."

라고 말했다.

"별 우스운 소리도 다 하는구나. 내가 목을 칠 터인데 그 목이 어찌 내 뺨을 물어뜯는단 말이냐?"

라고 말하자,

"아니, 지금 물어뜯겠다는 것이 아니다. 훗날 벼락이 되어 틀림없이 네 놈의 목숨을 빼앗겠다."

라며 목을 길게 늘였기에 난바 사부로 쓰네후사가 칼을 뽑아들고 뒤로 돌아들자,

"잘 베어야 할 것이다."

라며 노려보는 그 섬뜩한 눈빛, 도무지 평범한 무사의 것이 아니었다.

×　　　　×　　　　×

이는 훗날의 이야기인데, 키요모리는 닌안(仁安) 3년(1168) 11월에 병에 걸려 51세의 나이로 출가했다. 그 덕분인지 병도 완전히 나았기에 일동 모두가 기뻐했다.

그 이듬해의 칠석에 셋쓰노쿠니의 누노히키노타키(布引の滝폭포)를 구경하기 위해 키요모리를 비롯한 헤이케 일문이 그곳을 향해 떠났는데 난바 사부로만은 꿈자리가 사납다며 함께 가지 않았다. 친구들이,

"무사가 어찌 꿈자리 같은 걸 마음에 두는 겐가. 그런 비겁한 행동이 어디 있는가."

라며 조소했기에 사부로도 갈 마음이 들어 길을 재촉해서 일행을 따라잡았으며,

"꿈에서 깨어나 이제야 왔습니다."

라고 말하자 모두가 즐거워했다. 그리고 숭엄한 누노히키노타키에 도착하여 그곳을 둘러보았다.

그런데 하늘이 한순간에 갑자기 어두워지더니 천둥이 쉴 새 없이 울리기 시작했다. 사람들은 모두 숨을 죽였으며 흥도 완전히 깨져버리고 말았다.

그때 난바 사부로가,

"내가 두려워한 것이 바로 이 벼락일세. 예전에 아쿠겐타가 최후의 순간 '벼락이 되어 목숨을 빼앗겠다.'고 말하며 노려보았을 때의 그 눈빛을 지금도 잊을 수가 없네. 꿈자리가 사납다고 말한 것은 그 자가 벼락이 되는 모습을 보았기 때문일세. 지금 고무공만 한 것이 남동쪽으로

날아간 것을 그대들도 보았는가? 그것이 바로 아쿠겐타의 영혼일세. 우리가 돌아갈 때 내게 달려들 생각인 듯하네. 어차피 내게 떨어질 테지만 그래도 칼은 빼두도록 하겠네."

라는 말이 채 끝나기도 전에 번개가 요란하게 치며 사부로 위를 검은 구름이 뒤덮는가 싶더니 결국은 목숨을 잃고 말았다. 칼집에서 칼을 빼든

벼락에 맞은 난바 사부로 쓰네후사

상태였는데 그 칼날까지 휘어져 있을 정도였다. 그 끔찍한 모습은 차마 말로 표현할 수 없을 정도였다. 그 칼은 불공을 드리기 위해 절을 지을 때 못으로 쓰라고 바쳐졌다.

키요모리는 코보(弘法) 대사의 붓을 부적으로 목에 걸고 다녔는데 너무나도 두려운 나머지 목에 건 채로 그 붓을 휘둘렀다. 그 덕분인지 그에게 다가올 것 같았던 요시히라의 영혼은 곧 하늘로 올라가버리고 말았다.

아쿠겐타 요시히라는 13세 때 카마쿠라로 내려갔다가 19세가 되어 쿄토로 올라왔기에 아무런 입신출세도 하지 못한 채 20세의 나이로

덧없이 로쿠조가와라의 이슬이 되어 스러져버리고 말았다. 이는 에이랴쿠(永曆) 원년(1160) 정월 25일의 일이었다.

(17) 이케노젠니

2월 9일에 요시토모의 셋째 아들인 전 우효에(右兵衛)의 스케(차관) 요리토모를 오와리의 카미 타이라노 요리모리가 생포하여 로쿠하라로 보내왔다. 동시에 둘째 아들인 토모나가의 목도 바쳤다. 이는 요리모리의 가신인 야헤이베에 무네키요(弥平兵衛 宗清)가 오와리에서 쿄토로 올라오는 도중에 세키가하라(関ヶ原)에서 나이는 어리지만 이미 관례를 치른 말쑥한 차림의 아이가 수풀에 숨어 있는 것을 잡았는데 그가 요리토모였기에 크게 기뻐했으며, 갑옷을 입게 한 뒤 아오하카(青墓)에 있는 오오이(大炊)의 집에서 묵었다. 여러 가지 소문이 들려왔기에 뒤뜰 등을 살펴보니 새로 만든 무덤이 있고 솔도파도 하나 서 있었다. 그 무덤을 파게 해보니 거기서 어린 자의 목과 시체가 나왔다. 이를 증거로 캐물었더니, 요시토모가 토모나가를 죽인 것이라고 오오이가 사실 그대로를 고했기에 무네키요는 역시 기뻐하며 그것까지 가지고 간 것이었다. 요리토모는 일단 무네키요에게 맡겨졌다.

로쿠하라에서는 요시토모의 아들들을 찾고 있었는데 일단 세 사람은 찾아낸 셈이었다. 요시히라, 토모나가 두 사람의 목은 거리에 내걸렸다.

"요리토모도 곧 참수를 당할 것이다."

라는 소문이 돌았다. 요시토모의 첩인 토키와고젠(常盤御前)은 이 소문을 듣고,

'나는 요시토모 나리와 함께 죽지 못하여 아무런 소망도 없으나, 이 세 아이들에게 위로를 받아 목숨을 부지해왔어. 만약 이 아이들을

적에게 빼앗긴다면 한시도 살아가지 못할 거야. 하지만 어디 몸을 숨길 곳도 없어. 어떻게 하면 좋을까?'

라고 비탄에 잠겼으나, 문득 평소 믿던 관음님께 기원을 해야겠다는 생각이 들어 2월 9일 밤에 키요미즈데라(절)로 향했다. 하인 하나 데리고 있지 않았으며, 8세가 된 이마와카(今若)를 앞세우고 6세가 된 오토와카(乙若)의 손을 잡고, 2세가 된 우시와카(牛若 미나모토노 요시쓰네)를 품에 안은 채 터벅터벅 걸었다.

밤새도록 기도를 했으나 달리 갈 곳도 없었기에 야마토노쿠니의 우타노코오리 류몬(宇多郡 竜門)이라는 곳에 살고 있는 숙부를 의지하여 그곳으로 갔다.

한편 요리토모는 오늘, 내일 사이에 참수를 당할 것이라는 소문이 돌았기에 무네키요가,

"목숨을 건지고 싶다고는 생각지 않으십니까?"

라고 묻자,

"지난 호겐의 난에서 수많은 숙부와 친척들을 잃었고, 이번 싸움에서는 아버지와 형제들을 모두 잃었기에 승려가 되어 그들의 명복을 빌어주고 싶습니다. 그렇기에 목숨이 아깝다는 생각이 듭니다."

라고 대답했다. 무네키요도 가엾다는 생각이 들어,

"그렇다면 이케노젠니(池禅尼)께 청하여 목숨을 구하시는 것이 좋을 듯합니다. 젠니께서는 키요모리의 양어머니이신데 중히 여겨지고 계신 분이시니 그분이 청해주신다면 목숨을 건질 수 있을지도 모릅니다. 젠니께서는 젊은 시절부터 자비심이 깊은 분이셨습니다. 얼마 전에 제가 찾아갔을 때 '그대의 집에 요리토모가 있다고 들었는데 어떤 사람인가?'라고 물으시기에, '나이에 비해서 조숙하신 듯합니다. 그 모습은 우마의 스케(젠니의 친아들인 이에모리를 말하는데 이미 세상을 떠난 뒤였다.) 나리를 매우

닮으셨습니다.'라고 말했더니 크게 그리워하시는 모습이셨습니다."

라고 말했다. 요리토모가,

"그 젠니께 청하려면 대체 누구에게 부탁을 해야 한단 말입니까? 부탁을 할 만한 사람이 없습니다."

라고 말하자 무네키요가,

"생각이 그러하시다면 부족하나마 제가 부탁을 해보기로 하겠습니다."

라고 말한 뒤 이케노젠니를 찾아갔다.

무네키요가 젠니를 만나,

"어디서 들었는지 젠니 님께서 자비심 깊으신 분이라는 사실을 알고 요리토모가 '저의 목숨을 구해주셨으면 합니다. 아버지의 명복을 빌고 싶습니다.'라고 말했습니다. 참으로 가엾습니다. 모쪼록 좋은 쪽으로 일을 처리해주셨으면 합니다."

라고 말했다.

"대체 누가 요리토모에게 내가 자비심 깊은 자라고 말을 한 겐지? 그야 어찌 됐든 타다모리 경께서 살아 계셨을 때는 여러 사람들을 구해주었지만, 지금은 어떨지. 우마의 스케와 많이 닮았다는 말을 들으니 딱하기도 하군. 우마의 스케만 있다면 그 어떤 곳이라도 달려가 만나고 싶건만. 그런데 형은 언제 집행하기로 결정되었나?"

"13일이라고 들었습니다."

"어떻게 될지는 모르겠지만, 우선은 말이라도 꺼내보겠네."

라고 승낙했다. 그리고 시게모리를 불러,

"요리토모가 가족들의 명복을 빌고 싶으니 목숨을 구해달라고 청해왔구나. 참으로 딱하게 되었으니 일을 잘 좀 처리해주었으면 한다. 특히 우마의 스케의 어렸을 때와 많이 닮았다니 더욱 마음이 가는구나. 우마의

스케는 네 숙부가 아니었더냐. 요리토모를 구해 내가 우마의 스케 대신
만날 수 있도록 해주었으면 좋겠구나."

라고 말했기에 시게모리가 아버지에게 가서 이 사실을 고했다.

이를 들은 키요모리는,

"이케노젠니의 말씀이라면 그 어떤 청이라도 들어드릴 생각이다만,
이번 일은 사태가 중하구나. 요시토모의 아들이라면 제아무리 어리다
할지라도 얕볼 수가 없다. 특히 요리토모는 형들보다도 관위가 높았으니
틀림없이 뛰어난 점이 있을 것이다. 그의 아버지도 장래성을 인정하여
가보로 내려오는 갑옷 등을 물려주었다고 들었다. 무슨 일이 있어도
살려둘 수는 없다."

라며 당치도 않은 말이라는 듯한 태도였다. 시게모리가 이케노젠니에게
로 돌아가 들어주지 않았다고 말하자 젠니가 눈물을 줄줄 흘리며,

"아아, 옛날이 그립구나. 타다모리 때였다면 이처럼 경멸당하지는
않았을 텐데. 겐지 일문은 전부 목숨을 잃고 말았다. 홀로 남은 어린
요리토모를 살려준다 한들 무슨 일이 있겠느냐. 전생에서 요리토모가
나의 목숨을 구해준 것인지 처음 얘기를 들었을 때부터 가엾어서 견딜
수가 없었다. 네게 소홀함이 있었다고는 생각지 않는다만, 어떻게 말하느
냐에 따라서 일이 달라질 수도 있는 법이니 다시 한 번 간곡하게 청해주었
으면 한다. 그래도 들어주지 않는다면 나는 살아 있어봐야 소용없는
몸이니 목숨을 끊기로 하겠다. 모쪼록 나의 목숨을 건지는 셈치고 요리토
모를 살려주었으면 좋겠구나."

라고 한탄하듯 말했기에 시게모리도 당혹스러웠으나 눈물을 참으며,

"그렇다면 젠니 님의 뜻을 다시 한 번 말씀드리도록 하겠습니다.
오와리 나리(이케노젠니의 아들인 요리모리)와 함께 가서 자세한 사정을 잘 말씀드
리도록 하겠습니다."

라고 말하고 자리에서 물러났다. 그런 다음 요리모리와 함께 가서 키요모리에게 온갖 말로 청했기에 13일로 예정되었던 처형만은 일단 연기되었다.

하루 미뤄지고, 이틀 미뤄지고, 이케노젠니의 노력으로 마침내는 유배를 보내기로 결정되었다.

(18) 요리토모를 이즈로 유배시키다

요리토모는 이즈노쿠니로의 유배가 결정되었다. 이케노젠니가 요리토모를 불러,

"어제까지만 해도 그대의 일을 여러 가지로 염려했으나 마침내는 이즈로의 유배가 결정되었습니다. 젊었을 때부터 여러 사람들의 목숨을 구해주었지만 이번만은 힘들 것이라 생각했는데 시게모리가 말을 잘 해주어서 목숨을 건졌으니, 이보다 더 기쁜 일도 없습니다."

라고 말하자 요리토모는,

"커다란 은혜를 입어 덧없는 목숨을 구하게 되었으니 평생 갚아도 모자랄 것입니다."

라며 감사의 뜻을 전했다. 출가한 뒤 이즈로 내려갈 생각이었으나 겐고 모리야스(源五 盛安)가 삭발을 만류했기에 머리는 깎지 않았다.

에이랴쿠 원년(1160) 3월 20일, 인사를 하기 위해 이케노젠니를 찾아갔다. 젠니가,

"신비한 목숨을 구해준 뜻을 아신다면 저의 말을 잘 들어주시기 바랍니다. 궁시, 장검, 왜장도, 사냥, 수렵 같은 것을 결코 해서는 안 됩니다. 사람들의 입은 시끄러운 법이니 그와 같은 무예를 배운다면 반드시 풍문으로 전해져 그대도 다시 난을 당하게 될 테고, 제게도 거듭 슬픔이 찾아올 것입니다. 거듭거듭 주의해주시기 바랍니다."

라는 등 세심하게 당부하자 요리토모는 아직 13세밖에 되지 않은 어린 나이였으나 젠니의 진심에 감동하여 눈물을 흘리며,

이케노젠니와 요리토모

"부모님과 사별한 이후 가엾게 여겨주는 사람도 없었는데, 이처럼 친절한 가르침을 주시니 참으로 감사합니다."

라고 말했다. 자꾸만 흘러내리는 눈물에 잠겨 있자니 젠니도 그 마음을 헤아려 가엾다는 듯,

"사람은 누구나 부모에 대한 효도가 으뜸입니다. 그러니 독경도 하고 염불도 하여 부모님의 명복을 빌기 바랍니다. 저는 그대가 저의 아들 같기에 여러 가지로 주의를 준 것입니다. 제게도 우마의 스케 이에모리(家盛)라는 아들이 있었는데 그 아이와 꼭 닮으셨습니다. 23세로 세상을 떠나버렸으니 그로부터 벌써 11년이나 지났습니다. 아아, 저는 내일을 알 수 없는 몸이나, 그대는 아직 앞날이 창창합니다. 참으로 헤어지기 아쉽습니다."

라고 다정한 말을 건넸으며, 요리토모는 그날 밤새도록 울음을 그치지 못했다.

새벽에 이케노젠니의 집에서 나와 먼 길을 떠났다. 서너 명의 가신들이

그의 뒤를 따랐다.

요리토모의 어머니는 오와리노쿠니 아쓰타(熱田) 신사의 다이구지
(大宮司신사의 장관)인 스에노리(季範)의 딸로 슬하에 2남 1녀를 두었다.
여자아이는 고토 효에 사네모토(後藤 兵衛 実基)가 양아버지였기에 쿄토
에 숨겨두었다. 마지막으로 남은 아들인 마레요시(希義)는 스루가[77]의
카쓰라(香貫)라는 자가 포박하여 헤이케에 바쳤고 헤이케에서는 그를
토사노쿠니[78]의 케라(気良)라는 곳으로 유배를 보냈다. 그랬기에 세상
사람들은 그를 케라칸자[79]라고 불렀다.

효에의 스케 요리토모는 이즈로, 케라칸자 마레요시는 토사로, 한
사람은 쿄토에, 형제는 동서로 갈려 헤어지게 되었다. 이것도 어떤 숙명이
었으리라.

---

77) 駿河. 지금의 시즈오카 현 중부와 북동부. 스루카노쿠니, 슨슈(駿州). 상국.
78) 土佐国. 지금의 코치(高知) 현. 도슈(土州). 중국(中国).
79) 冠者. 관례를 마친 어린 사내.

(19) 로쿠하라로 온 토키와

토키와고젠에게 사내아이 셋이 있다는 말을 듣고 로쿠하라에서는 수색을 시작했으며, 토키와의 어머니를 불러들였다.

"토키와는 어디로 달아났느냐? 있는 그대로를 말하라."

라고 신문했으나 어머니는 울며,

"이제는 예순 살도 넘어 오늘, 내일도 알 수 없는 몸인데 목숨을 아껴 앞으로 살아갈 날이 더 많은 손자들의 목숨을 잃게 한다는 건 있을 수도 없는 일입니다. 설령 알고 있다 할지라도 말씀드릴 수 없습니다. 더구나 어디로 갔는지 전혀 알지 못하니 따로 대답할 말도 없습니다."

라고 대답했다. 이에 매일 조사를 받았으며 시달림을 당했다.

야마토에 있던 토키와는 이러한 소문을 듣고,

'어머니께서 시달림을 당하시다니, 견딜 수 없는 일이야. 아이들은 모반자의 아들이니 머지않아 붙잡혀 목숨을 잃게 될 거야. 끝내 숨길 수도 없는 아이들 때문에 죄 없는 어머니가 목숨을 잃게 해서는 안 돼.'

라고 생각하여 세 아이들을 데리고 쿄토로 들어갔다.

토키와는 우선 예전에 자신이 궁녀로 있던 쿠조인80)으로 가서,

"어리석은 여자의 얕은 생각으로 혹시 조금이라도 더 어린 아이들을 곁에 둘 수 있지 않을까 해서 멀리 시골에 숨어 있었으나, 저 때문에

---

80) 九条院. 코노에 천황의 중궁의 거처.

나이 드신 어머니께서 로쿠하라로 불려가 시달리고 있다는 말을 들었기에 부끄러움을 무릅쓰고 이렇게 왔습니다. 아이들을 얼른 로쿠하라로 보내 어머니의 고통을 덜 수 있게 해주십시오."

라고 말하자 사람들은,

"가엾기는 하지만 어머니를 살리기 위해 나섰다는 건 존경스러운 일이야."

라며 아름다운 수레에 네 모자를 태워 로쿠하라로 보냈다.

키요모리는 이 소식을 듣고,

"아이들을 데리고 왔다니, 참으로 기특하군."

이라며 그녀를 만났다. 두 아이는 양 옆에, 셋째는 품에 안고 있었다. 눈물을 참으며,

"처음부터 어머니에게는 아무런 잘못도 없으니 용서해주시기 바랍니다. 아이들을 살려달라고는 말씀드리지 않겠습니다. 한 나무 아래에서 살며 한 줄기 강물을 마신 자는 깊은 인연이 있는 것이라고 들었습니다. 무릇 고귀한 자든 비천한 자든 자식을 향한 부모의 마음은 다 똑같습니다. 저는 아이를 잃고는 한시도 살고 싶은 생각이 없습니다. 모쪼록 저를 먼저 죽이신 뒤 아이들을 어떻게든 처단해주신다면 이 세상에서의 인정이 후세에까지 미칠 테니 이보다 더 좋은 일도 없을 듯합니다."

라고 말하자 여섯 살인 오토와카가 어머니의 얼굴을 올려다보며,

"울지 말고 잘 말씀드리세요."

라고 말했기에 토키와는 마침내 울음을 터뜨리고 말았다.

강인한 마음을 가진 키요모리조차 아무렇지도 않은 척 앉아 있으려 했으나 흐르는 눈물을 닦지 않을 수 없었으며, 그 자리에 있던 자 모두 흐느껴 울기 시작했다. 토키와는 당년 33세, 보는 사람 모두가 반할 정도의 미인이었다.

눈길을 걷는 토키와고젠

어머니는 마침내 풀려나게 되었다. 세 아이들도 유배를 보내겠다는 말조차 없었기에 참수당할 날만 하루하루 기다리며 두려움에 떨었으나 별다른 형벌 없이 그대로 지낼 수 있게 되었다.

첫째인 이마와카는 다이고지(醍醐寺)로 들어가 출가하여 젠사이(全濟) 선사가 되었다. 훗날 유례가 없을 정도로 난폭한 자가 되었기에 아쿠젠시(惡禪師)라고 불리게 되었다. 둘째인 오토와카는 하치조의 궁에서 일을 하다 쿄코 엔사이(卿公 園濟)라는 이름의 법사가 되었다. 막내인 우시와카는 쿠라마데라(鞍馬寺)의 토코보 아자리 렌닌(東光坊 阿闍梨 蓮忍)의 제자인 카쿠지쓰(覺日)의 제자가 되어 샤나오(遮那王)라고 불렸다.

그 후 우시와카가 11세가 되었을 때 어머니의 말이 문득 떠올라 가계를 살펴보니 자신은 정말로 세이와 천황의 10대손, 로쿠손(六孫) 왕의 8대손, 타다 만주(多田 滿仲)의 후예, 이요노뉴도 요리요시의 아들인 하치만타로 요시이에(義家)의 손자, 로쿠조호간 타메요시의 적자인 전 사마의 카미 요시토모의 막내아들이었기에,

'어떻게 해서든 헤이케를 쓰러뜨려 아버지의 뜻을 이루겠다.'

고 마음을 정하고 낮에는 학문을, 밤에는 무예를 연마했다. 쿠라마야마 (鞍馬山) 소조가타니(僧正ヶ谷)의 깊은 산속에서 매일 밤 텐구[81]에게 병법을 배웠다고 전해지기도 한다.

어머니인 토키와는 키요모리의 사랑을 얻어 여자아이 하나를 낳았는 데, 사랑을 잃은 뒤에는 이치조 오오쿠라쿄 나가나리(一条 大藏卿 長成)의 아내가 되어 자녀를 여럿 낳았다. 스승인 카쿠지쓰는 물론 어머니인 토키와도 샤나오에게 출가하라고 권했으나,

"두 형님이 법사가 된 것만 해도 안타까운 일인데 어찌 출가할 수 있겠습니까. 요리토모 형님과 상의한 뒤……."

라며 조금도 말을 들으려 하지 않았기에, 헤이케에서 이 사실을 알까 조마조마 애를 태웠다.

---

81) 天狗. 얼굴이 붉고 코가 높으며 하늘을 자유로이 날아다닌다는 상상 속의 동물.

(20) 키요모리 일가의 영달

키요모리는 헤이지 원년(1159)에서부터 닌안 2년(1167)에 이르는 8년 사이에 신하로서 누릴 수 있는 모든 영화를 누리듯, 빠른 속도로 관위가 올랐다. 즉, 에이랴쿠 원년(1160)에 정3위에 서임된 이후 사이쇼(재상)가 되었으며, 이듬해인 2년에 우에몬의 카미, 케비이시82)의 벳토(장관), 곤추나곤에 임명되었다. 초칸(長寬) 3년(1165)에는 곤다이나곤(權大納言정원 이외의 다이나곤)에 이르렀으며, 닌안 원년(1166)에는 나이다이진으로 승진했다. 이듬해인 2년에는 다이조다이진에 올랐다. 사다이진, 우다이진을 거치지 않고 단번에 다이조다이진이 된 것은 세상에 드문 일이라는 말들이 오갔다.

출가한 것은 그 이듬해인 닌안 3년(1168) 11월 1일로 법명을 조카이라고 했다.

그로부터 일문은 더욱 번영하여 쇼안(承安) 2년(1172)에는 키요모리의 딸인 토쿠코(德子)가 고시라카와 상황의 양녀가 되어 입궐했으며, 뒤이어 지쇼(治承) 2년(1178)에 아들을 낳자 바로 황태자로 삼았고, 2년 후인 지쇼 4년(1180)에 그 황태자가 천황의 자리에 올랐다. 그가 곧 안토쿠 천황이다. 키요모리는 마침내 외척이 된 것이다. 예전에는 정전에 오를 수 있는 자격을 얻은 자(텐조비토)가 된 것조차 싫어하여 야습을 당할 뻔했던 자의 아들이 이제는 셋쇼·칸파쿠까지 능가하여 신하로서의

---

82) 檢非違使 처음에는 쿄토의 경찰업무를 담당했으나 이후 소송, 재판까지 겸했기에 커다란 권력을 갖게 되었다.

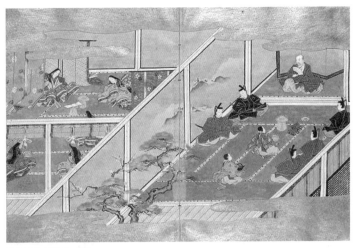

키요모리 일가의 영달

지위가 극에 달했으며, 권세는 하늘 아래 어깨를 나란히 할 만한 자가 없을 정도가 되었다.

　그 일문 가운데서도 적자인 시게모리는 나이다이진 사콘에[83]의 타이쇼(大将)가 되었으며, 둘째인 무네모리[84]는 추나곤 우콘에의 타이쇼가 되었다. 셋째인 토모모리(知盛)는 산미노추조[85]가 되었고 넷째인 시게히라(重衡)는 쿠로우도의 카미(頭)가 되었다. 적손인 코레모리는 4위 쇼쇼(少将)가 되었고 동생인 요리모리는 정2위 다이나곤(大納言)이 되었다.

　일문 가운데 공경이 된 자가 10여 명, 텐조비토가 30여 명. 궁중을 경비하던 6개의 에후(衛府)에서 일하는 자가 도합 80여 명이었다.

　이처럼 하늘을 나는 새도 떨어뜨릴 정도의 세력을 형성했기에 키요모

---

83) 左近衛. 우콘에(右近衛)와 함께 금중의 경호, 행행 시의 경비를 맡던 군사조직.
84) 타이라노 키요모리의 둘째 아들은 모토모리이나 세상을 일찍 떠났기에(1162년) 여기서는 그를 제외하고 헤아렸다.
85) 三位中将. 관위가 3위로 코노에의 추조인 자.

리의 처남인 헤이다이나곤 토키타다(平大納言 時忠)는 늘,

　"헤이케가 아니면 사람도 아니다."

라고 말했다고 한다.

　무엇이든 전부 '로쿠하라 양식으로'라며 그들을 흉내 내는 것이 유행이
될 정도였다고 한다.

(21) 뉴도 나리의 카부로

키요모리가 51세 때 출가한 이후부터 세상에서는 그를 뉴도 나리라고 불렀다. 그 당시 '뉴도 나리의 카부로(入道殿の禿)'는 아주 커다란 세력을 가지고 있었다.

카부로(단발머리)란, 요즘 말로 하자면 탐정과 같은 일을 하던 자들로 열네다섯 살쯤부터 열예닐곱 살까지의 사람들을 고용했는데, 아이들의 머리를 목덜미 부근에서 잘라 단발머리 모양을 했기에 이렇게 불렀다.

질기게 짠 비단으로 지은 히타타레를 입을 때는 짙은 청색 하의를 입었으며, 자수가 들어간 비단으로 지은 히타타레를 입을 때는 붉은색 하의를 입었는데, 길이 3자(90cm)쯤 되는 매화나무의 어린 가지를 오른손에 들고, 새에 방울을 달아 한 마리씩 왼손에 든 채 아침부터 밤까지 쿄토 안을 정처 없이 돌아다니게 했다.

"만약 조카이(키요모리)에게 원한을 품고 있는 자가 있다면 틀림없이 험담을 할 것이다. 그런 자를 찾아내 보고하도록 하라."

라고 명령을 했기에, 조금이라도 헤이케에 대해서 이야기한 자는 바로 오랏줄에 묶였으며 이렇다 할 죄가 없는데도 벌을 받은 자가 많았다. 카부로라는 말만 들어도 모든 사람들이 두려워했기에 저마다 자신의 아들을 카부로로 삼고 싶어 했으며, 결국에는 300명이라는 많은 숫자가 되어버렸다.

마차고 소달구지고, 심지어는 귀인들의 가마까지도 길을 피해 지나갔다. 길에서 우연히 만나면 임금의 행차를 만난 것처럼 허리를 숙인 채 얼른 물러나 지나쳤다.

　서로 마음을 터놓고 지내는 사람들은,

　"그 카부로라는 놈들 참으로 성가신 놈들이야. 쿄토 안에서 오가는
말을 들으며 돌아다니는 거야 상관없지만, 그냥 평범한 옷을 입고 돌아다
녀도 상관없잖아. 일정한 복장을 입을 필요가 어디에 있는 거지? 또
결원이 하나 생기면 바로 충원해서 300명을 유지한다는 것도 우스워.
매화 가지를 들고 다니기도 하고 새를 들고 다니기도 하는 데에는 무슨
이유라도 있는 거야?"
라는 등의 말을 주고받았다. 어떤 사람은,

　"우리나라에서 아직 이런 예는 없었어. 중국 한나라 시절에 팔엽재상
(八葉宰相)이라는, 천하에 비할 데 없이 현명한 신하가 충의로운 사람을
칭찬하고 죄인을 측은히 여긴 일이 있었어. 그때 지금처럼 단발머리
아이들을 여럿 모아 금귀조(金帰鳥)라는 새를 들고 각지를 돌게 하여
'나라는 넓고 백성은 많아 만민의 탄식이 임금의 귀에 미치기 어려우니
그러한 소리를 들으면 바로 보고하라.'고 명령했기에 어려움을 겪고
있는 자는 도움을 얻고 충근한 자는 상을 받은 적이 있었어. 그래서
이를 선자의 아이라고 불렀는데, 지금의 단발머리는 악자의 아이야."
라고 말했다.

　또한 이런 이야기를 한 사람도 있었다.

　"한나라의 효평제(孝平帝) 시절에 왕망(王莽)이라는 재상이 있었어.
황제의 자리를 찬탈하려고 여러 가지 계략을 세웠는데, 어부들에게
그 숫자가 얼마든 상관없으니 거북이를 잡아다 등에 승(勝)이라는 글자를
써서 방방곡곡에 풀어놓으라고 명령했어. 또 동으로 말과 사람을 만들어
근방의 대숲 속에 많이 넣어두게 했어. 다음으로 임신한 지 7개월이
된 여자들을 300명 소집하여 주사(朱砂)를 다린 것과 만약(謾薬)이라는

약을 함께 먹게 했어. 달이 차서 태어난 아이들은 피부색이 붉어서 마치 적귀(赤鬼)와도 같았어. 이들을 깊은 산 속에 숨겨두고 길렀어. 아이들이 자라자 노래를 지어서 가르쳐 부르게 했는데,

　　<거북의 등에는 승. 대나무에는 동으로 된 인마. 왕망이 천위에 오르면 사해가 편안하리라.>

라는 내용이었어. 열네다섯 살쯤 되었을 때 머리를 어깨 부근에서 잘라 단발머리를 하게 하고 300명을 도읍으로 들여보내 박자에 맞춰서 노래를 부르게 했어. 그 광경에 놀라 그 사실을 황제에게 아뢨어. 이에 궁중으로 불러 노래를 부르게 했더니 정말 그 보고대로였기에 효평제는 공경들을 모아놓고 그 일에 대해서 상의를 했는데 노래의 진상을 밝히기 위해 방방곡곡의 어부들에게 명령하여 거북이를 잡아보게 하고, 대숲에서 인마를 찾아보게 했더니 노래와 다른 점이 조금도 없었어. 그랬기에 제위를 왕망에게 물려주었어. 하지만 천하를 다스린 지 겨우 3년 만에 망해버리고 말았어. 아마 뉴도도 이 고사에 따라서 300명을 부리며 제위에 마음을 두고 있는 걸지도 몰라.”

라며 고사에 빗대어 이야기하기도 했다.

　“어쨌든 예삿일은 아니야. 어쩌면 텐구의 조화일지도 몰라.”

라고 수군거리기도 했다.

　그 무렵 로쿠하라의 문 앞에 팻말이 세워졌는데 이런 노래가 적혀 있었다.

　　<이요, 사누키, 좌우 대장 그러모아, 욕망은 으뜸가는 사람이구나.>

　헤이케 일문에서 이요의 카미, 사누키의 카미, 사다이진, 우다이진을 모두 지내고 있으며, 거기에 키요모리 뉴도는 다이조다이진이 되어 있었기에 만들어진 노래였다. 으뜸가는 사람이란 다이조다이진을 말한다. 그것을 깊은 욕망도 으뜸이라는 의미로 쓴 것이었다.

(22) 편액 사건

에이만(永万) 원년(1165) 8월에 니조 천황의 장례식이 행해졌다. 거기에 쿄토, 나라의 큰 절들도 모두 참석했는데 편액을 들어올리는 순서 때문에 한바탕 소동이 벌어졌다.

장례식에서 각 절의 승려들이 공양을 드릴 때는 순서에 따라서 자기 절의 편액을 세우고 각각 공양을 드리게 되어 있었다. 나라에서는 첫 번째로 토다이지(東大寺)의 편액을 세우고, 두 번째로 코후쿠지(興福寺)의 편액을 세우며, 그런 다음 점점 작은 절들이 뒤를 잇게 되어 있었다. 쿄토에서는 첫 번째로 엔랴쿠지(延曆寺)의 편액을 세우고, 두 번째로 미이데라(三井寺), 그리고 순서에 따라서 다른 절들이 뒤를 잇게 되어 있었다.

그런데 이번만은 에이잔(叡山=히에이잔=엔랴쿠지)의 승려들이 무슨 생각을 한 것인지 토다이지 다음으로 엔랴쿠지의 편액을 세웠기에 코후쿠지에서도 가만히 있을 수 없게 되었다.

코후쿠지의 승려 가운데 토몬인(東門院)의 칸논보(観音房), 세이지보(勢至房)라는 두 악승(悪僧)이 있었다. 두껍고 성긴 갑옷에 기다란 자락을 늘어뜨리고, 3자 5치(106cm)나 되는 칼을 차고, 코후쿠지의 편액을 기다란 창에 묶어 높이 들어올려 엔랴쿠지의 편액 위로 세우고, 붉은 천에 금으로 둥근 해의 모습을 새긴 부채를 꺼내 들고 산문의 무리들에게,

"지금까지의 예에 따라서 편액을 내리게 했으니 모두 안심하시오." 라고 커다란 목소리로 말하자 아무도 대답하는 자가 없었다. 이에 기세가

편액을 깨는 코후쿠지의 승려들

오른 두 사람은 창으로 엔랴쿠지의 편액을 깨버리고 말았다. 그리고
다시 커다란 목소리로,

"자자, 네놈들 가운데 자신 있는 놈은 앞으로 나와라."

라고 말했으나 역시 한 사람도 상대를 하려는 자가 없었기에 두 사람은
더욱 기세등등하여,

"기쁘구나 물, 우는 것은 폭포의 물……."

이라고 승려들의 춤인 엔넨마이(延年舞)의 노래를 거듭 부르며 춤을
추었다. 천하의 임금, 만승의 주인이 세상을 일찍 떠나 무심한 초목까지도
근심에 잠겨 있는데 승려라는 자들이 이런 난폭한 행동을 하다니 참으로
한심하고 황공한 일이었다.

이후부터 두 절이 싸움을 하게 되었다.

8월 9일에 히에이잔(엔랴쿠지)의 무리들이 대거 쿄토로 들어올 것이라는
소문이 여러 가지로 돌았다.

"키요미즈데라(절)로 밀고 들어가 불을 지르려 한다."

라거나,

"고시라카와 법황이 무리들에게 명령하여 나라의 코후쿠지를 치는 척하며, 사실은 키요모리를 멸망시키려 하는 것이다."

라는 등의 소문이 떠들썩하게 돌았다.

효고의 카미 요리마사는 키리쓰쓰미(切堤)로 가신을 보내서 황거의 사방을 지키게 했으며, 또 케비이시인 스에미쓰(季光)가 부하를 보내서 형세를 살피게 하니 승도들은 수백 명, 산길을 따라 보다이주인(菩提樹院)을 지나 레이잔(靈山)에 모여 있다는 것이었다.

'키요모리를 치려 한다.'는 소문이 있었기에 시게모리를 비롯하여 요리모리 · 무네모리 등 일족 사람들이 로쿠하라에 있는 키요모리의 저택으로 달려왔다. 그리고 로쿠하리를 엄중히 지켰으나, 산문의 무리들은 헤이케가 아니라 지난 7일에 있었던 편액 사건의 수치를 씻기 위해 코후쿠지의 말사인 키요미즈데라를 불태울 생각으로 산에서 내려온 것이었다.

깜짝 놀란 키요미즈데라(절)에서는 갑작스러운 일이었기에 크게 당황했으나 어쨌든 2갈래로 무리를 나누어 맞서기로 했다. 한 갈래는 키요미즈와 세이칸지(淸閑寺) 사이의 땅을 파서 가시나무 울타리를 두르고 타키노오(滝尾)의 부동당(不動堂)에서 산문까지를 500여 기가 지켰다. 다른 한 갈래는 야마노이(山井) 계곡에 있는 다리를 허물고 서쪽의 대문에 방패로 울타리를 두른 뒤 식당 · 회랑 · 산문까지를 1천여 기가 지켰다.

엔랴쿠지(절)의 무리는 사람들을 두 갈래로 나누어 앞뒤로 공격해 들어갔다. 후방을 공격하기로 한 무리들은 오오제키(大関)와 코제키(小関)의 시노미야가와라(四宮河原)를 지나 세이칸지 · 우타노나카야마(歌の中山)까지 진격했으며, 정면을 공격하기로 한 무리들은 니시사카모토

불타는 키요미즈데라

(西坂本)·사가리마쓰(下松)·이마미치고에(今道越)를 지나 키요미즈자카(淸水坂)·하레오(晴尾)에 있는 관음사까지 밀고 들어갔다.

키요미즈에서도 필사적으로 맞서 잘 싸웠으나 엔랴쿠지의 세력이 워낙 구름떼와 같은 대군이었고, 곧 절에 불이 붙었는데 때마침 격렬하게 불어온 서풍에 크게 번져 검은 연기에 휩싸였기에 방어전을 펼칠 새도 없이 본존을 짊어지고 절은 버린 채 엔넨지(延年寺)와 아카쓰키지(赤築地) 2개의 샛길로 달아나버리고 말았다.

이렇게 해서 회계지치(会稽之恥)를 설욕했다.

무리들은 절까지 불태우고 히에이잔으로 돌아갔다.

그러나 그 뒤에 성가신 일이 벌어지고 말았다. 헤이케를 토벌할 것이라는 소문이 돌았기에 로쿠하라로 구름떼 같은 대군이 몰려들었다.

황거를 지키던 자들까지 모두 달려왔기에 시게모리는,

'헤이케를 추토할 것이라는 소문은 거짓일 것이다. 상황을 뵙고 기색을 살펴야겠다.'

라고 생각하여 상황이 있는 곳으로 향했는데, 고시라카와 상황도 소문이 거짓이라는 사실을 키요모리에게 설명하기 위해서 로쿠하라로 가던 차였기에 도중에 만나 함께 로쿠하라로 갔다. 그러나 병에 걸렸다는 이유로 키요모리가 만나주지 않았기에 상황은 덧없이 돌아가고 말았다. 이 무렵부터 고시라카와 상황은 근신인 다이나곤 나리치카 등과 함께 여러 가지로 계략을 생각하게 되었던 것이다.

(23) 승병

이 다이슈(大衆)라고도 하고, 도슈(堂衆)라고도 하고, 야마호시(山法師)라고도 하는 이른바 승병은 언제부터 생겨났으며, 또 어떤 무리들이었는지를 잠시 설명하도록 하겠다.

그 기원은 무라카미(村上) 천황 때였던 코호(康保) 3년(966)에 지케이(慈惠) 대사 료겐(良源)이 시작한 것이라 전해지고 있다. 수학을 견디지 못하는 우둔하고 재능이 없는 승려들을 골라 무문의 중도(衆徒)로 삼았다.

시대가 점점 말기로 접어들면 신앙심이 옅어져서 부처를 고맙게 여기는 마음도 줄어드는데, 이 무문의 중도들로 하여금 조그만 소동을 가라앉히게 하기도 하고 도리에 어긋난 행동을 하는 자를 제지하기도 하여 정법을 지키고 불법이 끊기지 않도록 지키게 했다.

문수보살의 말 가운데 '첫째로 이검(利劍), 둘째로 경권(経巻)'이라는 것이 있는데, 이검은 이지(利智)의 용(用)이고, 경권은 지혜의 덕(德)을 나타낸 것이라 해석된다. 말을 해도 듣지 않을 때는 아미타의 이검을 휘두르는 것이다. 따라서 승려의 몸으로 법복을 입고 있으면서도 칼이나 창을 손에 들고 싸운 것이다.

그렇다면 승려들이 언제쯤부터 칼을 쥐게 되었는가 하면, 그건 훨씬 더 오래 전의 일이었다.

모노노베노 오오무라지 모리야(物部 大連 守屋)가 소가노 우마코(蘇我 馬子)와 싸워서 패했을 때, 우마코가 모노노베 씨에 속했던 자 300여

명을 거두어 시텐오지(四天王寺)의 노비로 삼았다고 전해지며, 에미노 오시카쓰(惠美 押勝)가 반란을 일으켰을 때 오우미노쿠니의 승려 등이 관군으로 활약한 공로를 인정받아 상을 받은 일도 있었다. 이들을 병승이라고까지 말할 수는 없을 테지만, 그 무렵부터 싹이 트고 있었던 것만은 사실이다. 유게노 도쿄[86] 등이 전횡을 일삼던 무렵에 승병이라고 할 만한 세력이 있었으리라는 점은 쉽게 상상해볼 수 있다.

칸페이(寬平) 6년(894) 9월에 쓰시마(対馬) 시라기(新羅)의 도적들이 배 45척을 타고 왔을 때 토분지(島分寺)의 승려가 사졸에 가담하여 도적에 맞선 일이나, 칸닌(寬仁) 2년(1018)에 코마(高麗)의 도적을 3번에 걸쳐 물리친 이키(壱岐)의 승관(僧官) 조카쿠(常覚)가 있었다는 일 등으로 승려이면서 무예로 활약한 자들이 있었다는 사실을 알 수 있다.

당시의 불교는, 일부에서 신앙의 대상이 되기는 했으나 아직 사원에서의 생활이 보장된 것은 아니었기에 스스로 논을 개간하고 스스로 경작하며 생활했다. 그랬기에 논밭 등의 재산을 상당히 소유하고 있었다. 그 경작에 종사하는 사람이나, 세금을 피하기 위해 승려가 된 자나, 먹고살 길이 없어서 사원의 식객이 된 자들이 점점 승병이 되어갔다.

'가쿠쇼(学生) 2천, 도슈 2천.'

이라 일컬어졌을 만큼 히에이잔(엔랴쿠지)은 수많은 승병을 끌어안고 있었다.

승병은 커다란 두려움의 대상이었는데 어떤 횡포를 부렸는가 하면, 늘 두 가지 수단을 관용했다. 즉, 이산(離山)과 강소(強訴)가 그것이었다. 이산이란 절이나 당탑을 닫아버리고 등불을 끄고 산의 승도(僧徒)들이

---

86) 弓削 道鏡(700?~772). 나라 시대의 승려. 천황의 신임을 얻어 정계에까지 진출, 황위를 노렸으나 실패했다. 타이라노 마사카도, 아시카가 다카우지와 함께 일본의 3대 악인으로 불리기도 한다.

가마를 짊어지고 시위하는 승병

전부 흩어져 모든 불사수법(仏事修法)을 중단해버리는 것을 말한다. 강소란, 적극적으로 위세를 과시하여 자신들의 주장을 관철시키는 것을 말하는데, 이러할 때면 모든 승병이 전부 동원되었다.

승병을 동원하여 어떤 행동을 했는지 히에이잔(엔랴쿠지)을 예로 들어 말하자면, 격문을 띄워 3곳에 있는 다이슈를 총동원, 콘폰추도(根本中堂총본당)에 집결시킨다. 거기서 상담회를 열어 호소할 일에 대한 결의문을 작성한다. 그런 다음 히에산오(日吉山王)의 신위를 모신 가마(미코시)를 메고 쿄토로 들어간다. 밤이면 횃불을 시뻘겋게 밝히고 시위운동을 하여 쿄토 사람들을 깜짝 놀라게 한다. 그런 다음 쿄고쿠지(京極寺), 혹은 기온샤(祇園社신사)에 머물며 형세를 살폈으며, 때로는 무례하게도 가마를 메고 고쇼87)로 난입하거나, 소송의 상대가 칸파쿠나 셋쇼인

---

87) 御所. 천황, 상황, 법황, 황태후, 친왕 등의 거처나 궁궐.

경우에는 그들의 집을 향해서 쇄도해 들어가기도 했다. 이러한 때면 불을 지르기도 하고 약탈을 하기도 하고 사람을 죽이기도 하는 등 난폭한 행동을 하는 것이 보통이었다.

이처럼 무도한 짓을 하던 승병도 근세에 이르러, 오다 노부나가(織田 信長)와 토요토미 히데요시(豊臣 秀吉)를 상대로 싸우다 마침내는 멸망해버리고 말았다.

(24) 스케모리의 난행

헤이케의 행동에 놀란 고시라카와 상황은 출가를 하였다. 카오(嘉応)
원년(1169) 6월 17일의 일이었다.

카오 2년 7월 3일에 홋쇼지(法勝寺)로 참배를 갔었는데 당시의 셋쇼였
던 모토후사(基房)가 그를 수행했다. 참배를 마치고 돌아온 뒤 모토후사
가 산조 쿄고쿠(京極)를 지나고 있자니 산조 거리에 여성용 수레가
있었는데 그 안에 에보시88)를 쓴 자가 앉아 있는 것이 저녁 해에 비춰
보였다. 수레를 몰던 자들이,

"셋쇼 전하가 지나시는데 이 무슨 무례란 말이냐? 수레에서 내려라."
라며 화를 내기에 모토후사는,

"됐네, 그냥 내버려두게."
라고 말한 뒤 지나치려 했으나 하인들이 말을 듣지 않고 그 수레 앞의
발과 장막을 찢어버리고 말았다. 안에는 칡베로 지은 하카마89) 차림의
남자가 타고 있었는데 수레를 몰아 달아나는 것을 다시 뒤쫓아 한껏
혼을 내주었다. 수레는 롯카쿠(六角)에 있는 쿄고쿠의 집으로 달아났다.
이는 다이조 뉴도(키요모리)의 손자로 에치고90)의 카미 스케모리(資盛)였
다. 피리를 배우기 위해 마사모리(雅盛)의 집에 갔다가 돌아오는 길에
셋쇼의 수레와 마주치게 된 것이었다.

---

88) 烏帽子. 예전에 관례를 치른 공경이나 무사가 쓰던 건.
89) 袴. 일본 옷의 겉에 입는 하의. 상의인 하오리와 함께 정장으로 입는다.
90) 越後. 지금의 니이가타(新潟) 현. 에치고노쿠니, 엣슈(越州). 상국.

스케모리가 집으로 돌아가 아버지인 시게모리에게 이 사실을 이야기
하자,

"그건 네가 잘못한 것이다. 셋쇼와 마주쳤는데 수레에서 내리지 않은
것은 무례한 행동이다. 예로부터 '백단향은 떡잎부터 향기롭고, 빈가조
(頻伽鳥)는 알 속에서부터 소리가 좋다.'고들 하지 않느냐. 유치하다는
건 대여섯 살 때까지의 일이다. 너는 열 살이 넘지 않았느냐. 예의를
몰라서 어찌하겠느냐. 사람에게는 상하가 있고, 관에는 고하가 있는
법이니라. 예의는 무엇보다 중요한 것이다. 앞으로는 삼가 주의하도록
해라."

라며 야단을 치고 훈계했다.

셋쇼를 수행했던 자들도 키요모리의 손자인 줄 모르고 난폭한 짓을
한 것이었으나, 상대가 누구인지 알고 난 후에는 그냥 있을 수 없었기에
시게모리의 집으로 가서 납작 엎드려 사과를 하고 왔다.

그런데 손자인 스케모리에게서 이 이야기를 들은 키요모리 뉴도는

크게 화를 내며,

"제아무리 셋쇼 · 칸파쿠라 할지라도 어찌 조카이의 손자에게 수치를 준단 말이냐. 이에사다, 스케모리의 치욕을 반드시 씻어주어야 한다."
라고 말했다. 시게모리가 크게 걱정되어 아버지에게도 간언하고 사무라이들도 잘 타일렀으나 키요모리는 역시 화가 가라앉지 않았기에 난바와 세노오(妹尾)를 불러 은밀하게,

"그 자들의 상투를 잘라 모욕을 주어라."
라고 명령했다. 두 사람은 재미있는 일이라고 기뻐하며 기회를 엿보았다.

그런 줄은 꿈에도 모르고 어느 날, 모토후사는 성대한 행렬을 이루며 궁궐로 들어가고 있었다. 그런데 호리카와 이노쿠마(猪熊) 부근에서 갑옷을 입은 자 20기쯤이 달려나오더니 행렬의 앞에 선 자 등을 포박해버리고 말았다.

아키의 곤노카미인 타카노리(高範)만이 수레 곁에 붙어서 지키고 있었을 뿐, 가신인 나가이에(長家)와 토시나리(俊成)와 모로미네(師峰) 등은 전부 상투를 잘리고 말았다. 심지어는 수레의 창을 부수고 장검과 왜장도를 찔러넣었기에 셋쇼조차 깜짝 놀라고 말았다. 타카노리 혼자 지키고 있었으나 난바가 가신과 둘이서 그를 쓰러뜨린 뒤 상투를 자르며,

"이건 네 것을 베는 게 아니야. 네 주인 거라 생각하고 베는 거야."
라고 말했다. 사콘의 쇼겐(삼등관) 모리스케(盛佐)는 말을 타고 달아났는데 그도 뒤쫓아 말에서 끌어내려 상투를 잘랐다. 그리고 수레와 소를 묶고 있던 끈도 전부 끊어버린 뒤 함성을 지르며 돌아갔다.

키요모리는 '잘했다.'며 크게 기뻐했다.

×   ×   ×

헤이케의 복수

이는 세상에 일반적으로 알려져 있는 이야기인데, 쓰지(辻) 문학박사의 설에 의하면 사실은 키요모리가 시킨 것이 아니라 오히려 시게모리가 시킨 것이라고 한다. 그 설에 의하면 『구칸쇼[91]』라는 책에서는,

<코마쓰 나이후(小松 内府 시게모리)는 마음이 매우 자상하고……, 어찌된 일인지 아버지 뉴도가 시키지도 않은 이상한 일을 하나 했다.> 라고 시작한 뒤, 앞의 복수에 관한 이야기를 실었다.

또한 『교쿠요[92]』라는 책에도 7월 3일에 수레가 마주치는 사건이 있었으며, 하루를 사이에 두고 5일의 내용에,

<시게모리 이 일로 특히 울적했다.>

라고 적혀 있다. 이는 시게모리가 매우 화를 냈다는 뜻으로, 전후 문장을 살펴보았을 때 이 사건은 시게모리가 일으켰다는 사실을 분명히 알 수 있다.

키요모리의 이름은 전혀 보이지 않는다. 더구나 이 시기에 키요모리는

---

91) 愚管抄. 진무 천황에서부터 준토쿠 천황(1197~1242)까지의 사실을 기록한 역사책.
92) 玉葉. 헤이안 시대 후기에서 카마쿠라 시대 초기에 걸쳐서 쓴 쿠조 카네자네의 일기.

쿄토가 아닌 셋쓰노쿠니 후쿠하라(福原)의 별장에 머물고 있었다. 그 복수가 있었던 것은 10월 21일이었는데, 그 달 30일에 법황이 후쿠하라에 있는 키요모리에게 사자를 보낸 일이 있었으며, 또 9월 20일에는 법황이 후쿠하라에 있는 키요모리의 별장으로 갔었으니, 그 전후 1개월 사이에는 키요모리가 쿄토에 없었다는 사실을 알 수 있다.

(25) 나리치카의 모반

고시라카와 법황의 총애를 얻고 있던 후지와라노 나리치카는 다이나곤이었는데 사다이쇼(左大将) 자리가 비었기에,

"모쪼록 사다이쇼로 삼아주십시오."

라고 청했다. 법황의 기색도 나쁘지 않았기에 이건 가능성이 있다고 생각하여 여러 가지로 손을 써가며 구워삶았다. 그리고 절이나 신사로 가서 소원을 빌었다.

나리치카는 카스가 신사에 7일 동안 머물며 기도를 올렸으나 아무런 효험도 없었기에 이번에는 이름 높은 스님을 오토코야마(男山) 하치만구(八幡宮신사)에 머물게 하여 대반야경을 올리게 했다. 반쯤 지났을 때, 코우라다이묘진(高良大明神신사) 앞의 귤나무에 산비둘기가 2마리 나와서 서로 물어뜯다 떨어져 죽어버리고 말았다. 비둘기는 하치만다이보사쓰(八幡大菩薩)의 전령이었기에,

"이건 예삿일이 아니다."

라고 여겨져 이 사실을 주문(奏聞)했다. 이에 신기관(神祇官)이 점을 쳐보니,

"천자, 대신의 과오가 아니라 신하의 잘못이다."

라는 괘가 나왔으나, 나리치카는 그것조차 두려워하지 않고 카미카모(上賀茂)의 신사에서 다시 기도를 올리게 했다. 기원의 마지막 날인 7일째, 맑던 하늘이 갑자기 흐려지고 천둥이 치고 바람이 불고 커다란 비가 내리며 천지가 진동하기를 2시간쯤, 보전 위에 있던 삼나무에 벼락이

벼슬을 비는 나리치카

떨어져 불타기 시작했으며 그로 인해서 제신의 아들을 모신 신사에도 화재가 났다.

　나리치카는 그래도 여전히,

　'내 신심이 부족하기 때문이야.'

라고 생각하여 7일 동안 정진하며 시모카모(下賀茂)의 신사에 머물러 있었는데, 비몽사몽간에 붉은 옷차림을 한 관인 두 사람이 나타나서 나리치카의 두 팔을 잡아 뜰로 끌어냈다. 그러자 신사의 문이 열리더니,

　"벚꽃, 카모의 강바람 원망 마라. 떨어지는 것 나도 막을 수 없네."

라고 높다랗게 들려왔기에 이때부터 한동안은 타이쇼에 대한 소망을 접었다.

　그러는 중에 우다이쇼였던 시게모리가 사다이쇼로 승진하고 추나곤 이었던 무네모리가 우다이쇼가 되어, 형제가 좌우의 타이쇼 자리를 차지하게 되었다. 마음을 접기는 했으나 나리치카는 분하여,

　'어떻게든 헤이케를 멸망시켜 한번쯤은 타이쇼가 되어보고 싶다.'

라고 생각했다.

그 이후부터는 헤이케를 멸망시킬 모반을 일으키기 위해 병기를 갖추고 군병을 모으는 일에만 열중했다.

어느 날, 다이나곤 나리치카가 셋쓰 겐지인 타다 유키쓰나(多田 行綱)를 불러 음식을 대접하고 대검 한 자루를 선물로 준 뒤, 그를 자신의 무릎 가까이로 다가오게 하여,

"사실은 인젠93)을 받았네. 헤이케가 너무나도 전횡을 일삼고 있기에 그들을 추토하라는 인젠일세. 하지만 나는 무사가 아니기에 누군가 믿음직한 대장에게 부탁하여 일을 처리할 생각이네. 그대는 겐지 가운데서도 지위가 있는 분 아니신가. 헤이케를 제거하고 나면 일본 최고의 대장군이 될 수 있을 걸세. 이번 일을 위해서 애를 써주셨으면 하네."
라고 말하자 유키쓰나는 술기운에,

"알겠습니다. 마음 놓으시기 바랍니다. 반드시 일을 이루도록 하겠습니다."
라고 승낙했다.

히가시야마(東山)의 시시가타니(鹿谷)는 뒤쪽으로 미이데라(절)가 이어지며 뇨이가타케의 산이 깊고, 앞으로는 멀리 쿄토를 조망할 수 있는 견고한 요해지로 그곳이 적당한 땅이었기에 성을 세우고 병사를 준비하기 시작했다.

시시가타니는 슌칸(俊寬) 소즈94)의 소유지였으며, 유키쓰나와도 친한 사이였기에 슌칸도 유키쓰나 군에 가담했다. 그는 겐다이나곤 마사토시(源大納言 雅俊)의 손자였다. 그 외에도 헤이호간 야스요리(平判官 康賴), 오우미추조 뉴도 렌카이(近江中將 入道 蓮海), 호쿠멘의 무사95)

---

93) 院宣. 원정(인세이)을 행하던 상황이나 법황으로부터의 명령.
94) 僧都. 승관 가운데 하나.

모반을 꾀하는 나리치카

등이 아군으로 가담했다.

이에 아군으로 가담한 자들이 그곳에 모여 술을 마시며 모반에 대한 상의를 했다. 법황도 자리에 참석하려 했으나 신제이의 아들인 조켄 호인(静憲 法印)이 간언하여 만류했기에 자리에는 참석하지 않았다.

술자리가 점점 무르익자 나리치카가 하얀 천 50필을 꺼내,

"활집을 만들 때 쓰도록 하게."

라며 유키쓰나에게 주었다. 그때 정원에 있던 우산이 산에서 내려온 바람에 휙 날아올랐고 말이 거기에 놀라 이리저리 날뛰었다. 그것을 말리기 위해 한바탕 소동이 벌어졌는데 그때 히타타레의 소매에 술병(甁子헤이시)이 걸려 쓰러지고 말았다. 다이나곤 나리치카가 그것을 보고,

"오오, 일의 시작부터 헤이시가 쓰러졌다. 헤이시(平氏)가 쓰러질 전조다."

---

95) 北面の武士. 상황, 법황의 거처를 경호하는 무사.

라고 말하자 모두가 크게 기뻐했다.

야스요리가,

"요즘은 헤이시가 너무 많아서 취했군. 쓰러진 헤이시의 목을 취하게."

라며 목을 잘라내 치켜들고 춤을 추었다. 그런 다음 효수를 한다며 기둥에 묶었다.

땅을 파내고 이야기를 해도 사람들에게 새어나간다는 말이 있을 정도인데 이런 연회에서 커다란 목소리로 떠들어댄 말이 어찌 새어나가지 않을 수 있겠는가?

(26) 신위를 실은 가마

"카모가와 강의 물, 주사위의 숫자, 승병, 이것만은 내 마음대로 할
수가 없구나."

라고 시라카와인(白河院)은 말했는데, 지쇼 원년(1177)에 엔랴쿠지의
승병들이 서로 상의하여 카가96)의 카미 모로타카(師高)라는 자를 유배보
내라고 청한 적이 있었다. 이유는 모로타카의 모쿠다이97)인 후지와라노
모로쓰네(藤原 師経)가 엔랴쿠지의 말사인 카가 하쿠산(白山)의 땅을
불태웠기 때문이었다. 절의 무리들이 유배를 보내라고 종종 요구를
해왔으나 모로타카의 아버지인 사이코(西光)가 이를 각하했기에 절의
무리들은 최후의 수단으로 가마(미코시)를 짊어지고 내려왔다.

안겐(安元) 3년(1177) 4월 13일 아침, 주젠시곤겐(十禅師権現) · 마로우
도(まろうど) · 하치오지(八王子) 세 사원의 가마를 장식하여 무리의 진두에
세웠다.

사가리마쓰 · 키레즈쓰미(切堤) · 카모의 강변 · 타다스(糺) · 우메타다
(梅忠) · 토호쿠인(東北院) 부근에 신닌98) · 미야지99) · 시라다이슈100)
· 센토101)들이 가득하여 그 숫자를 헤아릴 수 없을 정도였다. 가마가

---

96) 加賀. 지금의 이시카와(石川) 현 남부. 카카노쿠니, 카슈(加州). 상국.
97) 目代. 지방장관 대신 임지로 가서 집무를 보던 사적 대리인.
98) 神人. 속인인 채로 신사에서 잡역에 종사하는 사람.
99) 宮仕. 청소 등 잡역에 종사하는 하급 신관.
100) 白大衆. 관위가 없는 하급 승려.
101) 専当. 신사나 절에서 잡역에 종사하는 하급 승려.

모로타카의 처분을 청하는 승병

점점 황거를 향해 다가갔기에 겐페이 두 집안의 무장에게 명하여 각 문을 굳게 지키게 했다.

헤이케에서는 코마쓰 나이다이진 사다이쇼 시게모리가 3천여 기를 이끌고 오오미야(大宮) 앞의 요메이, 타이켄, 유호 3개 문을 지켰다. 무네모리, 토모모리, 시게히라, 요리모리, 노리모리(教盛), 쓰네모리 등은 서남쪽 문을 지켰다. 겐지에서는 겐잔미(源미나모토三位삼위) 요리마사가 200여 기로 북쪽의 문과 누이도노(縫殿북쪽의 진)를 지켰다. 지켜야 할 구역은 넓은데 병사가 부족했기에 촘촘히는 지킬 수 없었다.

다이슈가 이 방비가 허술한 곳을 통해서 가마를 짊어지고 들어가려 했기에 요리마사는 서둘러 말에서 내려 투구를 벗고 가마에 절을 했다. 대장이 그렇게 했기에 병사들도 모두 그를 따라했다. 그리고 다이슈에게 사자를 보내,

"잠시 진정하십시오. 이번에 산문에서 소송하신 내용, 지당한 일이라 생각합니다. 그러나 선지를 받아 이곳을 지키고 있는 이상 여기를 지나게

가마에 절하는 요리마사

할 수는 없습니다. 그렇다고 해서 평소 믿고 있는 신을 향해 활을 쏜다는
것도 있을 수 없는 일입니다. 만약 소수가 지키고 있는 이 북문을 통해서
들어가신다면 '산문의 다이슈는 약한 곳을 노렸다.'며 웃음거리가 되지는
않을지요? 코마쓰 나리(시게모리)가 다수의 병력으로 동쪽의 진을 지키고
있으니 그곳으로 들어가셨으면 합니다."

라고 말하자 젊은 다이슈와 악승들은,

　"이러쿵저러쿵 떠들 필요 없다. 이곳으로 가마를 밀고 들어가라."
라고 말했으나 노승 가운데 지혜로운 자라 불리는 고운(豪運)이라는
스님이 앞으로 나서며,

　"그것도 옳은 말이오. 대군을 뚫고 들어가야 평판도 좋아질 것이오.
요리마사 경은 '깊은 산 나무, 그 우듬지로도 보이지 않았는데 꽃이
피니 벚나무인 줄 알겠네.'라는 유명한 노래를 읊으시어 주상의 칭찬을
들으셨을 정도의 풍류무사이시오. 그런 분께 수치를 안겨드릴 수는
없소."

라고 말했기에 수천의 다이슈도 옳은 말이라 생각하여 타이켄몬으로 향했다.

한편, 가마를 돌려 동쪽의 진에 있는 타이켄몬으로 들어가려 하자 그곳을 지키던 무사들이 맹렬하게 화살을 쏘아댔다. 그 화살이 주젠시의 가마에 여럿 꽂혔다. 신닌, 미야지 들도 화살에 맞아 목숨을 잃었으며 수많은 부상자들이 나왔기에 다이슈는 가마를 내팽개친 채 히에이잔(엔랴쿠지)으로 울며 돌아갔다.

밤이 되자 원의 전에 공경들이 급히 모여 회의를 열었다.

"호엔 시절 때와 마찬가지로 이번에도 기온의 신사에 들이기로 하세."

이렇게 결정하고 가마에 꽂힌 화살을 신닌들에게 뽑게 했다. 예로부터 산문의 다이슈들이 가마를 짊어지고 온 적은 6번 정도 있었는데 그때마다 무사들에게 명하여 막기는 했으나, 가마를 쏜 일은 이번이 처음이었다.

14일 밤에,

"산문의 다이슈들이 무리지어 쿄토로 올 것이다."

라는 소문이 돌았기에 타카쿠라(高倉) 천황은 원(법황)이 있는 호주지(法住寺)의 전으로 갔다. 칸파쿠를 비롯하여 수많은 공경이 수행했다. 시게모리도 나오시[102]에 활을 메고 천황을 수행했다. 코레모리도 정장에 화살통을 두르고 따라갔다. 쿄토 안이 떠들썩했다.

20일에는 카가의 카미인 모로타카가 파면당했으며 오와리노쿠니로 유배를 떠났다. 이 선지로 산문의 소동을 가라앉히라는 명령을 받고 헤이다이나곤 토키타다(키요모리의 아내인 토키코의 동생)가 히에이잔으로 올라가 일단 그들을 진정시켰다.

4월 28일, 신위를 모신 가마(미코시)에 활을 쏜 무사 7명이 감옥에 갇혔는데 주젠시의 가마에 화살을 쏜 나리타 효에 타메나리(成田 兵衛 爲成)라는 자는 시게모리의 유모의 아들이었다. 특히 죄가 무거워서 산의 무리들이,

"카라사키(唐崎)에서 화형에 처해야 한다."

고 요구했으나 시게모리가 잘 타일러서 이가노쿠니로 유배보내기로 했다.

그날 저녁, 친구들이 모여 송별회를 열었는데 술기운이 돌기 시작하자,

"자, 나리타 나리, 이걸 안주 삼아서."

라며 한 사람이 상투를 잘라 앞으로 던졌다. 어떤 자는 안주라며 귀를 잘라 앞으로 던졌다. 사이가 좋았던 친구는,

"이걸 안주로."

라며 할복해버리고 말았다. 타메나리도,

"나도 안주를 내기로 하지."

라며 할복을 해버렸다. 그 집의 주인도 이를 보고,

"내가 살아 있어봐야 틀림없이 귀찮은 일들에 시달릴 걸세."

---

102) 直衣. 천황 및 공경들의 평상복.

불길에 휩싸인 쿄토

라며 집에 불을 지르고 불 속으로 뛰어들어버렸다.

　마침 동남풍이 맹렬하게 불어 서북쪽으로 불길이 번져갔다. 토오루노 오토도(融大臣미나모토노 토오루)가 취흥으로 지은 시오가마(塩釜)의 카와라인(河原院)부터 불에 타기 시작해서, 명소 30여 곳, 공경의 집 17곳이 불에 탔다. 그 외의 집들은 숫자를 헤아릴 수 없이 타버렸다.

　마지막으로는 궁궐에까지 불길이 미쳐서 궁궐까지 전부 타버리고 말았다.

(27) 메이운 승정을 유배보내다

지쇼 원년(1177) 5월 5일, 텐다이자스[103]인 메이운(明雲) 대승정은 쿠조[104]에서 물러나야 했을 뿐만 아니라 조정에서 맡겨두었던 여의륜관세음(如意輪観世音)의 화상(畫像)도 반납하게 되었다. 그리고 신위를 실은 가마(미코시)를 메고 온 사건의 장본인으로 호출을 받게 되었다.

카가노쿠니에는 자스의 영지가 있었다. 사이코 부자가,

"모로타카가 국무를 쥐고 있을 때 그 영지를 몰수했기에 그에 대해 원한을 품고 승병들을 속여 밀고 들게 하여 마침내는 궁궐까지도 소실되기에 이른 것입니다."

라고 법황에게 참언했기에 역린을 건드린 꼴이 되어 특히 중하게 벌해야 겠다고 생각하게 되었다.

18일, 다이조다이진의 공경 13명이 궁으로 들어가 진노자[105]에서 메이운의 죄에 대해 상의했다. 하치조추나곤 나가카타(八条中納言 長方)는 그때 아직 사다이벤(左大弁)의 재상으로 말석에 앉아 있었는데 앞으로 나서며,

"사죄에 해당하는 것을 일등 감하여 귀양을 보내게 되었으나, 메이운 대승정은 현밀겸학(顕密兼学)의 고승으로 대승묘경(大乗妙経)을 쿠게에 전수하고 보살정계(菩薩浄戒)를 법황께서 지키게 하신 불경의 스승,

---

103) 天台座主. 엔랴쿠지의 최고위 승려.
104) 公請. 조정에서 법회나 강의를 하는 승려.
105) 陣の座. 다이진(대신) 이하 공경들이 모여 회의를 하던 곳.

스승에게 중죄를 과하는 것은 어떨까 싶습니다. 귀양은 용서해주시고
환속시키는 정도로 하심이 옳을 줄 압니다."
라고 거침없이 말했기에 자리에 있던 공경 모두 거기에 동의했으나
법황의 분노가 컸기에 귀양을 보내기로 결정되었다.

키요모리도 메이운 대승정의 귀양을 용서해달라고 청하기 위해 원으
로 찾아갔으나 법황이 감기기운이 있다며 만나주지 않았기에 어쩔 수
없이 발걸음을 돌리고 말았다.

메이운 승정은 비할 데 없는 석덕(碩德), 천하제일의 고승이었으나
이제는 속인이 되어 다이나곤 후지이 마쓰에(藤井 松枝)라는 속명을
쓰게 되었다. 21일에 이즈노쿠니가 유배지로 결정되었다. 이렇게 된
것도 사이코 부자의 참언 때문이었다. 산문에서는 사이코 부자의 이름을
적어 콘폰추도(총본당)에 있는 12신장 가운데 금비라대장의 왼쪽 발밑에
넣어 밟게 한 뒤,

"12신장, 7천 야차(夜叉), 지금 곧 사이코 법사 부자의 목숨을 거두시

유배를 떠나는 메이운

길."

하고 저주했다.

　23일에는 메이운 대승정도 울며 울며 유배지로 쫓겨나게 되었다.

　산문에서는 다이슈가 모여 상의를 했다.

　"지금까지 자스를 유배보냈다는 말은 단 한 번도 들어본 적이 없소. 이대로 내버려둘 수 없는 일이오."

라며 산 안의 다이슈 전부가 히가시사카모토(東坂本)로 내려갔다. 그리고 주젠시곤겐 앞에서 다시 상의를 했다.

　"여기서부터 아와즈(粟津)로 가서 자스를 빼앗아오기로 합시다. 하지만 자스를 호송하는 관인들이 여럿 있을 테니 그렇게 간단히 빼앗을 수는 없을 겁니다. 이렇게 된 이상 산노(山王)·다이시(大師)의 힘 외에 의지할 곳이 없습니다. 바라건대 커다란 탈 없이 빼앗아올 수 있도록, 지금 길조 하나를 보여주시기 바랍니다."

라고 노승들이 간절히 기원했다. 그때 무도지(無動寺)의 시동인 쓰루오

메이운을 되찾기 위한 회의

마루(鶴王丸)가 갑자기 땀을 흘리며 발광하기 시작했다.

　"우리 주젠시곤겐께서 내게 임하셨다. 세상이 아무리 말세라고는 하나 어찌 우리 산의 자스를 다른 땅으로 옮기게 할 수 있겠는가." 라며 좌우의 소매로 얼굴을 가리고 훌쩍훌쩍 울기 시작했기에 다이슈는 이를 이상히 여겨,

　"참으로 주젠시곤겐의 신탁이라면 이것을 원래 주인에게 모두 돌려주시기 바랍니다."
라며 사오백 명의 노승들이 저마다 손에 들고 있던 염주를 주젠시곤겐 앞으로 던졌다. 그러자 쓰루오마루가 달려가 줍더니 한 치의 어긋남도 없이 전부를 주인에게 돌려주었다.

　모두 신명의 영험함이 기뻐서 합장을 했으며 감격의 눈물에 목이 메어,

　"그렇다면 당장 가서 빼앗아오도록 하자."
라며 구름떼처럼 밀고 나가 별 어려움 없이 빼앗아가지고 코쿠분지(国分

가마에 오르는 메이운

寺)로 들어갔다.

메이운 승정은 크게 놀라,

"무릇 임금의 꾸지람을 들은 자는 일월의 빛조차 보아서는 안 된다고 들었소. 하물며 당장 내쫓으라는 인젠, 선지가 있었는데 우물쭈물하고 있을 수는 없소. 그대들은 얼른 산으로 돌아가도록 하시오."
라고 말한 뒤 마루 끝으로 가서,

"내게는 아무런 과오도 없소. 누명을 쓰고 유배라는 중한 벌을 받았으나 세상을, 사람들을, 신불을 원망하는 마음은 없소. 멀리 이곳까지 따라와주신 친절한 마음은 언제까지고 잊지 않겠소."
라고 황갈색 옷의 소매를 눈물로 적시며 말했기에 다이슈도 모두 갑옷의 소매를 적셨다. 다이슈 일동이 그래도 가마를 짊어지고 와서,

"깊이 생각하시기 바랍니다."
라고 말했으나 메이운은,

"예전에야 3천 명의 자스였으나 지금은 유배를 가야 할 몸이오. 어찌

수행을 하시는 분들과 지혜로운 다이슈들이 멘 가마에 탈 수 있겠소. 산에 오른다 할지라도 내 발로 걸어서 가겠소."

라며 타지 않았다.

그 자리에 서탑106)에 기거하고 있는 아자리 유케이(祐慶)라는 승려가 있었다. 키가 7척(210㎝)쯤이나 되었으며 검은 가죽으로 미늘을 단 갑옷을 입고 있었는데, 투구를 벗어 법사에게 들게 한 뒤, 하얀 손잡이의 언월도를 지팡이 삼아 다이슈 사이를 비집고 나가 메이운 앞으로 나서서 커다란 눈을 부릅뜨고 잔뜩 노려보며,

"그런 마음가짐이시기에 이런 꼴을 당한 것입니다. 깊이 생각하시기 바랍니다."

라고 말했기에 그 서슬 퍼런 기운에 두려움이 느껴져 서둘러 가마에 올랐다. 다이슈는 자스를 되찾았다는 기쁨에 존귀한 승려들까지 가마를 짊어졌으며, 영차영차 히에이잔을 향해서 나아갔다.

이렇게 해서 동탑107)의 남쪽 계곡에 있는 묘코지(妙光寺)로 들어갔다.

106) 西塔(사이토). 엔랴쿠지를 3개 구역으로 나눈 곳 가운데 서쪽 탑이 있는 구역.
107) 東塔(토우토). 엔랴쿠지를 3개 구역으로 나눈 곳 가운데 동쪽 탑이 있는 구역.

(28) 유키쓰나의 배신

신다이나곤 나리치카는 산문의 소동 때문에 잠시 계획을 미루고 있었는데, 그러는 동안에 타다 쿠로우도 유키쓰나는 가담자들이 모여 회의하는 모습을 보고 허세만 가득할 뿐 도저히 성공할 수 있을 것 같지 않았기에 두 마음을 품게 되었다.

활집을 만들라고 준 하얀 천으로는 히타타레와 하카마를 만들게 하여 집안의 로도(가신)들에게 나누어주었으며,

'지금과 같은 헤이케의 위세를 쉽게 꺾을 수는 없을 것이다. 다이나곤의 편에 선 군은 얼마 되지 않을 뿐만 아니라 쓸 만한 자도 극히 드물다. 되지도 않을 일에 괜히 가담했다가 발각이라도 나는 날에는 목숨을 잃을 것이 틀림없다. 목숨이 중요하다. 다른 사람의 입에서 새어나가기 전에……'

라고 곰곰이 생각하다, 5월 20일에 키요모리가 있는 니시하치조(西八条)의 저택으로 찾아갔다. 마침 저택 안에 마차가 가득 들어차 있었기에,

'무슨 일이지? 설마 발각된 건 아니겠지.'

라고 생각하여 유키쓰나가 조마조마한 심정으로 물어보니,

"뉴도 나리께서 후쿠하라에 가 계신 동안 일문의 사람들이 모여 놀이를 즐기고 있는 것입니다."

라고 대답했기에 일단은 마음이 놓였다.

27일에 쿠로우도 유키쓰나는 채찍을 들어 셋쓰의 후쿠하라에 있는 키요모리의 별장으로 내려가서,

"드릴 말씀이 있어서 유키쓰나가 내려왔습니다."

라고 말했다. 이에 슈메의 호간 모리쿠니가 나와서,

"무슨 일이십니까?"

라고 묻자,

"사람을 통해서 드릴 만한 말씀이 아닙니다. 직접 뵙고 말씀드리겠습니다."

라고 대답했다. 키요모리는 이를 듣고,

"유키쓰나는 겐지의 적류(嫡流) 아닌가. 틈만 나면 헤이케를 멸망시키려 노리고 있는 자이니 방심할 수 없다."

라며 아들인 시게히라를 데리고 은으로 장식한 대검을 모리쿠니에게 들게 한 뒤 중문까지 나가서 만났다.

"원 안의 사람들이 무기를 갖추고 군세를 모으고 있다는 사실을 알고 계십니까?"

라고 유키쓰나가 말하자 키요모리는,

"그것은 사이코 법사의 참언에 따라서 산문의 다이슈를 치기 위함이 아닌가. 그 외에 다른 뜻은 없을 걸세."

라고 대수롭지 않다는 듯 대답했다. 이에 유키쓰나가 무릎걸음으로 다가가서 속삭이듯,

"그 일을 말씀드린 것이 아닙니다. 일문과 관계된 일입니다. 얼마 전에 신다이나곤 나리치카 나리가 보낸 사람이 왔기에 찾아갔더니 시시가타니로 와달라고 해서 다시 시시가타니로 갔었습니다. 거기에는 마차가 여럿 늘어서 있었는데 그것을 헤치고 안으로 들어가보니 주연이 펼쳐져 있었습니다. 자리에는 신다이나곤 부자, 오우미추조 뉴도 나리, 슌칸 소즈, 헤이호간 야스요리, 사이코 법사 등이 있었습니다. 제가 술 석 잔을 받고 난 뒤에 다이나곤이,

'헤이케의 악행이 도를 넘어 걸핏하면 조정을 경멸하고 있으니 추토하라는 인젠(법황의 명령)을 내리셨습니다. 겐페이 두 집안은 예로부터 황실을 지키는 장군으로 역신을 주륙하여 은상을 입어왔습니다. 그러니 이번 싸움에서는 뜻을 함께 해주십시오. 그렇게 해주시기 바랍니다.'

라고 말씀하셨습니다. 이거 참 무시무시한 소리도 다 듣는다, 어떻게 대답을 해야 하는 걸까 생각했으나, 인젠이라고 하는데 어찌 싫다고 할 수 있겠습니까. 칙명이라면 응하겠습니다, 라고 대답한 순간 소나기가 쏴아 쏟아지고 산에서 강풍이 불어와 정원에 세워놓았던 우산이 날아갔고 거기에 말이 놀라 날뛰었기에 사람들 사이에서도 소동이 벌어졌는데 히타타레의 소매에 헤이시(술병)가 걸려 쓰러졌습니다. 소동이 가라앉고 난 뒤에 다이나곤 나리가 그 헤이시의 부러진 목을 보며,

'아아, 일의 시작부터 헤이시가 쓰러졌다.'

라고 말하자 모두가 기뻐했습니다. 아뢰옵기 황공하오나 사이코 법사가 쓰러진 헤이시의 목을 집어,

'효수에 처하겠다.'

라고 말하자 야스요리가 자리에서 벌떡 일어나,

'목을 넘겨받으러 온 케비이시요.'

라고 말하더니 에보시(관)의 끈으로 헤이시의 목을 꿰어 들고는 한동안 춤을 추며 연회석을 3바퀴 돈 뒤,

'옥문의 나무에 걸어주겠다.'

라며 툇마루의 기둥에 묶었습니다. 참으로 한심한 일이었습니다. 무사도 아닌 사이코 법사가 저런 짓을 해도 되는 건지 이상히 여겼습니다. 법황도 참석하실 예정이었으나 조켄 법사가 여러 가지 말로,

'천하의 대사건이 일어날 것입니다. 누가 무슨 말로 권해도 행차하셔서는 안 됩니다.'

라고 간언했기에 발걸음을 옮기지 않으셨다고 들었습니다. 시시가타니는 요해지이니 그곳을 성으로 삼겠다고 했습니다. 그러한 사실이 다른 사람의 입을 통해서 나리의 귀에 들어가면 죄 없는 저까지도 책망을 들을까 두려워 은밀하게 말씀드리는 것입니다."

라고 고했다. 키요모리는 놀라,

"주상을 위해서는 몇 번이고 목숨을 바쳐 진력을 다했건만, 설령 누가 뭐라고 해도 추토의 명령만은 내려서는 안 되었다."

라며 자리를 박차고 일어나 방 문을 탁 닫은 채 안으로 들어가버렸다.

유키쓰나는 밀고를 하기는 했으나 키요모리의 화난 모습에 두려움을 느껴 서둘러 물러났다.

(29) 나리치카 들 사로잡히다

같은 달 29일에 키요모리 뉴도는 쿄토로 올라가 니시하치조의 저택으로 히고[108])의 카미 사다요시와 히다[109])의 카미 카게이에(景家)를 불러,

"사다요시, 카게이에, 똑똑히 들어라. 모반에 가담한 자들이 많다. 모반에 가담한 호쿠멘의 무사까지 한 놈도 남김없이 잡아들이도록 하라." 라고 명령했다. 또한 일문의 사람들과 사무라이들에게 사람을 보내서 급히 모이라고 전했기에 우다이쇼 무네모리를 비롯하여 산미추조(三位中将) 토모모리, 우마의 카미 시게히라 이하 일문 사람들이 갑옷을 입고 궁시를 들고 달려왔다. 전갈을 받은 사무라이들도 달려왔기에 그날 밤으로 사오 천 기의 대군이 되었다.

사다요시와 카게이에가 각각 200기, 300기씩의 부하를 데리고 곳곳으로 밀고 들어가 사람들을 포박했기에 쿄토 시내에서는 곧 커다란 소동이 벌어지고 말았다.

6월 1일의 이른 아침, 키요모리가 케비이시인 아베 스케나리(安倍資成)라는 자를 불러서,

"법황이 계신 곳으로 가서 노부나리(信業)를 통해 '법황의 측근에 있는 자들이 방자하게 조정의 은혜를 과시하고 있을 뿐만 아니라, 모반을 꾀하여 세상을 어지럽히려 하고 있다는 말을 들었기에 그 자들을 취조하고 싶습니다.'라고 전하도록 하게."

---

108) 肥後. 지금의 쿠마모토(熊本) 현. 히고노쿠니, 히슈(肥州). 대국.
109) 飛騨. 지금의 기후(岐阜) 현 북부. 히다노쿠니, 히슈(飛州). 하국.

잡혀온 사이코

라고 명령했다. 스케나리가 호주지의 전으로 가서 디이젠110)의 타이후(장
관) 노부나리에게 이 말을 전했다. 깜짝 놀란 노부나리가 어전으로 가서
이 말을 전했으나 법황으로부터는 이렇다 할 대답이 없었다.

스케나리가 돌아와 이 사실을 고하자 키요모리는,

"흠, 그래서 대답이 없었던 거겠지. 유키쓰나의 말은 사실이었다.
법황도 알고 계시는 일이다."

라고 말했다.

얼마 후, 사이코 법사를 붙들어다 앞뜰에 꿇어앉혔다. 민무늬 비단옷에
손잡이 끝이 세 갈래로 갈라진 칼을 차고 키요모리가 중문의 툇마루
위에 서서 사이코 법사를 한동안 노려보다 성난 목소리로,

"미천한 신분으로 고위에 오른 자가 조정의 은혜를 등에 업고 죄
없는 텐다이자스를 유배보냈다고 들었다. 게다가 이 키요모리까지 없애

---

110) 大膳. 궁중의 식사나 조정에서 열리는 연회의 조리를 담당하던 부서.

려 하다니 괘씸하기 짝이 없구나. 네놈은 어떻게 생각하느냐!"

라고 매섭게 질타했으나 사이코는 선천적으로 대담하기 비할 데 없는 자였기에 키요모리를 매섭게 노려보며,

"모반을 꾀했다니 나는 전혀 모르는 일이오. 이처럼 오랏줄에 묶인 치욕을 당한 것을 보니 나의 운도 다한 모양이오. 하지만 그냥 들어넘길 수 없는 말이 하나 있소. 사무라이였던 자가 유키에(靫負)의 조(尉ㅔㅍ후의 3등관)가 되기도 하고, 주료케비이시가 되기도 하는 것이 어찌 과분한 일이란 말이오. 새삼스러울 것도 없는 일 아니오. 그렇게 말씀하신 뉴도 나리는 왕손이라고 말하나 옛날의 일은 보지 못했으니 알 수 없고, 나리의 아버지인 타다모리는 틀림없이 텐조비토가 된 것을 사람들이 싫어했소. 그러한 자의 적자였기에 열네다섯 살이 될 때까지 서작조차 없었소. 게다가 양어머니와 추나곤 이에나리 나리의 보살핌으로 말의 부리망을 쥐고 거친 히타타레에 새끼줄로 끈을 엮은 나막신을 신고 돌아다녔기에 쿄토의 아이들은 '타카헤이타[111]'라고 부르며 웃음거리로 삼았었소. 그걸 부끄럽게 여겼던 것인지 부채로 얼굴을 가리고 부챗살 사이로 코를 내민 채 샛길로만 다녔기에 아이들이 이번에는 '하나헤이타, 하나헤이타[112]'라고 불렀소. 허나 돌아가신 교부쿄(타다모리)께서 오우미 의 후나키(船木)에서 해적 30명을 사로잡은 훈공에 의해서 호엔 시절, 나리가 열여덟아홉 살이었을 때 4위인 효에의 스케가 되었기에 세상 사람들이 '참으로 빠른 출세'라고 말했을 정도였소. 그런데 지금은 다이조 다이진이 되었으니 그야말로 미천한 신분으로 과분한 출세 아니겠소. 여기에는 단 한마디도 하실 수 없을 게요."

---

111) 高平太. 비 오는 날 신는 굽이 높은 나막신(高足駄, 타카아시다)을 신은 헤이시 의 타로라는 뜻.
112) 鼻平太. 직역하면 코 헤이시의 타로.

라고 문 밖에서도 들릴 정도의 커다란 목소리로 말했기에 키요모리는 너무나도 화가 나서 한동안은 말도 나오지 않았으며 툇마루 위에서 서너 번 발을 굴렀을 뿐이었다. 그런 다음 마당으로 뛰어내려가 사이코의 얼굴을 짓밟기도 하고 걷어차기도 했으나 사이코도 지지 않고,

"지금 한 말이 설마 거짓은 아니겠지. 아아, 손발이 묶여 있지 않았다면 복수를 해줬을 텐데."

라고 말했다. 키요모리가 가증스럽다는 듯,

"무슨 짓을 해서라도 모반에 대한 자세한 내막을 캐내도록 하라. 저 나불거리는 입을 통해서."

라고 명령했기에 마쓰우라 타로 타카토시(松浦 太郎 高俊)가 고문을 하며 신문했다. 처음에는 아니다, 모른다로 일관했으나 결국에는 자백을 하고 말았다.

이에 나리치카에게 사자를 보내서,

"중요한 일로 상의할 것이 있으니 시간이 괜찮을 때 한번 와주시기 바랍니다."

라고 전하게 했다. 다이나곤 나리치카는 자신이 엮인 일 때문일 것이라고는 꿈에도 생각지 못했으며, 엔랴쿠지에 관한 일이거나 다른 일 때문일 것이라 생각했기에 그대로 발걸음을 옮겼다.

니시하치조에 가까워질수록 군병들이 가득 넘쳐나서 이리저리 오가는 모습이 눈에 들어왔기에,

'아아, 섬뜩하군. 무슨 일 때문일까?'

라며 가슴이 두근거리기 시작했다. 문 앞에서 내려 문 안으로 들어섰는데 안에도 군사들이 가득 들어차 당장에라도 전쟁이 시작될 듯한 기세였다.

중문 바깥에서 섬뜩한 모습의 사무라이 둘이 나오더니 다이나곤 나리치카의 양쪽 팔을 잡아 끌고 갔다.

사로잡힌 나리치카

"오랏줄로 묶을까요?"

라고 물었으나 어제까지 어깨를 나란히 하던 경상(卿相)이었기에 키요모리도 안쓰럽다는 생각이 든 것인지,

"그렇게 하지 않아도 된다."

라고 말했다. 이에 몸이 묶이는 것만은 면했으나 감옥처럼 만들어진 방에 갇히고 말았다.

다이나곤은 이 더운 날에 좁은 방에 갇혀서 땀과 눈물을 줄줄 흘리며 콩알만 해진 간으로,

'이게 대체 어떻게 된 일일까? 이번 계획이 새어나간 걸까? 누가 발설한 것일까? 틀림없이 호쿠멘의 무사 가운데 하나가 발설한 것일 게야. 코마쓰 시게모리 나리는 오지 않으셨으려나? 만약 오셨다는 구해줄 법도 한데.'

라는 등의 생각을 했다.

(30) 시게모리의 교훈

시게모리의 집인 코마쓰도노로 사람이 찾아와서,

"모반자라 일컬어진 사람들을 여럿 잡아들였습니다. 다이나곤 나리도 갇힌 몸이 되었는데 오늘 밤에 처단할 것이라는 소문입니다."

라고 말했기에 시게모리는 잠시 생각에 잠겼다가 따르는 자 10명쯤을 데리고 수레에 올라 니시하치조로 갔다. 누구 하나 갑옷을 입지 않고 한가로이 차분한 모습으로 갔다.

이를 보고 무네모리를 비롯한 동생들이,

"이 중차대한 시기에 어찌 평상복을 입고 계십니까?"

라고 묻자,

"지금 대체 무슨 일이 있단 말이냐. 쓸데없는 소란 피울 것 없다."

라고 대답했기에 사람들은 어처구니가 없었다. 키요모리는 가벼운 투구에 가벼운 갑옷을 입고 단도를 들고 있었는데 시게모리의 모습을 보자마자 서둘러 안으로 들어가 평상복으로 갈아입고 언제 그랬냐는 듯 시치미를 뗐다.

시게모리가,

'다이나곤은 어떻게 하고 계실까? 설마 아직은 손을 대지 않았겠지.'

라고 생각하며 주위를 둘러보니 한 방의 장지문이 커다란 나무로 굳게 닫혀 있었기에 저기구나 싶어 다가가자 나리치카가 그 모습을 보고 지장보살을 만난 것처럼 기뻐하며 눈물을 줄줄 흘렸다.

"저는 아무런 과오도 없는데 지금 이와 같은 꼴을 당하게 되었습니다.

모쪼록 도와주시기 바랍니다."

라고 거의 절이라도 할 듯한 태도로 말했다. 시게모리가,

"누군가의 참언인 듯합니다. 목숨만은 구해드리고 싶습니다만, 아버지께서 말을 들어주실지 어떨지는 저로서도 아직 알 길이 없습니다."

라고 대답했기에 두려운 마음이 들어,

"저는 헤이지의 난 때 목숨을 잃을 뻔했으나 귀하의 도움으로 목숨을 건져 정2위인 다이나곤에까지 올랐습니다. 그 은혜는 결코 잊지 않겠습니다. 모쪼록 이번에도 목숨을 부지할 수 있게 해주시기 바랍니다. 출가하여 코야산(高野山)이나 코카와데라(粉河寺)로 들어가 오로지 후세를 위해 정진하도록 하겠습니다."

라고 부탁하자 시게모리가,

"마음 놓으시기 바랍니다. 대신 제 목숨을 내놓아서라도 구해드리도록 하겠습니다."

라고 말한 뒤 자리를 떴기에 얼마간은 안심이 되었으나 아들들도 잡혀왔을 것이라는 생각이 들자 숨이 끊어질 것 같은 기분이 들었다.

나이다이진 시게모리가 아버지에게로 가서,

"다이나곤을 처단하시는 것은 깊이 깊이 생각하셔야 할 일인 듯합니다. 정2위 다이나곤에까지 올랐으며 주상의 총애가 깊은 분을 바로 베는 것은 좋지 않습니다. 그저 도읍 밖으로 내쫓는 것만으로도 충분할 듯합니다. 스가하라 미치자네(菅原 道真) 공은 토키히라(時平)의 참언에 의해 쓰쿠시(筑紫)로 유배를 갔으며, 미나모토노 타카아키라(源 高明)도 타다노 신보치(多田 新発意)의 간언에 의해 쓰쿠시로 유배되는 등, 죄가 없었음에도 귀양살이를 했습니다. 이와 같은 예도 있으니 신중에 신중을 기하여 조사하신 뒤에 처치하셔도 늦지 않을 것입니다. 이미 사로잡혀 있는 몸이니 서둘러 죽일 필요는 없을 듯합니다. 무거운 죄는 가벼이

키요모리를 설득하는 시게모리

하고 가벼운 공은 무겁게 하라는 말도 있지 않습니까. 모쪼록 오늘 밤 바로 처단하시겠다는 생각만은 접으시는 것이 좋을 듯합니다."
라고 말했다. 그러나 키요모리의 표정이 그리 좋지 않았기에,

"제가 드린 말씀을 받아들이지 못하시겠다면 우선은 이 시게모리의 목을 치시기 바랍니다. 이처럼 어지러운 세상에서 살며 아무런 도움도 드리지 못하니 우선은 제가 먼저 죽도록 하겠습니다. 제가 그 다이나곤의 여동생을 아내로 삼고 있으며, 코레모리 역시 그의 사위이기에 이렇게 말씀드리는 것이라 생각하실지 모르겠으나, 결코 그렇지가 않습니다. 천하를 위해서, 집안을 위해서 말씀드리는 것일 뿐입니다. 사가(嵯峨 786-842) 천황 시절에 사에몬의 조 나카나리(仲成)를 주살한 이후 25대에 걸쳐서 우리나라에 사죄는 없었습니다만, 쇼나곤 뉴도 신제이가 집권하던 시기인 호겐의 난 때 오랜 전통을 깨고 수많은 겐지와 헤이시의 목을 베고 요리나가의 무덤을 파헤쳐 시체를 꺼낸 것에 대한 응보인지

헤이지의 난 때는 신제의 시신이 꺼내졌으며 목이 옥문의 나무에 내걸렸습니다. 이처럼 응보는 곧바로 돌아오는 법입니다. '선한 일을 많이 한 집안에는 반드시 남는 경사가 있고, 선하지 못한 일을 많이 한 집안에는 반드시 남는 재앙이 있다.'는 말도 있습니다. 조상의 선악은 필시 자손에게 미친다고 하니 깊이 생각하시기 바랍니다."

라고 여러 가지 말로 간언했기에 키요모리도 그날 밤에 베겠다는 생각만은 거두었다.

중문을 나선 시게모리가 주요한 사무라이들을 불러,

"아버지께서 명령하셔도 결코 다이나곤을 베어서는 안 된다. 후회할 날이 반드시 올 것이다. 쓰네토오(経遠)와 카네야스가 다이나곤 나리를 가차없이 대한 것은 참으로 발칙한 일이다. 카케이에나 타다키요(忠清) 같은 자에게 명령했다면 무슨 일이 있어도 그런 무례한 짓은 하지 않았을 것이다. 촌구석 사람들은 그런 거친 짓을 하는 법이다."

라고 간곡하게 부탁했다. 다이나곤을 잡아들인 가신으로 비젠노쿠니 사람인 난바 지로 쓰네토오와 빗추노쿠니[113] 사람인 세노오 타로 카네야스 두 사람은 몸 둘 바를 몰랐다.

---

113) 備中国. 지금의 오카야마 현 서부. 비슈(尾州). 상국.

(31) 탄바노쇼쇼, 목숨을 빌다

나리치카의 적자인 탄바노쇼쇼[114] 나리쓰네(成経)는 그날 밤 법황이 머물고 있는 호주지도노에서 숙직을 하고 있었는데 다이나곤 집안의 사무라이들이 그곳으로 달려가서 쇼쇼를 불러 그 사실을 알리자,

"그런 커다란 일을 장인어르신께서는 어째서 알려주시지 않은 걸까?" 라고 말하고 있을 때 카도와키노사이쇼(門脇宰相) 노리모리가 사람을 보내왔다. 노리모리는 키요모리의 동생으로 저택이 로쿠하라의 대문 옆에 있었기에 사람들은 카도와키(문 옆이라는 뜻)의 재상이라고 부르고 있었다. 탄바노쇼쇼 나리쓰네의 장인이었다.

"무슨 일인지 모르겠으나 오늘 아침에 니시하치조에서 꼭 데리고 오라는 전갈이 있었습니다."

이를 들은 쇼쇼는 그 일 때문일 것이라 짐작했기에 법황을 곁에서 모시는 궁녀들을 불러,

"어젯밤에 뭔가 소란스러운 기운이 있어서 승병들이 내려온 것일까 하고 남일처럼 생각했는데, 다름 아니라 저와도 관계가 있는 일이었습니다. 아버지 다이나곤이 오늘 저녁에 참수당할 듯하니 제게도 같은 죄를 물을 것입니다. 다시 한 번 법황을 뵙고 마지막 인사를 올리고 싶으나 지금은 그러한 몸이 되었으니 삼가도록 하겠습니다."

라고 말하자 궁녀들이 서둘러 고시라카와 법황에게로 달려가서 이러한

---

114) 丹波少将. 탄바의 카미 겸 우콘에의 쇼쇼였기에 이렇게 불렀다.

사실을 고했다. 법황도 그날 아침에 키요모리가 보낸 사자를 통해서 눈치를 채고 있었기에,

"은밀히 꾀한 일이 새어나간 듯하구나. 그래도 이리로 부르도록 하라."

라고 쇼쇼를 어전으로 불러들였다. 법황은 눈물만 줄줄 흘릴 뿐 아무런 말도 하지 않았으며, 쇼쇼도 역시 눈물에 목이 메어 아무런 말도 할 수가 없었다. 잠시 후, 쇼쇼가 어전에서 물러나자 그 뒷모습을 바라보며 법황이,

"이것을 마지막으로 더는 볼 수 없을지도 모르겠구나."

라고 눈물과 함께 말했다.

쇼쇼가 장인인 카도와키노사이쇼 노리모리의 집으로 갔는데 쇼쇼의 아내는 출산을 앞두고 있는 데다가 오늘 아침부터의 근심으로 숨결조차 잠겨들 듯한 모습이었다. 쇼쇼의 유모로 로쿠조(六条)라 불리는 여자가 곁으로 다가와,

"처음 젖을 물린 뒤부터는 제가 나이를 먹는 것도 잊고 오로지 도련님의 성장만을 즐거움으로 알고 있었습니다. 아주 잠깐인 듯한데 올해로 벌써 21년. 한시도 떨어지지 않고 보살펴왔건만 어찌 이런 일을 당하신 것입니까?"

라며 울었다.

"아니, 그렇게 울 것 없어. 여기에 노리모리 나리께서 계시니 목숨만은 건질 수 있을 게야."

라고 위로했으나 주위의 눈길도 아랑곳하지 않고 여전히 울었다.

그러는 동안에도 시니하치조에서 보낸 사람이 몇 번이고 왔기에 사이쇼는,

"일단은 가서 정황을 살핀 뒤 어떻게든 청해보기로 하세."

라고 말하며 쇼쇼를 데리고 갔다.

니시하치조 부근에 이르자 병사들이 여럿 대기하고 있었다. 우선 안내를 청하자 쇼쇼는 문 밖에서 기다리라는 대답이 돌아왔기에 그 부근에 있는 사무라이들의 대기실로 갔으며, 사이쇼 혼자서만 문 안으로 들어갔다. 그 사이에 사무라이들이 쇼쇼를 둘러싼 채 엄중히 지키고 있었다.

　사이쇼가 중문까지 들어갔으나 키요모리는 나오지 않았다. 어쩔 수 없었기에 미나모토노 스에사다(源 季貞)를 불러서,

　"참으로 보잘 것 없는 자를 사위로 삼아 크게 후회하고 있습니다. 그러나 이제 와서는 어찌할 수도 없는 일입니다. 데려오라고 하셨기에 데리고 왔습니다. 제가 맡고 있는 이상은 결코 허튼 짓을 하지 못하도록 할 테니, 잠시 제게 맡겨주셨으면 합니다."

라고 키요모리에게 청해달라고 부탁했다. 스에사다가 들어가서 이 말을 전하자,

　"참으로 알 수 없는 말을 하는 자로구나."

라며 잠시 생각에 잠겼다가,

　"나리치카 이하 근신들이 천하에 난을 일으켜 헤이케를 멸망시키려 했다. 쇼쇼는 그 나리치카의 적자다. 인척이든 인척이 아니든 그 죄를 용서할 수는 없다. 만약 이번 모반이 성공했다면 너도 지금처럼 무사하지는 못했을 것이다, 라고 전하도록 하게."

라고 말했기에 스에사다가 돌아가 그 말을 사이쇼에게 전했다. 그러자,

　"호겐·헤이지의 전투 이후 지금까지 거듭된 싸움에 목숨을 바치겠다는 각오로 참가했습니다. 앞으로도 그럴 마음으로 있습니다. 그런데 쇼쇼를 잠시 맡고 있겠다는 청을 들어주지 않겠다니 제게 두 마음이 있다고 생각하시기 때문인 듯합니다. 그렇게도 신용을 얻고 있지 못하니 살아 있다 한들 무슨 보람이 있겠습니까. 이렇게 된 이상 지금의 자리에서

나리쓰네의 목숨을 비는 노리모리

물러나 출가하여 코야산으로 들어가 후세의 극락왕생을 빌겠습니다.
속세에서 살고 있기에 근심과 고난을 맛보는 것이겠지요."
라고 말했기에 스에사다가 다시 키요모리에게로 가서,

"사이쇼 나리께서는 마음을 정하시어 출가하실 생각이라고 하십니
다."
라고 고하자,

"그렇다고 출가할 것까지야 없지 않겠는가. 그렇다면 쇼쇼는 노리모리
에게 잠시 맡겨두기로 하지."
라고 말했다. 이 말을 들은 사이쇼는 얼마간 마음이 놓여 그곳에서
나왔다.

초조하게 기다리고 있던 쇼쇼가,

"어떻게 되었습니까?"
라고 묻자,

"잔뜩 화가 나서 나조차도 만나주지 않았네만, 여러 가지로 청해서

그대를 잠시 내가 맡고 있기로 했네."

라고 말하자,

"그렇다면 덕분에 저는 잠시라도 목숨을 이어갈 수 있겠습니다. 그런데 아버지 다이나곤은 어떻게 되실지요?"

라고 나리쓰네가 물었다.

"자네의 일을 청하기에 정신이 팔려서 거기까지는 신경을 쓰지 못했네."

라는 말을 듣자마자 눈물을 줄줄 흘리며,

"목숨이 아깝다고 생각한 것은 아버지를 다시 한 번 뵙고 싶었기 때문이었습니다. 오늘 밤에 처형당하신다면 다시는 뵐 수 없을 것입니다. 설령 제가 살아남는다 한들 아무런 보람도 없으니 저를 아버지가 계신 곳에 함께 놓아주시기 바랍니다."

라고 말했다.

"아니, 그 일이라면 나이다이진(시게모리)의 청으로 형의 집행이 훗날로 미루어졌네."

라고 말하자 합장을 하며 기뻐했다. 두 사람이 같은 수레를 타고 무사히 돌아왔기에 마치 죽은 사람이 살아돌아오기라도 한 것처럼 모두가 기뻐했다.

그 외에 사로잡혔던 사람 가운데 신호간 스케유키(新判官 資行)는 사도노쿠니[115]로 유배되었다. 야마시로[116]의 카미 모토카네(基兼)는 마사무네(政宗)에게 명하여 요도(淀)의 숙소에 구금케 했으며, 헤이호간 야스요리 · 홋쇼지의 슈교(執行)인 슌칸은 후쿠하라에 구금했고, 탄바노 쇼쇼 나리쓰네는 장인인 헤이사이쇼 노리모리에게 맡겼다.

---

115) 佐渡国. 지금의 니이가타 현 사도시마. 사슈(佐州). 중국.
116) 山城. 지금의 쿄토 부 남부. 야마시로노쿠니, 조슈(城州). 상국.

(32) 사이코 부자의 최후

사이코는 키요모리에게 여러 가지로 악담을 퍼부었기에 구명을 요구하는 사람들의 청도 받아들여지지 않아서 마쓰우라 타로 타카토시의 손에 의해 슈자쿠오오지(朱雀大路도로)를 끌려다니다 참수당하고 말았다.

이를 보거나 들은 사람들은,

"딱하게도 사이코는 결국 처형당하고 말았어. 하지만 옛날부터 '감투는 낡아도 머리 위에 놓고, 신발은 새것이어도 흙을 밟는다. 웃는 얼굴에 침 뱉지 못한다.'라는 말이 있는 것처럼, 고분고분했으면 괜찮았을 텐데, 아래에 있으면서 위를 비웃고 경멸해서 화를 입은 거야. 같은 죄라도 다른 사람들은 유배 가거나 감금됐는데 혼자서만 목숨을 잃은 것도 다 자업자득이야."

라고 말했다.

사이코에게는 카가의 카미 모로타카, 사에몬의 조 모로히라(師平), 우에몬의 조 모로치카(師親)라는 아들 셋이 있었는데 산문의 호소에 의해서 오와리노쿠니로 유배를 가 있었다. 이번 일로 잡아들이기 위해서 무사들을 내려보냈다. 모로타카의 어머니가 이 소식을 듣고 서둘러 사람을 보내 상황을 전하게 했다.

그때 마침 모로타카는 천렵을 즐기고 있었다. 지역 내 사람들이 여럿 모여, 노래 부르는 사람까지 불러 강변에 세운 임시 건물에서 주연을 펼치고 있었다. 당시 유행하던 노래를 부르고, 비파를 뜯으며 떠들썩하게 놀고 있을 때 사자가 달려왔기에 모로타카는 깜짝 놀라 그 자리에서 빠져나와 카노(蚊野)라는 곳에 숨었다.

그들을 잡기 위해 내려온 자가 오구마(小熊)의 군시(郡司)인 코레나가(惟長)와 카와무로(川室)의 호간 대리인 노리토모(範朝) 등을 데리고 와서 공격을 가했기에 모로타카 · 모로히라 · 모로치카 3형제도 분전했으나 끝내는 패해서 코레나가에 의해 목숨을 잃고 말았다. 가신 3명도 함께 목숨을 잃었기에 주종 6명의 목을 강 옆에 효수했다.

사이코 부자는 법황의 총애를 등에 업고 세상을 우습게 보았으며 사람을 업신여겼고, 심지어는 하쿠산곤겐의 땅을 몰수하고 유센지(涌泉寺)의 사원을 불태웠기에 승병들의 항의까지 받은 적이 있었다. 게다가 텐다이자스 메이운 승정을 모함한 적까지 있었다.

사람들의 한탄, 신의 원한, 3천 승병의 저주도 헛된 것은 아니어서, 12신장이 내린 벌을 받아 일문이 멸망해버리고 말았는데,

"꼴좋다."

라고 말하는 자는 많았으나, 동정을 하는 자는 아무도 없었다.

(33) 다이나곤의 거짓 울음

다이조 뉴도 키요모리는 신다이나곤 나리치카를 바로 처형하고 싶었으나 시게모리가 여러 가지로 마음을 달래었기에 비록 자신의 아들이기는 하나 의식을 하지 않을 수 없었기에 처형이 자꾸만 미루어지고 있었다.

그러나 사이코의 자백으로 모반의 장본인이라는 사실을 알게 되었는데도 그대로 내버려둔다는 것은 속이 풀리지 않는 일이었기에 다이나곤이 있는 방 뒤편의 문을 부서져라 열고 안으로 들어갔다. 생사로 짠 비단옷의 자락은 짧았으며, 하얀 하의를 입고 있었다. 허리에는 손잡이 끝이 세 갈래로 갈라진 칼을 차고 있었는데 매우 화가 난 표정이었다.

다이나곤을 한껏 노려보자 다이나곤은,

'당장 목이 달아나겠구나.'

싶었기에 창백해진 얼굴을 숙이고 말았다.

키요모리가,

"아아, 다이나곤 나리. 다이나곤 나리."

라고 불러 고개를 들게 한 뒤,

"이거 안색이 좋지 않으시군. 귀하는 헤이지의 난 때 목을 베려 했었소. 그런데 시게모리가 자꾸만 살려달라고 청하기에 살려주었을 뿐만 아니라 커다란 지방과 장원까지 여럿 내려, 관위도 그렇고 봉록도 그렇고 과분할 정도가 되었소. 그 커다란 은혜도 잊고 대체 무엇이 부족해서 헤이시를 멸망시킬 계획을 세우신 게요? 이 키요모리의 어디가 그렇게 나쁘다는 말씀이시오? 헤이케의 운이 아직 다하지 않았기에 지금 그 계획이 드러나고 말았소. 거기에 가담하려 했던 호쿠멘의 무사들은 전부 잡아들였소. 그리고 귀하도 이처럼 여기로 모셔왔으니 더는 걱정할 필요도 없을 테지만, 키요모리의 부족한 점에 대해서 들어보고 싶소. 자, 한번 말씀해보시오."

라고 말하자 다이나곤은,

"그건 모두 모함입니다. 일문에 대해서 아무런 원한도 없는데 어찌 그런 음모를 꾸몄겠습니까? 그건 전부 근거 없는 풍문일 뿐입니다."

라고 말했다. 이에 키요모리가 버럭 화를 내며 커다란 목소리로,

"거기 누구 없느냐?"

라고 부르자,

"사다요시가 있습니다."

라는 대답이 들려왔다.

"모함이라며 자신의 죄를 다른 사람에게 돌리려 하고 있다. 사이코의 자백서를 가지고 와라."

라고 명령하자 사다요시가 두루마리를 가지고 왔다. 네댓 장에 걸쳐서 내용이 적혀 있었다. 키요모리 자신이 직접 펼쳐서,

"잘 듣도록 하시오."

라고 말한 뒤 커다란 목소리로 2번 읽은 다음,

"이런데 어찌 모함이라 할 수 있단 말이오? 거짓을 진실인 양 말하는 낯짝은 처다보기도 싫소."

라며 자백서로 다이나곤의 얼굴을 후려친 뒤 방문을 닫고 밖으로 나가버렸다.

키요모리는 그래도 화가 가라앉지 않았는지 난바와 세노오 두 사람을 불러,

"다이나곤을 문초하도록 하라."

라고 명령했다. 이에 두 사람은 다이나곤을 방에서 끌어내 마당에 꿇어앉힌 뒤 곤장 몇 개를 준비했다. 키요모리는 벽을 사이에 두고 그 소리를 엿듣고 있었다.

두 사람은 일전에 다이나곤을 엄하게 다루었다가 시게모리에게 야단을 맞은 적이 있었기에 이번에는 키요모리의 명령대로 할 수도 없어서 다이나곤의 귓가에 대고 가만히,

"나리의 명령이시니 문초를 하도록 하겠습니다. 뉴도 나리께서는 벽을 사이에 두고 엿듣고 계십니다. 커다란 목소리로 부르짖으시기 바랍니다."

라고 속삭인 뒤 다이나곤의 옆을 있는 힘껏 내리치자,

"아이고, 살려주시게. 잠깐 손길을 멈춰주시게, 하고 싶은 말이 있으니."

라고 말했다. 키요모리가,

"무슨 말을 하는지, 잠시 멈추고 들어보도록 하게."

라고 말했기에 두 사람은 곤장을 멈추었다.

다이나곤 나리치카는,

"저는 헤이지의 난 때 이미 참수를 당했어야 했으나 코마쓰 나리의 청으로 목숨을 구해 위는 정2위, 관은 다이나곤에까지 이르렀으며, 커다란 지방 여럿을 받아 관록 모두 과분할 정도이나 지금과 같은 일을 당하게 된 것은 참으로 슬픈 일입니다. 헤이케의 은혜를 입은 몸입니다. 제가 어찌 그 은혜를 잊고 모반을 꾀했겠습니까?"

라고 말했다.

키요모리가,

"그렇게 생각하는 것도 당연한 일이겠지. 허나 지금 한 말은 거짓이다. 다시 한 번 문초하도록 하라."

라고 말했기에 다시 옆을 세게 내리쳤다. 다이나곤은,

　"아아, 더는 견딜 수가 없구나. 살려주시오, 세노오 나리. 잠시 멈춰주시오, 난바 나리."

라고 부르짖었다. 이에 키요모리도 얼마간 화가 풀렸는지,

　"그쯤 해두어라."

라고 말했기에 다시 원래 있던 곳에 가두어버렸다.

(34) 키요모리, 법황의 거처로의 난입을 꾀하다

키요모리는 이처럼 사람들을 가두어두기는 했으나 그래도 여전히 불안했기에 붉은색 히타타레와 백금으로 장식한 검은 갑옷에 칼을 차고 중문의 복도로 나왔다. 왼쪽 옆구리에는 아키의 카미였을 때 이쓰쿠시마 (嚴島) 신사에 갔다가 영험한 꿈에 의해서 받은 왜장도를 끼고,

"사다요시, 사다요시 있느냐!"

라고 불렀다. 치쿠젠117)의 카미 사다요시가 붉은색 갑옷을 입고 나와 꿇어앉자 키요모리가 성난 목소리로,

"사다요시 잘 들어라. 이 키요모리가 과분하다고 생각하는 것은 관위 밖에 없다. 사카노우에 타무라마로(坂上 田村麿)는 카리타마루(刈田丸) 의 아들이었으나 동쪽의 오랑캐들을 평정한 공으로 사콘의 타이쇼를 겸하지 않았느냐. 조정의 적을 친 자가 고위에 오르는 것은 당연한 일로 비단 이 조카이 뉴도 한 사람만의 일이 아니었다. 주상께서 이 일로 화를 내실 이유는 어디에도 없다. 충성을 다하여 훈공을 세운 적도 한두 번이 아니었다. 지난 호겐의 난 때는 헤이우마노스케 타다마사 를 비롯하여 근친의 절반 이상이 신인의 편에 섰고, 엄부(嚴父)께서 시게히토 친왕의 양육을 담당했었기에 그쪽 편에 서고 싶었으나 돌아가 신 상황(토바)의 유명에 따라 이치인 편에 서서 흉도들을 평정했다. 이것이 하나의 훈공이다. 다음으로는 헤이지 원년에 우에몬의 카미 노부요리와

---

117) 筑前. 지금의 후쿠오카 현 서부. 치쿠젠노쿠니, 치쿠슈(筑州). 상국.

시모쓰케[118]의 카미 요시토모의 소행이 무례하기 짝이 없었기에 목숨을 바쳐 적도들을 물리쳐서 주상의 시대로 나아가게 한 것이 바로 이 뉴도였다. 설령 어떤 좋지 않은 말로 모함을 하든 나의 자손을 저버리셔서는 안 되셨다. 나리치카의 모함에 빠져 헤이시 추토의 계획을 세우신 것은 두고두고 안타까운 일이다. 이러한 사실을 유키쓰나가 알려주지 않았다면 꿈에도 생각지 못했을 것이다. 그 사실을 몰랐다면 우리가 안온하게 있을 수 있었겠느냐? 만약 우물쭈물하고 있는 사이에 헤이시 추토의 명령이 떨어져 조정의 적이 되어버리고 나면 그때는 제아무리 후회를 해도 소용없을 것이다. 이번 소동을 가라앉히는 동안 고시라카와 법황을 토바의 키타도로로 옮기시게 하거나, 그게 아니라면 이곳으로 모셔왔으면 한다. 그런데 그렇게 하면 호쿠멘의 무사 가운데 화살 하나라도 쏘는 자가 있을지도 모른다. 사무라이들에게 전투를 준비시키도록 하라. 갑옷을 꺼내 입고 말에 안장을 얹어 출진 준비를 하라고 명하라."
라고 말했다.

또한 키요모리는 마음속으로 나이후 시게모리는 사려 깊은 사람이니 법황을 가두는 일에 찬성하지 않을 것이라고 생각하기는 했으나 이처럼 중요한 일을 말하지 않고 그냥 둘 수도 없었기에,

"서둘러 오도록 하라. 상의할 것이 있다."
라고 사자를 보냈으나 시게모리는 차분한 성격이었기에 바로 올 것 같은 모습도 보이지 않았다.

그러는 사이에 사무라이들이 키요모리의 명령에 따라서 활과 화살을 들고, 말을 끌고 와서 북새통을 이루었다.

키요모리는 무장을 마치고 갑옷을 입은 채 중문의 회랑에 섰으며,

---

118) 下野. 지금의 토치기(栃木) 현과 군마(群馬) 현의 일부. 시모쓰케노쿠니, 야슈 (野州). 상국.

일문 사람들도 한마디 명령만 떨어지면 바로 출발할 수 있도록 모든 준비를 마쳤다.

슈메의 호간 모리쿠니가 이러한 모습을 보고 시게모리의 집으로 달려가서,

"큰일 났습니다."

라고 말하자 시게모리가 놀라며,

"다이나곤 나리의 목을 친 것이냐?"

라고 물었다.

"아니, 그 일이 아닙니다. 뉴도 나리께서 갑옷을 입으시고 사무라이들을 모두 불러모아 지금 법황이 계시는 호주지도노로 밀고 들어가려 하고 있습니다. 잠시 세상을 진정시키는 동안 토바의 키타도노로 옮기시게 하거나 니시하치조로 오시게 할 생각이라고 말씀하셨습니다만, 내부적으로는 큐슈로 유배 보낼 계획을 세운 듯합니다."

라고 대답하자,

"사람이 오기는 했었으나 그리 대수로운 일은 아닐 것이라 생각했는데, 오늘 아침에 뵌 아버지의 모습으로는 그런 일이 있을 법도 하구나."

라며 서둘러 니시하치조로 달려갔다. 그러나 역시 오늘 아침과 같은 평상복 차림이었으며 갑옷을 입은 자는 한 명도 데리고 가지 않았다.

키요모리가 갑옷을 입었을 정도였으니 일문 사람들은 저마다 히타타레 위에 빨강, 파랑, 하양, 자주, 노랑 등 색색의 갑옷을 입고 중문의 회랑에 2열로 늘어서 있었다. 각 지방의 장관들이 툇마루에 가득 들어차 있었으며 정원에도 빽빽하게 늘어서 있었다. 한마디 명령만 떨어지면 당장에라도 달려나갈 듯한 기세였다.

시게모리가 평상복 차림으로 그 사이를 지나 안으로 들어가자 우다이쇼 무네모리가 나와서 평상복의 소매를 잡아끌며,

"이처럼 중대한 일이 벌어졌는데 어째서 갑옷을 입지 않으신 겝니까?"
라고 말했다. 시게모리는,

"이처럼 중대한 일이란 무엇을 말하는 것이냐? 조정에 관한 일이라면 중대한 일이겠으나, 이는 일가의 일이니 사사로운 일에 지나지 않는다. 나는 코노에의 타이쇼(장관)이나 조

옷깃을 여미는 키요모리

정의 적이 어디에 있는지 모르겠다. 누구와 싸워야 한다는 말이냐? 여기에 있는 사람들이 무엇을 하려는 것인지 이해할 수가 없다."
라고 말한 뒤 지나쳤는데, 이 모습을 본 키요모리는 갑옷을 입은 채 만나는 것이 부끄러워졌기에 방문을 조금 닫은 뒤 갑옷 위에 승복을 걸치고 방에서 나왔으나 쇠붙이로 만든 갑옷의 가슴판이 자꾸만 삐져나와 그것을 감추기 위해 옷자락을 여미느라 여념이 없었다.

키요모리가 무네모리보다 상석에 앉은 시게모리를 바라보며,

"그 나리치카 경의 모반은 그저 지엽에 지나지 않는 일, 사실은 법황의 계획이었다. 잠시 세상을 진정시키는 동안 법황을 토바의 키타도노나 이곳으로 옮기려 한다만 너는 어떻게 생각하느냐?"

라고 말하자, 시게모리는 노송나무로 만든 부채를 반쯤 펼쳐서 흔들고 있다가 두 눈에서 눈물을 줄줄 흘리며 한동안 말도 없이 울기만 했다. 키요모리 역시 아무런 말도 하지 않았으며, 일동은 조용히 앉아 있었다.

(35) 시게모리의 간언

잠시 후 시게모리가 옷의 소맷자락에서 휴지를 꺼내 흐르는 눈물을 닦으며,

"그 말씀을 들으니 이제는 집안의 운도 다한 듯 여겨집니다. 사람의 운이 기울 때면 반드시 악한 일을 떠올리는 법이라는 말을 들었습니다. 지금 이러한 모습을 보니 과연 진실이라고밖에 여겨지지 않습니다. 우리나라는 변방의 소국이라고는 하나 아마테라스오오미카미[119]의 자손이 나라의 주인으로 서고, 아마노코야네노미코토[120]의 후예가 정치를 행하기 시작한 이후 다이조다이진의 관에 이른 자가 갑옷을 입는다는 것은 실로 예의에 어긋나는 일 아닙니까. 게다가 출가하신 몸이십니다. 안으로는 파계무참(破戒無慙)의 죄를 부르고, 밖으로는 인의예지신(仁義禮智信)의 법에 어긋나는 것이라 여겨집니다. 황공한 말씀이오나 잠시 마음을 가라앉히시고 제가 드리는 말씀을 잘 들어보시기 바랍니다. 우선 세상에는 4가지 은혜가 있습니다. 첫째는 천자의 은혜, 둘째는 국토의 은혜, 셋째는 부모의 은혜, 넷째는 중생의 은혜입니다. 이것을 아는 자는 인간이며, 모르는 자는 짐승입니다. 그 가운데서 가장 무거운 것이 천자의 은혜입니다. 저희의 선조이신 헤이쇼군 사다모리는 마사카도(將門)를 주벌했으나 주료(受領)가 되었을 뿐입니다. 저희 헤이케는

---

119) 天照大御神. 신화 속 해의 여신으로 황실의 조상이라 여겨지고 있다.
120) 天兒屋根命. 아마테라스오오미카미의 손자가 일본에 강림했을 때 그를 수행했던 다섯 신 가운데 하나.

황공하옵게도 칸무 천황의 후예, 카쓰라바라 친왕의 자손이기는 하나, 한동안은 그다지 빛을 보지 못했으며 교부쿄(타다모리) 시절에 쇼텐을 허락받았지만 세상 사람들은 그다지 좋게 평하지 않았을 정도였습니다. 그런데 아버지께서는 선조들에게서 예를 찾아볼 수 없는 다이조다이진에 오르셨으며, 또한 아둔하고 재주 없는 시게모리까지도 다이진, 타이쇼의 위를 얻었습니다. 게다가 국토의 절반이 일문의 소령이 되었으며, 전원의 대부분을 일가가 지배하게 되었습니다. 이 모든 것이 조정의 고마운 은혜 아니겠습니까? 지금 이처럼 커다란 은혜를 잊고 주상을 흔들려하는 것은 필시 아마테라스오오미카미와 쇼하치만구의 뜻을 거스르는 일이 되기도 할 것입니다. '조정의 은혜를 등지는 자는, 가까이는 100일, 멀리는 3년 안에 죽는다.'는 말을 들었습니다. 그런데 지금 그 일이 제게 벌어지려 하고 있습니다. 저희 일본은 신의 나라입니다. 신은 무례함을 용납하시지 않습니다. 게다가 주상의 생각은 참으로 합당한 것입니다. 헤이케가 대대로 조정의 적을 평정하여 사해의 난을 가라앉힌 것은 비할 데 없는 훈공이기는 하나, 은상에 있어서는 방약무인했다고 하지 않을 수 없습니다. 그런데 운이 아직은 다하지 않았기에 이번 일이 사전에 밝혀졌습니다. 모함을 하던 다이나곤을 이미 잡아들였으니 주상께서 설령 어떤 생각을 하신다 한들 무엇이 두렵겠습니까? 다이나곤 이하 사람들에게 각각의 죄과를 부여한 이후에 물러나 사태의 경위를 주상께 고하고 주상을 위해서 더욱 충성을 다하며 인민을 아끼신다면 틀림없이 신불의 가호가 있으실 것입니다. 신불의 가호를 얻게 되면 주상께서도 틀림없이 생각을 바꾸실 줄로 압니다. 무엄하게도 법황을 흔들겠다는 계획은 좋지 않은 듯합니다. 이 시게모리는 아무래도 거기에 동의할 수 없습니다. '아비의 명 때문에 왕명을 받들지 않아서는 안 되며, 왕명으로 아비의 명을 사퇴한다. 집안일 때문에 왕사(王事)를

간언하는 시게모리

받들지 않아서는 안 되며, 왕사로 집안일을 사퇴한다.'라는 말이 있습니다. 또한 임금과 신하를 늘어놓는다면 친소(親疎)와는 상관없이 임금을 따르는 것이 충신의 법도입니다. 도리(道理)와 무리(無理)를 늘어놓는다면 어찌 도리를 따르지 않을 수 있겠습니까? 시게모리는 법황을 수호할 생각입니다. 지금 삼공에 이르기까지 얼마나 커다란 조정의 은혜를 입었는지는 이루 헤아릴 수 없을 정도입니다. 저를 위해서라면 물불을 가리지 않는 가신을 200여 명쯤 데리고 원으로 들어가겠습니다. 지난 호겐의 난 때 로쿠조호간 타메요시는 신인의 편에 가담했고, 아들인 시모쓰케의 카미 요시토모는 궁궐로 들어가 부자간에 싸움이 벌어졌습니다. 신인께서 싸움에 패하시어, 그 편의 대장군이었던 타메요시를 아들인 요시토모가 슈자쿠오오지(도로)로 끌어내 목을 친 일은 칙명에 의한 일이라고는 하나 악역무도하기 짝이 없는 유감스러운 일이라 여겨집니다만, 아버지께서도 그것을 보셨으리라 생각합니다. 그 비참함이 지금은 제게도 찾아왔습니다. 더없이 슬픈 일입니다. 충을 다하자니 효를 버려야 하고, 효를 다하자니 충을 버려야 합니다. 이제 저의 진퇴는 막혀버리고 말았습니다. 살아서 이러한 슬픔을 맛보기보다는 죽는 편이 얼마나 편할지 모르겠습니다. 제가 드린 말씀을 듣지 않으시고 그래도 법황의 전으로 들어가실 생각이시라면 지금 이 시게모리의 목을 치시기 바랍니다."

라고 눈물로 소매를 적시며 간언했기에 자리에 있던 사람들 모두가 눈물을 흘렸다.

이를 들은 키요모리는,

"나만을 위해서 꾀한 일이 아니다. 자손을 염려해서 한 일이다. 그것이 마음에 들지 않는다면 네 좋을 대로 꾀하도록 해라."

라며 자리에서 일어나 안으로 들어가버렸다.

자리에서 일어난 시게모리는 중문으로 가서 사무라이들에게,

"법황의 전으로 들어가려는 자는 우선 시게모리의 목을 치고 들어가도록 하라."

라고 말한 뒤 코마쓰도노로 돌아갔다.

(36) 시게모리 병사를 모으다

시게모리는 집으로 돌아오기는 했으나 아직 아버지 키요모리가 법황의 전으로 밀고 들어갈까 걱정이 되어 견딜 수가 없었기에 그것을 막기 위해 한 가지 계책을 생각해내어 슈메의 호간 모리쿠니를 보내,

"시게모리가 천하의 대사를 듣게 되었다. 뜻이 있는 자들은 서둘러 달려오도록 하라."

라고 전하게 하였다. 이 말을 들은 사람들이 앞 다투어 몰려들었는데 난바 지로 쓰네토오, 세노오 타로 카네야스, 치쿠고의 카미 이에사다, 히고의 카미 사다요시 등을 비롯하여 수많은 자들이 한밤중에 달려왔다.

이렇게 되자 니시하치조에 남은 것은 젊은 여자와 나이 든 여자, 서기를 맡은 자들 정도여서 궁시를 쥘 만한 자는 한 사람도 없었으며, 모두가 코마쓰도노로 달려갔다. 키요모리가,

"누구 없느냐. 지금의 이 소란은 무엇이란 말이냐?"

라고 물었으나 변변히 대답하는 자조차 없을 정도였다. 날이 밝자 소식이 더욱 널리 퍼져서 쿄토 안의 시라카와 외에도 키타야마(北山), 니시야마(西山), 사가(嵯峨), 우즈마사(太秦), 우메즈(梅津), 카쓰라(桂), 요도(淀), 하쓰카(羽束), 다이고(醍醐), 오구루스(小栗栖), 히노(日野), 칸주지(勧修寺), 우지(宇治), 오카노야(岡屋), 오오하라(大原), 시즈하라(閑原), 카모(賀茂), 쿠라마(鞍馬), 오오쓰(大津), 아와즈, 세타(勢多), 이시야마(石山)에까지 전해졌으며 말에 탄 자는 물론 타지 않은 자까지 전부 모여들었다.

키요모리는,

병사를 모으는 시게모리

'무슨 생각으로 저렇게 수많은 병사들을 모으는 겐지?'

라고 이상히 여기며 뒤로 돌린 손에 염주를 든 채 툇마루를 오가다,

"아아, 나이후(시게모리)와 사이가 좋지 않은 것도 커다란 근심의 씨앗이로다."

라고 말한 뒤 염불을 외웠다.

코마쓰도노에서는 모리쿠니가 달려온 사무라이들의 이름을 적고 있었다. 주요한 사무라이들이 3천 명, 갈아탈 말과 무기를 들고 온 로도들이 2만여 기에 이르는 커다란 숫자였다. 이들을 한 바퀴 둘러본 시게모리가 이에사다와 사다요시 두 사람을 불러 여러 가지로 말을 전한 뒤, 니시하치조로 가게 했다.

이에사다와 사다요시 두 사람은 니시하치조로 가서 활을 옆구리에 낀 채 투구를 벗고 뜰에서 대기하고 있었다. 그러는 동안 키요모리가 그들을 보고,

"오오, 이에사다, 사다요시. 코마쓰도노에서 군병을 모았기에 여기에

는 한 사람도 남아 있지 않네. 대체 무엇을 하려는 겐지, 그 속내를 모르겠네."

라고 말했다. 그러자 이에사다가 공손하게,

"법황께서 원으로 공격해 들어오려는 자가 있다는 소문을 들으시고 크게 놀라서서 '국가를 어지럽히려는 자는 조정의 적이니 얼른 추토하도록 하라.'라는 명령을 내리셨습니다. 이에 시게모리 나리께서는, '어제도 아버지께 말씀드린 것처럼 아버지를 향해 궁시를 당길 수는 없네. 허나 나는 타이쇼라는 자리에 있으니 칙명을 어길 수도 없는 일일세. 만약 이 소식을 들으시면 자결하실지도 모르니 그대들이 가서 지켜드리도록 하게. 목숨을 버리지 않으시도록 힘써주게.'라고 말씀하셨습니다."

라고 말했다.

"그게 사실이냐?"

"한 치의 거짓도 없는 사실입니다."

"그렇다면 얼른 가서 인젠(법황의 명령)에 대해서 잘 좀 대답해달라고 전해주게."

라고 말했으며 키요모리는 원으로 들어가겠다는 생각을 완전히 접고 말았다. 두 사람이 돌아가 시게모리에게 자세히 들려주자,

"아들로서 아버지께 거짓말을 하여 근심을 끼쳐드렸구나. 참으로 커다란 불효이기는 하나 이것도 다 세상을 위한 일이고 주상을 위한 일이다."

라고 말하며 울었다.

그런 다음 시게모리는 중문으로 나가 사무라이들에게,

"평소의 계약을 어기지 않고 달려와준 노고에 감사드리네. 중국에 이런 이야기가 있네. 주나라의 유왕(幽王) 시절에 포사(褒姒)라는 후궁이 있었네. 천하제일의 미녀로 매우 아꼈으나 단 한 번도 웃은 적이 없었다네.

어느 날 천하에 난이 일어나 곳곳에서 봉홧불이 오르자 포사가 그것을 보고 '어머, 불이 아주 많네.'라고 기뻐하며 웃었다네. 그 웃음을 늘 보고 싶었던 유왕이 자꾸만 봉홧불을 올렸기에 병사들은 모였다가도 적이 없기에 헛되이 발걸음을 돌리곤 했다네. 이러한 일이 거듭되는 동안 병사들이 모이지 않게 되어버렸다네. 어느 날 이웃 나라에서 공격해 들어왔을 때 유왕이 봉홧불을 올렸으나 병사가 한 사람도 달려오지 않아서 유왕은 마침내 멸망하고 말았다고 하네. 시게모리가 오늘 아침에 천하의 커다란 일을 들었기에 이렇게 부른 것이었으나, 자세히 알아보니 약간의 오해가 있었던 듯하네. 그만 돌아가주시게. 허나, 다음에 불렀을 때도 오늘처럼 모여주셨으면 하네."

라고 말하고 그대로 돌아가게 했다.

(37) 유배를 떠나는 나리치카

6월 2일에 신다이나곤 나리치카를 유배지로 보내기 위해 미리 준비한 방으로 데려가 밥을 먹게 했으나 가슴이 미어지는 듯해서 한 숟가락도 뜰 수가 없었다. 그러는 사이에 호송을 맡은 사람들이 수레를 끌고 와서,

"얼른 오르시오, 얼른."

이라고 말했으나 원하지 않는 길을 떠나야 했기에 아무리 재촉해도 쉽게는 오르려 하지 않자 손을 잡아끌어다 뒤를 향하게 해서 억지로 태운 뒤 수레의 발을 거꾸로 걸어 문 밖으로 끌고 나갔다.

대로에서 관원이 그를 끌어내리더니 "징계의 회초리"라며 3대를 때리고, 다음으로 "살해의 검"이라며 2번 베는 시늉을 하고 다시 수레에 태워 앞뒤의 맹장지 바른 문을 닫은 뒤, 야마시로의 호간 히데쿠니(秀国)의 경계하에 유배지로 출발했다.

전후를 지키는 자들은 전부 낯선 무사들뿐, 참으로 불안하게도 자신의 편을 들어줄 만한 자는 한 사람도 보이지 않았다. 나리치카가,

"시게모리 나리를 한 번 더 만나고 싶네."

라고 말했으나 이것도 이루어지지 않았다. 이에 난바 지로 쓰네토오에게 청하여,

"나리치카가 제아무리 먼 곳으로 유배를 간다 할지라도 그것은 어쩔 수 없는 일이겠으나, 하다못해 해와 달의 빛만이라도 볼 수 있도록 해주신다면 조금이나마 위로를 얻을 수 있겠습니다. 그것만이라도 허락

케 해주십시오."

라는 말을 시게모리에게 전해달라고 했기에 그것만은 허락을 받았다. 즉, 수레 앞뒤로 맹장지 바른 문을 닫게 되어 있어서 안은 새카만 어둠으로 동서도 알 수 없으며 아침인지 저녁인지조차 알 수 없는 법인데, 볕이 들게 얇은 종이를 바른 문으로 바꾼 것이다.

하치조 거리를 서쪽으로, 슈자쿠오오지(토로)를 남쪽으로 수레를 몰았는데, 오오우치야마(大內山)를 멀리로 돌아보자 여러 가지 일들이 끝도 없이 떠올랐다.

토바덴을 지나 자신의 산장 앞을 지날 무렵에는 그저 눈물만이 흘러내릴 뿐이었다.

"남쪽 문을 지나면 서둘러 강가에 배를 준비하라."

는 등의 속삭임이 들려오기에 수레 곁에 있는 사무라이를 불러,

"누구신지?"

라고 묻자,

"난바 지로 쓰네토오."

라고 대답했다.

"이 근방에 나의 지인이 있을 터이니 데려와 주셨으면 하오. 전할 말이 있으니."

라고 말했다. 이에 쓰네토오가 그 부근을 돌아다녔으나 지인이라는 자는 한 명도 나타나지 않았다.

"그런 자는 없습니다."

라고 말하자 다이나곤이,

"어찌 아무도 나서지 않는단 말인가. 관계자가 되어서는 일이 귀찮아지기에 모두 모르는 척하는 거겠지. 전에는 이 부근에 가신이 200명 정도 있었는데……."

유배를 떠나는 나리치카

라며 한탄했기에 강용한 무사들도 가만히 눈물을 훔쳤다.

다이나곤의 자리에 있을 때는 쿠마노로 참배를 갈 때면 지붕 셋 달린 배에 올라 뒤로는 이삼십 척의 배를 거느리고 갔었는데, 지금은 묘하게 생긴 지붕에 막을 두른 배를 타고 낯선 무사들의 감시를 받으며 어디로 가는지도 모르는 채 가야 하니, 그 마음은 참으로 가여운 것이었다.

요도가와(강)를 내려가 아마가사키(尼ヶ崎)에서 하룻밤을 묵었다.

"죽음을 면하고 유배를 가게 되었다."

라는 말이 들려왔으니 이것도 시게모리가 애를 써준 덕분이라며 사람들은 크게 기뻐했다.

그는 마침내 비젠노쿠니의 코지마(児島)라는 곳에 도착하여 한 추레한 민가에 맡겨지게 되었다.

(38) 탄바노쇼쇼

바로 그 무렵 키요모리는 후쿠하라의 별장에 있었는데 6월 20일에 카도와키노사이쇼(노리모리)에게 셋쓰의 사에몬인 모리즈미(盛澄)를 사자로 보내서,

"그대에게 맡겨두었던 탄바노쇼쇼(나리쓰네)를 급히 이곳으로 보내시오. 생각한 바가 있소."

라고 전하게 했기에 노리모리는,

"이럴 줄 알았다면 예전에 니시하치조로 불려갔을 때 처분케 했으면 좋았을 것을, 괜히 내가 맡고 있겠다고 하여 괴로움을 한 번 더 맛보게 하는구나. 안타까운 일이로다."

라며 서둘러 후쿠하라로 가라고 권했고, 쇼쇼도 어쩔 수 없이 울며 울며 출발할 수밖에 없었다.

부인을 비롯하여 시녀들이,

"들어주시지 않는다 할지라도 일단은 아버님께서 잘 말씀해주신다면……."

하고 청했으나 사이쇼 노리모리는,

"생각할 수 있는 것은 전부 말씀드렸소. 이제는 세상을 버리라는 말씀밖에는 드릴 말씀이 없소. 설령 어느 벽지로 가신다 할지라도 내 목숨이 붙어 있는 한은 찾아뵐 생각이오."

라고 말했다. 쇼쇼에게는 당시 3세인 아들이 있었다. 평소에는 아들을 그렇게 귀여워하지도 않았으나 막상 이별을 하려니 사랑스럽게 여겨졌

아들을 안은 나리쓰네

기에 무릎 위에 올려놓고 안아 머리를 쓰다듬으며 눈물을 줄줄 흘렸다.

"네가 7살이 되면 상황의 궁으로 들여보내려 했건만 이제는 다 소용없는 일이 되어버렸구나. 만약 무사히 자라서 어른이 된다면 스님이 되어 나의 명복을 빌어주기 바란다."

이렇게 말하자 아직 나이 어려 무슨 말인지도 모르면서 고개를 끄덕이는 모습을 보고 사람들 모두 눈물을 감출 수가 없었다.

후쿠하라에서 온 사자가,

"오늘 밤 안으로 토바까지 가셔야 합니다."

라고 말했기에 하는 수 없이 그날 밤 토바로 갔다. 노리모리는 너무나도 비참한 심정에 배웅을 나갈 마음조차 들지 않았다.

22일에 쇼쇼가 후쿠하라에 도착하자 키요모리는 빗추노쿠니 사람인 세노오 타로 카네야스에게 명하여 빗추노쿠니로 유배를 보내게 했다. 카네야스는 사람들의 입을 통해서라도 노리모리의 귀에 들어갈까 두려위하여 엄하게는 다루지 못하고 길을 가는 중에도 정중하게 대했는데 쇼쇼는 밤이나 낮이나 오로지 부처님의 이름을 외우며 아버지인 다이나곤의 안녕을 빌었다.

다이나곤 나리치카는 비젠의 코지마에 있었는데 그곳은 나루터와 가까워 좋지 않다는 이유로 비젠과 빗추의 경계에 위치한 니와세(庭瀨)라는 고을의 한 산사인 아리키노벳쇼(有木の別所)로 옮긴 상태였다.

쇼쇼가 귀양살이를 하게 된 곳은 빗추의 세노오로, 아리키노벳쇼와는 겨우 50정(5.5㎞)도 되지 않았으며, 10리(4㎞)가 넘을까 말까 한 가까운 곳이었다. 어느날 쇼쇼가 카네야스를 불러,

"여기서 아버지가 계신 아리키노벳쇼라는 곳까지는 거리가 얼마나 되는가?"

라고 묻자 카네야스는,

"가는 데만 십이삼 일쯤은 걸립니다."

라고 대답했다. 그러자 쇼쇼가 눈물을 흘리며,

"일본은 예전에 33개 쿠니였던 것을 도중에 66개 쿠니로 나눈 것이오. 이 부근인 비젠 · 빗추 · 빈고도 원래는 1개 쿠니였소. 또한 동쪽의 유명한 데와[121] · 무쓰도 예전에는 66개 군이 하나의 쿠니였으나, 12개 군을 나누어 데와노쿠니로 삼은 것이오. 그런 연유로 추조 사네카타(実方)가 오슈로 유배를 갈 때 그곳의 명소인 아코야(阿古屋)의 소나무를 보려고 쿠니 안을 돌아다녔으나 찾지 못했기에 헛되이 발걸음을 돌리려 한 순간, 길에서 한 노옹을 만나, '그대는 이곳에서 오래 산 사람인 듯하오. 이 쿠니의 명소인 아코야의 소나무라는 곳을 알고 계시오?'라고 물었더니, '저희 쿠니 안에는 없습니다. 그건 데와노쿠니에 있습니다.'라

---

121) 出羽. 지금의 야마가타(山形) 현. 데와노쿠니, 우슈(羽州). 상국.

고 대답했기에, '그렇다면 자네도 모르는 건가? 이제는 말세가 되어 명소도 황폐해진 모양이로군.'이라며 지나치려 하자 노옹이 소매를 잡아 끌며, '나리는 옛날 노래에서 들으신 대로 아코야의 소나무가 저희 쿠니에 있는 줄로 아시는 모양입니다. 그건 예전에 2개 쿠니가 하나의 쿠니였을 때 부른 노래입니다. 12개 군을 나누어 지금은 데와노쿠니가 되었습니다.' 라고 말했기에 추조 사네카타는 데와노쿠니로 넘어가서 아코야의 소나 무를 보았다고 하오. 쓰쿠시의 다자이후에서 쿄토까지 송어를 진상하러 가는 길도 도보로 15일이라고 들었소. 가는 데만 열이삼 일이 걸린다면 큐슈까지도 갈 수 있을 것이오. 아무리 멀어도 비젠 · 빗추 · 빈고 안이라면 이삼일 이상은 걸리지 않을 것이오. 가까운 곳을 멀다고 하는 것은 아버지가 계신 곳을 알리고 싶지 않기 때문이겠지."

라고 말하고, 그 이후부터는 한 번도 묻지 않았다.

(39) 나리치카의 최후

그 후 홋쇼지(절)의 슈교인 슌칸 소즈, 헤이호간 야스요리, 탄바노쇼쇼 나리쓰네 3사람은 사쓰마가타(薩摩潟)의 키카이가시마(鬼界が島)로 유배되었다.

다이나곤 나리치카는 아들인 탄바노쇼쇼 나리쓰네 이하 3명이 키카이가시마로 유배갔다는 소식을 듣고 이제는 모든 희망이 사라졌다며 출가를 결심, 그 뜻을 법황에게 전해달라고 시게모리에게 청하여 허락을 얻어냈다. 그리고 바로 승복을 입고 속세를 떠났다.

다이나곤의 아내는 쿄토 키타아마의 운린인(雲林院) 부근으로 들어가 살았는데 예전의 영화는 사라지고 없었으며 찾아오는 사람조차 없었다. 그러나 그러한 가운데 한 사람, 겐자에몬노조 노부토시(源左衛門尉 信俊)라는 사무라이만이 옛날을 잊지 않고 자주 찾아왔다. 어느 날, 다이나곤의 아내가 노부토시를 불러,

"처음에는 비젠의 코지마에 계셨으나 요즘은 아리키노벳쇼라는 곳으로 옮기셨다고 합니다. 다시 한 번 편지를 올리고, 또 답장도 받아보고 싶습니다만, 어떻게 해야 좋을지."

라고 말하자 노부토시는 눈물을 줄줄 흘리며,

"저는 어렸을 때부터 나리를 모시며 한시도 곁을 떠난 적이 없었기에 저를 부르실 때의 목소리가 아직도 귓가에 남아 있으며, 야단을 치실 때의 목소리도 또렷하게 기억하고 있습니다. 서쪽으로 가실 때도 함께 따라가고 싶은 마음이 굴뚝같았으나 로쿠하라에서 허락을 하지 않았기

에 함께 갈 수가 없었습니다. 이번에는 그 무슨 이러움을 당하더라도 반드시 편지를 들고 가도록 하겠습니다."

라고 대답했다. 이에 다이나곤의 아내는 물론 자녀들까지도 각자 편지를 써서 노부토시에게 건네주었다. 노부토시는 그 편지를 소중히 품은 채 멀리 비젠노쿠니의 아리키노벳쇼까지 찾아갔다.

어느 날, 나리치카가 도읍에서의 일들을 떠올리며 한탄에 잠겨 있자니,

"쿄토에서 노부토시가 왔습니다."

라는 말이 들려왔기에 벌떡 일어나,

"정말인가? 꿈은 아니겠지? 얼른 들라하게."

라고 말했다. 노부토시가 가까이 다가가서 살펴보니 살고 있는 집은 초라하기 짝이 없었을 뿐만 아니라 승복을 입은 모습이었기에 마음이 무너지는 듯하여 눈물을 그칠 수가 없었다. 잠시 후, 부인의 말을 상세히 전하고 편지를 꺼내 건네주었다. 그것을 읽는 마음은 얼마나 슬픈 것이었 을지.

나리치카와 헤어지는 노부토시

그렇게 사오일쯤 지났을 때, 노부토시는 거기에 머물며 마지막 순간까지 다이나곤을 모시고 싶었으나 감시를 하는 사무라이가 허락하지 않았을 뿐만 아니라 나리치카도,

"그만 돌아가도록 하게. 머지않아 목숨을 잃게 될 것이라고 나는 각오하고 있네. 죽었다는 말을 듣거든 명복을 빌어주기 바라네."

라며 답장을 적어 건네주었다.

"이것을 가지고 돌아갔다가 다시 오도록 하겠습니다."

눈물을 줄줄 흘리며 이렇게 말하고 길을 나서자,

"잠깐, 잠깐만 기다리게."

라고 몇 번이나 부르며 작별을 아쉬워했다.

노부토시는 눈물을 삼키며 쿄토로 돌아왔다. 다이나곤의 아내가 편지를 뜯어보니 출가했다는 증거로 머리카락이 담겨 있었기에 깜짝 놀라 엎드려 울고 말았다. 아들과 딸들도 소리 내어 울음을 터뜨렸다.

8월 19일에 다이나곤 나리치카는 아리키노벳쇼에서 마침내 살해당하고 말았다. 그 최후의 모습이 점점 알려지기 시작했다. 처음에는 술에 독을 넣어 마시게 하려 했으나 뜻대로 되지 않았기에 2길(6m)쯤 높이의 벼랑 아래에 뾰족한 마름모꼴 쇠꼬챙이를 심어놓고 밀어 떨어뜨려 죽였다는 것이었다.

이 소식을 들은 다이나곤의 아내는,

"아아, 다시 한 번 뵙고 싶어서 예전의 모습 그대로 기다리고 있었는데, 이미 돌아가셨다니 기다림도 쓸모없는 것이 되어버렸구나. 부처님께 귀의하겠다."

라며 보다이인(菩提院)에서 출가해버리고 말았다.

(40) 토쿠다이지의 이쓰쿠시마 참배

다이나곤인 토쿠다이지 사네사다(德大寺 実定)는 헤이케의 차남인 무네모리가 자신보다 먼저 타이쇼가 되었기에 비관하여,

"잠시 세상의 형세를 관망하기로 하자."

라며 다이나곤의 직을 내려놓고 재야로 물러나 있었다.

어느 달 밝은 밤, 토쿠다이지 사네사다가 홀로 남쪽으로 난 문을 열어놓고 달을 바라보고 있자니 쿠로우도노타이후 후지와라노 시게카네(重兼)가 찾아왔다.

"아아, 시게카네. 밤도 꽤 깊었는데 무슨 일로 온 겐가?"

"달이 너무나도 좋아 잠이 오지 않기에 찾아왔습니다."

"나도 오늘 밤에는 이유도 없이 뒤숭숭하던 차였다네. 참으로 무료한 밤일세."

라며 이런저런 이야기를 나누다가,

"헤이케의 번창한 모습을 보건대 적자인 시게모리, 차남인 무네모리는 좌우의 타이쇼일세. 머지않아 삼남인 토모모리와 적손(嫡孫)인 코레모리도 차례차례로 타이쇼의 자리에 오르겠지. 이처럼 차례차례로 타이쇼에 오르면 다른 집안 사람은 언제가 되어야 타이쇼가 될 수 있을지 알 수 없는 일일세. 이렇게 된 이상 나는 차라리 모든 생각을 접고 출가하는 편이 나을 듯한데, 그대는 어떻게 생각하는가?"

라고 말했다. 시게카네는 만사에 정통한 사람이었기에 눈물을 줄줄 흘리며,

달밤의 토쿠다이지와 시게카네

　"나리께서 출가하신다면 일가 사람들 모두가 당혹감을 느끼게 될 것입니다. 얼마 전에 제게 묘안이 떠올랐습니다. 그것은 아키의 이쓰쿠시마로 참배를 가는 것입니다. 헤이케에서는 이쓰쿠시마를 깊이 숭경하고 있습니다. 이쓰쿠시마로 한 번 참배를 가시는 것이 좋을 듯합니다. 그 신사에는 나이지(內侍)라고 불리는 무희(舞姬)들이 여럿 있으니 틀림없이 정중히 대접할 것입니다. 그때 무슨 소원을 빌러 왔냐고 물으면 조금 전에 말씀하신 대로 대답하시기 바랍니다. 그리고 쿄토로 돌아오실 때 주요한 나이지들 두어 명을 쿄토까지 데리고 오시면 틀림없이 니시하치조로 인사를 갈 것입니다. 키요모리 나리께서 무슨 일로 온 것이냐고 물으시면 있는 그대로를 이야기하리라 여겨집니다. 그러면 뉴도 나리께서는 조그만 일에도 감격하시는 분이시니 일을 잘 처리해주실 줄로 압니다."

라고 말하자,

　"그거 좋은 생각이로군. 당장 떠나도록 하겠네."

라며 정진을 시작하여 멀리 아키노쿠니의 이쓰쿠시마 신사로 참배를 떠났다. 신사에 도착하자 아름다운 무희들이 여럿 나와서 극진하게 대접을 해주었다. 그리고,

"저희 신사에, 저희들의 주인이신 헤이케의 공경들은 자주 참배를 오십니다만, 다른 분들은 거의 참배를 오시지 않습니다. 대체 무슨 소원을 빌러 오셨는지요?"

라고 묻기에 사네사다는,

"다른 사람이 먼저 타이쇼가 되었기에 그 소원을 빌러 왔소."

라고 대답했다.

그로부터 17일 동안 참배를 하며 무악을 연주하고 속악과 아악 등도 연주했다. 그 사이에 야외에서 춤과 함께 연주하는 아악도 3차례에 걸쳐서 행했다.

마침내 돌아갈 때가 되자 나이지 10여 명이 배를 타고 배웅을 나왔다. 그런데 저물녘이 되자,

"헤어지기 너무도 아쉽소. 하루만 더 길을 함께 해주시오, 하루만 더."

라고 말해서 이튿날도 길을 함께 갔다. 이런 식으로 쿄토까지 데리고 왔으며 토쿠다이지의 저택으로 맞아들여 여러 가지 산해진미를 대접하고 수많은 선물을 주었다.

나이지들은,

"이렇게 여기까지 왔으니 헤이케에 인사를 하고 가자."

라며 니시하치조로 갔다. 키요모리가 나와서 만나보고,

"너희는 무슨 일로 이렇게 여럿이 온 것이냐?"

라고 물었다.

"토쿠다이지 나리께서 이쓰쿠시마로 참배를 오셨다가 돌아가시는

이쓰쿠시마를 찾은 토쿠다이지

길에 저희가 배웅을 나섰는데 하루만 더, 하루만 더 하시며 이별을 아쉬워하셨기에 마침내는 쿄토까지 오고 말았습니다."

라고 대답하자 키요모리가,

"토쿠다이지는 무슨 소원을 빌기 위해서 멀리 이쓰쿠시마로 참배를 간 것인가?"

라고 물었기에,

"다른 사람이 먼저 타이쇼가 되었기에, 그 일로 기원을 하러 오셨다고 합니다."

라고 말했다. 그러자 키요모리는 크게 고개를 끄덕인 뒤,

"쿄토에도 영험하기로 유명한 신불이 여럿 있는데 그곳으로 가지 않고 이 키요모리가 믿고 있는 이쓰쿠시마로 가다니 그것 참 기특하군. 그 정도로 간절하다면 어떻게든 손을 써보기로 하지."

라고 말했다. 이후, 적자인 시게모리를 사다이쇼에서 내려오게 한 뒤,

우다이쇼인 차남 무네모리보다 먼저 토쿠다이지를 사다이쇼의 자리에 앉혔다.

시게카네의 계획이 멋지게 성공을 거둔 셈이었다.

(41) 키요모리와 이쓰쿠시마 신사

헤이케가 아키에 있는 이쓰쿠시마 신사를 믿기 시작한 동기는 무엇일까? 거기에는 다음과 같은 이야기가 전해진다.

키요모리가 아직 아키의 카미였을 때, 아키노쿠니에서 코야산의 다이토(大塔)를 수리했다. 그때 와타나베(渡辺)의 엔도 로쿠로 요리카타(遠藤 六郎 頼方)가 일을 맡았으며, 6년에 걸쳐서 수리를 마쳤다.

수리를 마친 뒤 키요모리는 코야산으로 올라가 다이토를 둘러보고 안에 있는 원에도 참배를 갔었는데 그때 어디선가 백발의 노승이 지팡이를 짚고 나타났다.

그 승려가 키요모리에게,

"이 코야산은 예로부터 밀종(密宗)의 산으로 한번도 쇠한 적이 없었소. 이처럼 신령한 산은 일본에 다시 없을 것이오. 다이토의 수리도 이젠 끝났소. 이곳 외에도 에치젠 케히(気比)의 신사와 아키의 이쓰쿠시마는 부처의 화신이 현현하셨던 곳인데 케히의 신사는 번성하고 있으나 이쓰쿠시마는 쇠퇴해버리고 말았소. 이참에 모쪼록 임금께 상주하여 수리를 해주셨으면 하오. 그렇게 해주시기만 한다면 관위가 더욱 높아져 천하에 어깨를 나란히 할 자가 없을 것이오."

라고 말했다. 그 노승이 서 있던 자리에 좋은 향기가 남아 있었기에 가신을 시켜 뒤를 따라가게 했더니 3정(約m)쯤까지는 보였으나 그 뒤부터는 홀연 사라져 모습이 보이지 않게 되었다. 이는 틀림없이 코보(弘法)대사가 모습을 드러낸 것이라 여겨졌기에 더욱 엄숙한 마음으로 참배를

코야산에서 만난 노승

마쳤다.

그런 다음 금당에 만다라를 그렸다. 서쪽의 만다라는 조묘(常明) 법사라는 화공에게 그리게 했으며, 동쪽의 만다라는 키요모리가 그렸다. 8장 연꽃잎 위에 앉아 있는 대일여래(大日如來)의 관을 그릴 때는 자기 머리의 피로 그렸다고 전해지기도 한다.

그 후, 쿄토의 원으로 들어가서 이러한 사실을 고하자, 군신 모두가 크게 감동했으며 키요모리의 임기를 연장하여 이쓰쿠시마를 수리하게 했다.

이에 키요모리는 바다 속의 커다란 기둥문(토리이)을 다시 세우고 모든 건물을 화려하게 새로 짓고 180칸짜리 회랑을 지었다. 매우 훌륭하게 지어졌기에 키요모리는 이쓰쿠시마로 가서 밤새 기원을 했다. 그때 꿈에, 머리를 양 갈래로 묶은 천동(天童)이 본전의 문을 열고 나타나서,

"나는 다이묘진께서 보내셔서 온 자일세. 그대는 이 검으로 조정을 굳건히 지키도록 하게."

왜장도를 얻은 키요모리

라며 백은으로 감은 작은 왜장도를 주었다. 잠에서 깨어보니 베개 옆에 진짜 왜장도가 세워져 있었다.

그 뒤로 다이묘진의 목소리도 들려왔다.

"그대는 아직도 기억하고 있는가, 혹은 벌써 잊었는가, 코야산에서 노승이 한 말을? 단, 악행을 저지르면 자손까지 번창하지는 못할 것일세." 라고 말한 뒤 다이묘진은 하늘로 올라갔다.

이때부터 키요모리는 특히 이쓰쿠시마의 묘진을 깊이 믿게 되었다.

(42) 후쿠하라의 별장

여기서 잠시 후쿠하라에 대해서 이야기하고 지나가겠다.

키요모리는 아키의 카미와 하리마의 카미 등을 역임했으며 또 다자이의 다이니(차관)로도 있었기에 세토나이카이(瀨戸內海)와 큐슈 연안을 종종 시찰하는 등, 일찍부터 해양사상을 품고 있었다. 따라서 셋쓰의 후쿠하라가 좋은 땅임을 꿰뚫어보고 거기에 별장을 짓기도 하고 효고 항을 건축하기도 했다. 축항도 처음에는 자기 혼자만의 힘으로 행했으나, 도저히 감당할 수 없었기에 관의 힘을 빌린 것이다.

키요모리의 별장은 히라노(平野)에 있었다. 키요모리뿐만이 아니라 헤이케 일문의 저택은 대부분 미나토가와(湊川)의 동쪽에 있었다.

지쇼 3년(1179) 6월 무렵, 전 다이조다이진 후지와라노 타다마사(藤原忠雅)가 이쓰쿠시마로 참배를 가는 길에 후쿠하라에 들렀다. 그때 키요모리는 매우 극진하게 대접했다.

타다마사는 우선 요리모리의 저택을 숙소로 삼았다. 요리모리의 저택은 키요모리의 저택에서 4,5정(㎝m) 떨어져 있었는데 모든 접대를 키요모리가 했으며 수레로 온천에도 갔다. 그곳은 키요모리의 저택에서 1정(109m)쯤 떨어진 곳이었다.

키요모리가 후쿠하라에 언제 별장을 지었는지 그 시기는 명확하지 않으나 타카쿠라 천황 시절인 카오 원년(1169) 무렵에는 이미 키요모리의 저택이 있어서, 고시라카와 법황이 코야산으로 참배를 갈 때 이곳에 들른 적이 있었다.

또한 타카쿠라 상황이 이쓰쿠시마로 간 것은 지쇼 4년(1180) 3월이었는데, 이때도 키요모리의 저택에 들렀었다. 이 『행행기(行幸記)』를 보면 키요모리의 저택이 매우 넓었음을 알 수 있다.

<이쿠타(生田) 숲 등의 옆을 지나 4시 넘어서 후쿠하라에 도착했다. 키요모리가 마음을 담아 마련한 설비 등의 모습은 말로 다 표현할 수 없을 정도였다. 천하를 마음대로 움직이는 키요모리가 만든 저택이니 얼마나 훌륭한지는 상상해볼 수 있으리라. 참으로 별세계에 온 듯한 느낌이 들었다. 나무와 정원의 모습은 그림으로 그려두고 싶을 정도였다. 좋다고 말로 들은 적은 있었으나, 들었던 것보다 훨씬 좋았다.

도착하신 뒤 이쓰쿠시마의 나이지(무희)들이 와서 유희를 즐겼다. 저택의 남쪽에 비단으로 집을 짓고 코마보코(高麗鉾 샷대)를 늘어놓은 뒤 8명의 나이지가 모두 외국 여자의 모습으로 아악 등을 추었다. 춤이 끝나자 위로 불러들여 주상 앞에서 노래를 부르게 했다.>

라고 적혀 있다. 이것만 봐도 키요모리의 저택이 얼마나 넓고, 또 각종 설비가 잘 갖춰져 있었는지를 알 수 있다.

지쇼 4년(1180) 6월에 천도를 하여 후쿠하라가 도읍이 되기까지, 후쿠하라는 헤이시 일문의 별장지였다.

(43) 쿄가시마와 온도노세토

효고의 항구는 바다가 깊어서 커다란 배도 들어올 수 있지만, 안타깝게도 바닷물의 흐름이 빠르고 동남풍이 불어오면 피난할 방법이 없었기에 언제나 수많은 선박들이 커다란 피해를 입곤 했다.

키요모리가 후쿠하라에 별장을 지은 이후부터는 이러한 일들을 직접 보았기에 세상 사람들을 위해서 인공섬 하나를 만들어야겠다고 생각했다. 이전에 아키노쿠니의 온도노세토(音戸瀬戸해협)를 뚫기도 하고, 오우미노쿠니에 기오노유(妓王湯온천)를 만든 경험도 있었기에 이 대대적인 사업에도 착수한 것이었다.

온도노세토는 아키노쿠니에 있다. 이곳은 바다 쪽으로 육칠십 리(25km)쯤이나 산이 돌출되어 있어서 배로 빙 돌아가지 않으면 안 되는 곳이었다. 키요모리가 아키의 카미였을 때, 배를 타고 이곳을 몇 번이고 지났는데 남쪽으로 100여 리(40km)나 우회하는 것을 불편히 여겨 해협을 뚫게 한 것이었다. 그 후부터 항해하는 사람들은 키요모리의 은혜 덕분에 지금도 편리하게 왕복하고 있는 것이다. 그 연안에는 기념탑이 건립되어 있다.

×

한편 효고의 인공섬 공사는 오호(応保) 원년(1161) 3월 상순에 착수했다[22]. 바다 위에 섬을 쌓아 동남풍을 막기 위해 부근의 산에서 석재를 가져다 섬 주위와 섬 가까운 해안에 돌담을 쌓기 시작했다. 그렇게 해서 배를 대기 편리하도록 하기 위한 공사였다. 바닷물의 흐름이 빠르고 파도가 거칠었기에 몇 번을 쌓아올려도 곧 무너져버리고 말았다. 특히 오호 원년 8월 2일의 폭풍 때는 섬 전체가 떠내려갔기에 그때까지의 노력이 전부 물거품이 되어버리고 말았다.

이를 본 키요모리는 잠시 낙담하지 않을 수 없었으나 불요불굴의 정신을 가진 자였기에 다시 마음을 다잡고 끝까지 완성시키려 노력했다. 오호 3년(1163)에 아와 민부 시게요시(安房 民部 重能)를 부교(奉行담당관)로 임명하여 인공섬 쌓는 일에 전념케 했기에 그 어렵던 공사도 마침내는 준공을 보기에 이르렀다. 사람을 제물로 바쳐야 한다는 말도 있었으나, 사람의 목숨을 버리는 것은 오히려 커다란 죄가 된다고 하여 돌 하나하나에 불경을 적어 쌓았기에 지금도 쿄가시마(経ヶ島)라 불리고 있다.

이와 같은 난공사였기에 인신공양을 했다는 전설이 남아 있으며, 그 내용을 바탕으로 한 가면극도 전하고 있다.

『효고 명소기(兵庫名所記)』에,

<다이조 뉴도 키요모리 공, 이 효고 포구의 상하를 왕래하는 배들이 풍파 때문에 어려움을 겪는 것을 보고 오호 원년 2월 상순23)부터 시작하여 섬을 쌓으려 했는데 같은 해 8월 2일의 커다란 바람에 파도가 일고 조류의 흐름이 바뀌어 원래의 파란 바다로 돌아가버리고 말았다. 오호 3년 3월 하순에 아와 민부 시게요시를 부교로 삼아 다시 쌓게 했으나 이번에도 남풍이 불고 허연 물결이 일어나 또 섬을 잃고 말았다. 더는 성공할 수 있을 것 같지 않았다. 인신공양을 한 뒤 쌓으면 성공할 수 있으리라는 말이 있었다. 이에 이쿠타의 오노(小野)에 관문을 세워 왕래

---

122) 섬의 공사시기에 관해서는 여러 기록이 있는데『헤이케 이야기』에는 1173년에 착공하여 1174년에 준공한 것으로 되어 있다. 그러나 실제로는 키요모리 사후인 1196년에 준공된 듯하다. 어쨌든 효고 항은 당시 송나라와의 무역의 중심지였다.
123) 단순한 오타인지 다른 곳의 3월 상순과 차이가 있다.

해를 부르는 키요모리

하는 나그네를 잡아들였기에 그 탄식이 끊이지 않았다. 이때 헤이쇼코쿠 (平相国키요모리)의 하인인 마쓰오 코데이(松王 児童)는 아직 나이 어렸으나 사람들의 한탄을 가엾이 여겨 자신이 바다로 들어가 사람들의 목숨을 대신하리라 약속하고 하얀 말에 하얀 안장을 얹은 뒤 거기에 올라 바다로 들어갔다.>

라고 기록되어 있는데 그 관문에서 사람을 잡아 조사할 때,

　"효고 사람입니다. 용서해주십시오."

라고 말하면 놓아주었다고 한다. 이 말은 지금도 쓰인다고 한다.

　또 하나의 전설은, 키요모리가 해를 불러 거꾸로 되돌려놓았다는 전설이다.

　어느 날, 공사가 아직 끝나지 않았는데 해가 저물려 하고 있었기에 키요모리가 부채를 들어 해를 부르자 해가 다시 중천까지 되돌아와서 공사를 마칠 수 있었다는 이야기다. 이는 그 정도로 키요모리의 세력이 강했다는 사실을 비유적으로 들려주는 것이리라.

일설에 의하면 이 이야기는 온도노세토(해협)를 뚫을 때의 이야기라고도 하고, 다른 설에 의하면 이쓰쿠시마 신사를 참배할 때의 이야기라고도 한다.

어쨌든 유명한 전설로 '해를 부르는 키요모리'라고 하여 풍속도나 그림책에 실린 것은 물론 연극으로도 각색되었으며, 지금까지도 종종 상연되곤 한다.

다음으로는 쓰키시마데라(築島寺)에 남아 있는 전설에 대해서 살펴보겠다.

(44) 효고 쓰키시마의 전설

키요모리가 인공섬(쓰키시마)을 만들기로 했을 때, 타이라노 토키타다의 권유에 따라서 고조 쿠니쓰나(五条 国綱)에게 명령하여 음양사인 아베 야스우지(阿部 康氏)를 불러다 인공섬 성취를 위한 기도를 하게 했다.

야스우지가 점을 쳐보자,

'사람을 30명 바치면 이 섬이 성취될 것이다.'

라는 점괘가 나왔으나 너무나도 가엾다는 생각이 들었기에 그 사실은 숨긴 채,

"인공섬은 성취될 것입니다."

라고만 보고했다.

이에 날을 정해 오호 원년 3월 18일부터 공사를 시작했는데 아무리 쌓아도 토사가 곧 떠내려가버려 공사가 조금도 진척되지 않았다.

키요모리가 크게 화를 내며 야스우지를 책망하자, 죄업이 될 줄 알면서도 야스우지는 어쩔 수 없이,

"사람을 30명 바치지 않으면 도저히 성취할 수 없습니다."

라고 대답했다. 키요모리는,

'천하만민의 이익을 위한 일이니 겨우 30명쯤의 목숨을 바치는 건 어쩔 수 없는 일이리라. 30명을 희생하여 완성하도록 하자.'

라고 생각하여 곧 이쿠타 부근에 관문을 세우고 고토 사다쓰나(後藤 定綱)로 하여금 오가는 사람을 사로잡아다 감옥에 가두게 했다. 이렇게 해서 남녀노소를 가리지 않고 사로잡았기에 곧 29명이 되었으나, 마지막

한 명이 남았을 때부터 지나는 사람이 뚝 끊겨버리고 말았다. 바칠 사람은 30명이 필요한데 마지막 한 명이 남았을 때부터 마침내는 지나는 사람이 끊겼기에 눈을 부릅뜨고 찾고 또 찾아 간신히 미마쓰 쿠니하루(三松 国春)라는 사람을 잡아들였다.

이 쿠니하루라는 사람은 셋쓰노쿠니 나니와의 이리에에서 살던 사람이었다. 그 사람에게는 메이게쓰히메(明月姫)라는 외동딸이 있었다. 절세미인이었기에 아내로 달라는 사람이 아주 많았는데 개중에서도 칸자키(神崎)에 사는 콘도 시치로 시게토모(近藤 七郎 重友)가 가장 열심히 청혼을 해왔다. 시게토모는 문무를 겸비한 훌륭한 청년이었는데 그 뜻을 이루기도 전에 탄바에 살고 있는 노세 쿠로우도 이에카네(野瀬 蔵人 家兼)가 메이게쓰히메를 탄바노쿠니로 억지로 끌고 가버렸다. 이에 속세의 무정함을 느낀 시게토모는 동생 하치로에게 가독을 물려주고 출가하여 정처 없이 떠도는 몸이 되었다. 나이는 겨우 23세였다.

메이게쓰히메의 아버지인 쿠니하루도 손 안의 구슬을 빼앗겨 기운을 잃은 데다 아내마저 세상을 떠났기에 인생의 무상함을 느끼고 코야산으로 들어가 출가했다. 이후 그도 곧 각지를 떠돌며 수행을 쌓기 위해 여행길에 올랐다가 사로잡혀 앞서 이야기한 30명의 희생양 가운데 한 사람이 되어버리고 만 것이었다.

콘도 시게토모는 각지를 떠도는 행각승이 되어 신사와 절을 순례하다가 3년째 되던 해에 탄바노쿠니의 노세노쇼(野瀬の庄)로 들어가 쿠로우도 이에카네의 집인 줄도 모르고 하룻밤을 청했다. 쿠로우도는 그때 마침 탄고노쿠니124)로 가 있었기에 메이게쓰히메만이 홀로 집을 지키고 있었다.

---

124) 丹後国. 지금의 쿄토 북부. 탄슈(丹州). 중국.

메이게쓰히메는 각지를 돌며 수행하는 승려에게 숙소를 제공하는 것도 공덕이 되리라 생각하여 객실로 들어오게 한 것이었다. 밤이 깊어 히메가 가야금을 꺼내 유란(幽蘭)이라는 곡을 연주했는데 그것을 귀 기울여 듣고 있던 시게토모가 두 눈 가득 눈물을 머금은 채,

'요즘 들리는 소문에 의하면 미마쓰 쿠니하루도 출가하여 전국을 떠돌다 효고 포구에서 인신공양의 희생물로 잡혔다고 하던데, 용감한 무사도 몰락하여 골짜기 속의 난(蘭)과 같은 신세가 되었구나. 아아, 덧없는 세상이로다.'

라는 생각이 들어 자신도 모르게 소리 내어,

"덧없는 세상이라 생각을 끊어도 타인의 근심 한 줄기 들려오는구나."

라고 읊조렸다.

메이게쓰히메가 장지문 너머로 이를 듣고 시녀인 코마토리(駒鳥)를 불러,

"스님은 어디 사람이십니까?"

라고 묻게 하자 시게토모는 자신의 일에서부터 쿠니하루가 잡히게 된 일까지를 들려주었다.

이를 들은 히메는 깜짝 놀라 그날 밤으로 남편에게 편지 한 통을 남기고 효고를 향해 서둘러 출발했다. 집안사람이 이러한 사실을 탄고에 있는 이에카네에게 알렸기에 이에카네도 급히 돌아와 말을 타고 자신도 역시 효고를 향해 서둘러 출발했다.

도중에 메이게쓰히메를 따라잡은 이에카네는 히메를 위로하고 자신은 쿠니쓰나 경의 집으로 가서,

"모쪼록 쿠니하루를 용서해주시기 바랍니다."

라고 간곡히 청했으나 쿠니쓰나가,

"이번 일은 내가 계획한 것이 아닐세. 키요모리 공의 뜻이시니 헤이쇼

코쿠를 뵙고 직접 말씀드리는 것이 좋을 듯하네."

라고 말했기에 3월 17일에 키요모리의 저택으로 찾아가 여러 가지로 탄원했다. 메이게쓰히메도 아버지 대신 목숨을 내놓겠다고 청했다. 그러나 키요모리는,

"그러한 비탄은 서른 명 모두가 똑같다. 쿠니하루만을 용서할 수는 없는 일이다. 단, 면회만은 허락하겠다."

라고 말했다.

이튿날인 18일, 마침내 사람들을 바치기로 하고 배 한 척에 한 사람씩 실어 한 척 한 척씩 저어 나왔으며 강가의 길에는 대나무로 울타리를 둘렀다. 서른 명의 부모, 자식, 형제, 친족, 지인 모두가 대나무 울타리 밖에서 부르짖고, 한탄하고, 통곡하여 차마 눈 뜨고 볼 수 없는 광경이 펼쳐졌다. 서른 번째로 쿠니하루 법사를 태운 배가 모습을 드러냈다.

메이게쓰히메는 앞서 면회를 허락받은 몸이었기에 대나무 울타리 안으로 달려들어가,

"아버지, 메이게쓰입니다. 불효를 용서하시기 바랍니다."

라며 엎드려 울었다. 쿠니하루 법사는 눈을 감은 채 염불을 외우고 있다가 그 목소리를 듣고,

"아버지라니 누구를 말씀하시는 겐지? 이 쿠니하루에게 딸은 없습니다. 아마도 사람을 잘못 보신 듯합니다. 물론 전에는 딸이 하나 있었습니다만 아버지를 버리고 집을 나가버린 불효자입니다. 부모의 은혜, 부모의 자비를 잊고 부모를 탄식케 하는 딸은 있으나 그건 저의 딸이 아닙니다."

라고 눈을 감은 채 말했다. 메이게쓰히메도 유모도 이에카네도 뭐라 대답해야 좋을지 몰라 그저 눈물만 흘리고 있었는데, 잠시 후 이에카네가 쿠니하루 앞에 머리를 조아리고,

"노여워하시는 것도 당연한 일입니다. 그러나 죄는 전부 제게 있을

뿐, 히메에게는 아무런 잘못도 없습니다. 모쪼록 용서해주시기 바랍니다."

라며 그간 있었던 일을 들려주었기에 쿠니하루도 은애의 정을 더는 억누를 수 없어서,

"내가 죽고 난 뒤에는 어머니의 명복을 정성껏 빌어주기 바란다. 눈을 감을 때까지 네 걱정만 하며 눈물을 흘렸단다."

라고 서로 쌓였던 정을 이야기했다.

메이게쓰히메도 이에카네도 자신이 대신 제물이 되겠다고 청했으나 받아들여지지 않았다.

마침내 사람들을 바다 속으로 던지려 할 때, 아베 야스우지가 이처럼 비탄에 잠긴 모습을 보고 두 눈에 눈물을 흘리며,

'이런 탄식을 듣게 된 것도 다 내가 한 말 때문이다.'

라고 생각하여 키요모리 앞에 머리를 조아리고,

"크고 작은 돌에 대승묘전(大乘妙典) 1만 부를 필사하여 서른 명의 제물 대신 바다에 던져넣으면 용신께서도 틀림없이 노여움을 푸시리라 여겨집니다."

라고 말했으며, 키요모리의 시종인 마쓰오도 비탄에 잠긴 사람들을 보다 못하여,

"야스우지 박사의 청처럼 1만 부의 법화경을 크고 작은 돌에 필사하고, 서른 명의 목숨 대신 제가 혼자 제물이 되어 물에 들어가겠습니다. 부디 이 청을 들어주시기 바랍니다."

라고 청했기에 키요모리도 마침내 자신의 뜻을 꺾고 서른 명의 목숨을 구해주었다. 목숨을 건진 사람들의 기쁨은 이루 다 말로 표현할 수가 없을 정도였다.

오호 3년(1163) 7월 13일, 돌의 준비가 다 끝났기에 효고 포구로

가져가 바다 속에 넣었다. 마쓰오는 서른 명의 목숨을 대신하여 흰 옷을 입고 석관에 들어가 경문을 적은 돌과 함께 바다에 잠겨졌다. 신기하게도 그 이후부터는 거친 파도도 일지 않았기에 머지않아 섬이 완성되었다.

마쓰오의 의로운 마음에 감탄한 키요모리는 공양을 위해 칠당가람을 건립케 했다. 부교인 아와 민부 시게노리가 인부 수천 명을 동원하여 세운 것이 효고 쿄가시마 산의 라이고지(来迎寺)라는 절이다.

(45) 중궁 회임

타카쿠라 천황의 후궁이 된 키요모리의 딸 토쿠코는 지쇼 2년(1178), 그때는 아직 중궁이라 불리고 있었는데, 왠지 몸이 좋지 않았으나 곧 회임했다는 사실을 알게 되었다.

타카쿠라 천황은 당시 18세, 중궁은 22세로 아직 황자도 황녀도 슬하에 두지 못했기에,

"만약 황자가 태어난다면 이 얼마나 경하스러운 일이겠는가."

라며 헤이케 사람들은 당장에라도 황자가 태어날 것처럼 기뻐했다. 다른 집안의 사람들도,

"헤이케가 한참 번창할 때이니 의심의 여지도 없이 황자가 태어날 거야."

라고 서로 수군거렸다.

회임했다는 사실이 알려졌기에 키요모리는 고승들에게 황자가 태어나도록 기도하라는 명령을 내렸다.

6월 1일에 중궁은 복대를 두르고 축하식을 열었다. 오무로 닌나지(절)의 슈카쿠(守覚) 법친왕[125]이 급히 궁으로 달려와 공작경(孔雀経)을 외우며 부처님의 도움을 빌었고, 또한 텐다이자스(엔랴쿠지의 최고위 승려)인 카쿠카이(覚快) 법친왕과 미이데라(절)의 초리[126]인 엔케이(円慶) 법친왕도 역시 와서 변성남자의 법이라는, 태 속의 여자를 남자로 바꾸는 수법을 행했다.

---

125) 法親王. 황자의 신분으로 출가하여 훗날 친왕의 자리에 오른 자.
126) 長吏. 절의 장으로 사무를 통괄하던 역승(役僧).

중궁의 안산을 비는 고승

　달이 참에 따라서 중궁은 매우 힘들어했다. 이처럼 근심스러운 때에
마침 무시무시한 사령(死靈), 생령(生靈) 등이 들러붙었기에 무당의
주술로 영들을 불러보니 신인이었던 스토쿠 천황의 영, 우지 아쿠사후(宇
治 悪左府후지와라노 요리나가)의 원령, 신다이나곤 나리치카의 사령, 사이(西사
이쿄) 법사의 악령, 키카이가시마로 유배간 자들의 생령 등이 나타났다.

　그것을 보고,

　"생령과 사령 모두 달래주지 않으면 안 된다."

라고 하기에, 우선 신인에게 스토쿠 천황이라는 추호(追号)를 올렸다.
우지 아쿠사후에게는 다이조다이진 정1위라는 관위가 내려졌다.

　카도와키노사이쇼 노리모리가 이 소식을 전해듣고 시게모리를 찾아
가서,

　"이번에 중궁의 안산을 빌기 위해 여러 가지 일들을 행하고 있다
들었습니다만, 대사면을 행하는 것이 가장 좋을 듯합니다. 그 가운데서도

키카이가시마로 보낼 사면장을 쓰게 하는 키요모리

키카이가시마로 유배보낸 자들을 소환하시는 것이 가장 커다란 공덕이
될 줄 압니다."

라고 말했기에 시게모리도 아버지 키요모리 앞으로 나아가,

　"그 탄바노쇼쇼의 일로 카도와키노사이쇼가 한탄하는 모습은 옆에서
보기에도 안쓰럽습니다. 게다가 중궁의 몸이 좋지 않은 것은 나리치카
경의 사령 등 때문이라는 소문을 들었습니다. 다이나곤의 사령을 달래는
데에는 살아 있는 쇼쇼를 소환하시는 것이 제일 좋을 듯합니다. 사람들의
원한을 풀어주면 뜻한 바도 이루어질 것이며, 사람들의 소원을 들어주면
저희의 소망도 이루어져, 황자를 안산하시어 가문의 영화가 더욱 커질
것입니다."

라고 말했다. 키요모리가 평소보다 훨씬 다정하게,

　"슌칸과 야스요리 법사는 어떻게 하면 좋겠느냐?"

라고 물었기에,

"그들도 함께 소환하시는 것이 어떻겠습니까? 한 사람만 남겨두는 것도 죄스러운 일입니다."

라고 대답했지만 키요모리는,

"야스요리 법사는 용서를 해줘도 상관없다만, 슌칸은 여러 가지로 뒤를 봐주어 그런 신분으로까지 만들어준 것 아니냐. 그런데 히가시야마의 시시가타니에 있는 자신의 산장에 모여 모반을 꾀했으니 그를 용서한다는 것은 있을 수 없는 일이다."

라고 말했다.

집으로 돌아온 시게모리가 숙부인 사이쇼 노리모리를 불러,

"쇼쇼는 곧 사면될 것입니다. 마음 놓으시기 바랍니다."

라고 말하자 노리모리는 손을 모아 합장하며 기뻐했다.

마침내 키카이가시마로 유배갔던 사람들을 불러들이기로 결정되었기에 키요모리가 사면장을 써서 건네주었다. 사자가 쿄토를 출발하여 밤을 낮 삼아 달려간 것은 7월 하순이었으나 바닷길을 가야 했기에 생각과는 달리 9월 20일 무렵에야 키카이가시마에 도착했다.

(46) 홀로 남겨진 슌칸

키카이가시마로 달려간 사자는 탄자에몬노조 모토야스(丹左衛門尉
基康)라는 자였다. 서둘러 배에서 내려,

"혹시 이 부근에 쿄토에서 유배를 오신 헤이호간 야스요리 뉴도,
탄바노쇼쇼 나리쓰네 나리 안 계십니까?"

라고 커다란 목소리로 불렀다.

이때 두 사람은 쿠마노로 참배를 가고 없었다. 섬 안의 쿠마노와
지형이 매우 흡사한 곳에 쿠마노곤겐을 지어놓고 쿄토에 다시 돌아갈
수 있게 해달라고 기원했던 것이다. 슌칸은 그들을 비웃으며 참배도
가지 않고 혼자 남아 있었는데, 그 소리를 듣고 꿈이 아닐까 생각했을
정도로 기뻐하며 허겁지겁 사자가 있는 곳으로 달려갔다. 그리고,

"제가 유배를 온 슌칸입니다."

라며 이름을 밝히자, 목에 걸고 있던 주머니에서 키요모리의 사면장을
꺼내 보여주었다. 그것을 펼쳐 읽어보니,

<무거운 죄이나 유죄(流罪)를 용서해주겠다. 속히 쿄토로 돌아올
것 이번에 중궁의 안산을 빌기 위해 대사면이 행해졌다. 따라서 키카이가
시마로 유배를 갔던 쇼쇼 나리쓰네, 야스요리 법사, 사면.>

이라고 적혀 있을 뿐, 슌칸이라는 이름은 보이지 않았다. 편지가 담겨
있던 봉투에는 적혀 있으리라 생각하여 봉투를 보았으나 거기에도 이름
은 없었다. 처음부터 끝까지 구석구석 다시 읽어보았으나 두 사람의
이름만 적혀 있을 뿐, 세 번째 이름은 끝내 보이지 않았다.

키카이가시마에 도착한 사면장

그러는 사이에 나리쓰네와 야스요리 두 사람도 돌아와 거듭 읽으며 찾아보았으나 슌칸의 이름은 어디에도 적혀 있지 않았다. 더구나 두 사람에게는 쿄토에서 부탁을 받아 가져온 편지가 아주 많았으나, 슌칸 소즈에게 온 것은 단 한 통도 없었다.

"우리 세 사람 모두 같은 죄명을 입어 같은 땅으로 유배를 왔는데 어찌 사면할 때는 두 사람만 불러들이고 한 사람은 남겨놓는 건지. 헤이케에서 나를 잊은 건가, 사면장을 쓴 사람이 실수를 저지른 건가? 이게 대체 어찌된 일이란 말인가?"

라며 하늘을 향해 울부짖고 땅에 엎드려 몸부림쳤으나 아무런 소용도 없는 일이었다. 그러다 슌칸은 쇼쇼의 소매에 매달려,

"이 슌칸이 이렇게 된 것도 그대의 아버지인 다이나곤께서 헛되이 모반을 꾀하셨기 때문이오. 그러니 그대와 관계없는 일이라 생각지 말고 쿄토까지는 어렵다 할지라도 이 배로 하다못해 큐슈까지만이라도 데리고 가 주시오."

라고 울며 애원했다. 쇼쇼는,

섬에 홀로 남겨진 슌칸

"저도 그러고 싶습니다. 저희가 쿄토로 돌아가게 되었다는 기쁨보다, 귀하의 모습을 보면 둘만 돌아가고 싶지는 않다는 마음이 더 큽니다. 이 배로 섬에서 함께 나가고 싶은 마음은 굴뚝같으나 쿄토에서 온 사자가 허락하지 않을 것입니다. 제가 쿄토로 돌아가서 사람들에게도 잘 말하고, 뉴도 나리께도 간곡히 청하여 틀림없이 모시러 오도록 하겠습니다."

라고 위로했다.

탄자에몬노조 모토야스도 가엾게 여겼으나 배가 떠날 시간이 되었기에 작별의 선물로 쇼쇼는 이부자리 한 채를, 야스요리는 법화경 한 부를 놓고 배에 올랐다. 슌칸은 배에 올랐다가는 내려오고, 내려왔다가는 다시 오르는 등 정신이 나간 사람처럼 뛰어다녔다. 밧줄을 풀고 배를 밀기 시작하자 슌칸은 밧줄을 붙든 채 무릎까지 잠기고, 허리까지 잠기고, 어깨까지 잠기고, 키가 닿는 곳까지 따라왔다. 키가 닿지 않게 되자 배에 매달리며,

"여러분들, 이 슌칸을 그냥 이대로 죽게 내버려둘 셈이오? 평소의 정을 다 잊으셨단 말이오? 쿄토까지 어렵다면 하다못해 큐슈까지만이라도……."

유배지의 슌칸을 찾은 아리오

라고 거듭 되풀이했으나 쿄토의 사자가,

"몇 번을 말씀하셔도 달라질 건 없소. 어쩔 수 없는 일이오."

라며 손을 뿌리친 뒤 배를 젓게 했다.

하는 수 없이 물가로 올라가 쓰러져버린 슌칸은 마치 어린아이처럼 발버둥 치며,

"나를 좀 태워주게, 나를 좀 데려가주게."

라고 외쳤으나 배는 점점 아득하게 멀어져갈 뿐이었다.

×

그 후 슌칸이 어렸을 때부터 어여삐 여겨 데리고 있던 시동인 아리오(有王)가 섬으로 들어왔다. 그가 슌칸의 아내의 마지막 모습, 도읍의 정세 등을 들려주자 현세에서의 희망을 잃은 슌칸은 이후부터 단식에 들어가 아리오가 섬에 들어온 지 23일째 되던 날, 초암(草庵)에서 왕생했다.

아리오는 주군의 주검에 매달려 슬피 울었으나 달리 방법이 없었기에

화장을 한 뒤 백골만을 가지고 쿄토로 돌아가 홀로 남은 딸에게 주군의
마지막 모습을 들려주고 소즈의 유골을 코야산에 묻어주었다. 그리고
자신은 출가하여 전국을 떠도는 행각승이 되었다.

(47) 중궁 출산

지쇼 2년(1178) 11월 12일 인시(寅時03시~05시)부터 중궁에게 산기가 있었기에 로쿠하라는 물론 쿄토 안이 떠들썩해졌다.

로쿠하라의 이케도노(池殿)에 산실이 있었기에 법황도 그곳으로 행차했다. 칸파쿠 후지와라노 모토후사를 비롯하여 다이조다이진 이하 문무백관이 한 사람도 빠짐없이 모여들었다.

"황자가 무사히 태어나면 야와타, 히라노, 오오하라노로 참배를 가겠습니다."

라며 기원했다.

코타이진구(皇大神宮)를 비롯하여 20여 개의 신사, 토다이지와 코후쿠지 이하 16개의 절에서 경문을 외우게 했다. 독경을 청하기 위해 보낸 사자는 궁의 사무라이 중에서도 관위가 있는 자들이었다.

시게모리는 무슨 일에나 진중한 사람이었기에 시간이 꽤 흐른 뒤에 적자인 곤노스케노쇼쇼 코레모리 이하 자녀들을 데리고 찾아갔다. 옷 40벌, 은검 7개를 넣은 상자와 함께 말 12필을 끌고 왔다. 이는 조토몬인[127] 이 출산할 때 미치나가(道長)가 말을 바친 예에 따른 것이었다. 시게모리는 중궁의 오빠이자, 그와 동시에 양부이기도 했으니[128] 말을 바치는 것도 당연한 일이었다. 또한 고조노다이나곤 쿠니쓰나도 말 2필을 바쳤

---

127) 上東門院(988~1074). 이치조 천황의 중궁으로 고이치조・고스자쿠 천황의 어머니. 후지와라노 미치나가의 딸.
128) 토쿠코는 궁으로 들어갈 때 고시라카와 법황과 시게모리의 양녀가 되었다.

천수경을 읊는 법황

다.

그 외에도 이세의 오오카미(大神)를 비롯하여 아키의 이쓰쿠시마에
이르기까지 70여 개소에 말을 바쳤다. 궁궐에도 말에 술을 달아 수십
필을 바쳤다.

오무로 닌나지의 슈카쿠 법친왕은 공작경의 법을, 텐다이자스 카쿠카
이 법친왕은 칠불약사의 법을, 미이데라의 초리 엔케이 법친왕은 금강동
자의 법을, 그 외에도 오대허공장, 육관음일자금린오단의 법, 육자가린,
팔자문수, 보현연명에 이르기까지 온갖 법도를 다했다.

호마(護摩)의 연기가 가득 넘쳐났으며 방울소리도 전체에 울려 퍼졌고
수법(修法)의 목소리까지 몸의 털이 곤두설 정도로 들려왔기에 그 어떤
사령, 생령도 그곳에는 머물지 못할 듯했다. 거기에다 불상을 제작하는
곳의 호인(法印최고의 승위)에게 명령하여 실물 크기의 약사 및 고대존의
상을 만들게 했다.

이처럼 온갖 기원을 행했으나 중궁은 끊임없이 괴로워할 뿐이었다.
키요모리와 니이도노[129])도 걱정이 되어,

"아아, 이를 어쩐다지."

라며 안절부절못했다. 이때의 일에 대해서 키요모리는 훗날,

"전쟁이었다면 그렇게 근심하지도 않았을 테지만……."

이라고 말했다.

보카쿠(房覚) 승정, 쇼운(性運) 승정 등 4명 이상이 한목소리로 기도를 올렸다. 그러한 가운데 법황이 비단장막 가까이에 앉아 천수경을 읊자 그처럼 날뛰던 원령들도 일단 잠잠해졌다. 그러자 법황이,

"제아무리 악한 원령이라도 이 노법사가 여기에 있는 동안은 가까이 오지 못할 것이다. 쓸데없이 훼방 놓을 생각 말고 당장 물러나거라."

라며 모두와 함께 수정 염주를 돌리자 순조롭게 황자가 태어났다.

혼잔미(本三位)인 추조 시게히라는 그때 아직 추구의 스케(亮차관)였는데, 그가 발 속에서 불쑥 나와,

"안산하셨습니다. 황자가 탄생하셨습니다."

라고 높다란 목소리로 알리자 모두 기뻐하는 소리가 문 밖까지 들렸으며 한동안은 술렁임이 잦아들지 않았다.

키요모리는 너무나도 기쁜 나머지 소리 내어 울었다. 시게모리는 서둘러 중궁의 거처로 들어가 금전 99문을 황자의 베개에 놓고,

"하늘을 아버지로 삼고 땅을 어머니로 삼으십시오 목숨은 방사 동방삭이 나이를 지키고, 마음에는 오오테라스 대신이 드시길 바랍니다."

라며 뽕나무 활로 쑥 화살을 천지사방에 쏘았다.

전 우다이쇼인 무네모리의 아내가 유모로 내정되어 있었으나 7월에 난산으로 세상을 떠났기에 헤이다이나곤 토키타다 경의 아내가 유모로 정해졌다. 훗날 사람들은 그녀를 소쓰노스케도노(帥典侍殿)라고 불렀다.

---

129) 二位殿. 키요모리의 아내이자 중궁의 어머니인 토키코.

출산 직후

법황은 곧 자신의 거처로 돌아갔다. 키요모리는 너무나도 기쁜 나머지 황금 1천 냥, 후지의 솜 2천 관을 법황에게 진상했다.

이 출산에 관해서는 재미있는 이야기가 여럿 전해진다. 예로부터 황후가 출산을 하면 어전의 용마루에서 시루를 굴리게 되어 있었다. 사내아이가 태어나면 남쪽으로 떨어뜨리고, 여자아이가 태어나면 북쪽으로 떨어뜨리는 것이 규칙이었다. 이때 북쪽으로 떨어뜨려 잘못 굴렸다며 다시 남쪽으로 떨어뜨렸는데 사람들은 불길한 일이라고들 말했다.

또한 온요130)의 카미인 아베 토키하루(阿部 時晴)가 천 번의 액풀이를 하여 커다란 누사131)를 가져왔는데, 그때 왼쪽 신발이 밟혀 벗겨졌기에 그것을 집으려다 관까지 떨어뜨리고 말았다. 너무 당황한 나머지 관이 떨어진 것도 모르고 진지한 얼굴로 화려하게 차려입은 자가 상투를 드러낸 채 나왔기에 자리에 있던 모든 남녀가 소리 내어 웃고 말았다.

---

130) 陰陽. 음양도에 관한 일을 맡아보던 부서.
131) 大幣(오오누사). 종이나 삼을 오려서 드리운 오리로, 신에게 기도할 때나 액풀이를 할 때 쓴다.

(48) 시게모리의 병사(病死)

지쇼 3년(1179) 여름 무렵, 쿄토 안에 거센 회오리바람이 불어 가옥이 쓰러지고 헤아릴 수 없을 정도로 많은 사람과 가축이 죽고 다쳤다.

이러한 모습에 두려움을 느낀 시게모리는 쿠마노곤겐으로 참배를 갔다. 본궁의 쇼조덴(証誠殿)에서 밤새도록 조용히,

"아버지 키요모리의 모습을 보건대 도에서 벗어난 행동을 하거나, 때로는 주상의 근심이 되는 행동을 합니다. 이 시게모리가 거듭 간(諫)하고 있기는 하나 불초한 탓에 뜻대로 되지 않습니다. 제 생각에는 이 세상에서의 명망을 버리고 내세의 극락왕생을 구하는 것이 가장 좋을 듯합니다. 나무곤겐, 금강동자, 바라옵건대 자손이 번창할 것 같으면 아버지 키요모리의 마음을 누그러뜨려 천하의 안전을 얻을 수 있게 해주시옵소서. 만약 영화가 이번 1대에 그쳐 자손이 쇠락할 것 같으면 시게모리의 목숨을 가져가시기 바랍니다. 두 가지 소망 가운데 어느 하나를 들어주시기 바랍니다."

라고 일심으로 기도했다. 그러자 시게모리의 몸에서 등롱의 불과 같은 것이 나와 슥 사라져버리고 말았다. 많은 사람들이 이것을 보았으나 두려움에 모두 입을 다물어버리고 말았다.

돌아가는 길에 키이노쿠니의 이와타가와(岩田川)를 지날 때 코레모리 이하 자제들이 더위를 참지 못하고 하얀 겉옷에 연보라색 속옷을 입은 채 강으로 들어가 놀았다. 겉옷이 젖어 속옷이 비쳤는데 그것이 상복처럼 보였기에 치쿠고의 카미 사다요시가 아이들을 보고,

회오리바람이 덮친 쿄토

"뭣들 하는 게냐. 옷이 불길한 색으로 보이지 않느냐. 얼른 갈아입도록
해라."

라고 나무라자 시게모리가,

"아아, 나의 소원이 벌써 이루어진 듯하구나. 고마운 일이로다. 옷은
따로 갈아입지 않아도 된다."

라고 기뻐하며 이와타가와에서 쿠마노로 특별히 누사(주131 참조)를 바쳤다.
사람들이 이상히 여겼으나 그 진의는 알 수 없었다.

쿄토로 돌아온 시게모리는 곧 병에 걸리고 말았다. 곤겐이 소망을
들어준 것이라 생각했기에 치료도 받지 않았으며, 물론 기도도 하지
않았다.

그 무렵, 중국의 송나라에서 명의가 와 있었기에 키요모리가 후쿠하라
에서 전 엣추노쿠니[132]의 코쿠시[133]인 모리토시를 사자로 보내 시게모
리에게,

---

132) 越中国. 지금의 토야마(富山) 현. 엣슈(越州). 상국.
133) 国司. 중앙(조정)에서 각 쿠니로 파견되어 정무를 보던 지방장관.

송나라 의원의 치료를 거부하는 시게모리

"병이 꽤 깊다고 들었다만 마침 송나라의 명의가 와 있으니 한번 진찰을 받아보는 건 어떻겠느냐?"

라고 묻게 했다. 시게모리는 부축을 받으며 일어나 앉은 뒤 모리토시를 불러,

"돌아가서 의원에 대해서는 감사하나 진찰을 받을 수는 없다고 전해주게. 그 이유는 자네도 잘 들어두게. 다이고(醍醐 885~930) 천황은 그처럼 현명한 왕이셨으나 이국의 관상쟁이를 도읍으로 들인 것은 현왕(賢王)의 과오, 일본의 수치라고 후세에서까지 말하고 있네. 하물며 시게모리 정도의 평범한 자가 송나라의 의원을 왕성으로 들인다면 그것은 일본의 커다란 수치 아니겠는가? 중국 한나라의 고조는 3척(90cm) 검을 들고 천하를 평정했으나, 회남의 경포를 칠 때 화살에 맞아 부상을 입었다네. 여황후가 명의를 맞아들여 진찰케 하려 했는데 의원은 '금 50근을 주시면 치료해드리겠습니다.'라고 말했다네. 고조는 '내가 기력이 강했을 때는 부상을 당해도 아픔을 느끼지 못했었네. 지금 아픈 것은 운이 이미 다했기 때문일세. 목숨은 하늘에 달린 것으로 어떤 명의라 할지라도

손을 쓸 수가 없는 것일세. 하지만 진찰을 받기만 했을 뿐 낫지 않으면 금이 아까울 것이라 생각하여 진찰을 받지 않았다고 여겨지는 것도 유쾌한 일은 아닐세.'라며 금 50근을 의원에게 주었으면서도 치료는 받지 않았다네. 이 이야기는 오래 전에 들었는데 옳은 말이라는 생각이 드네. 이 시게모리도 그처럼 의료를 행한들 무슨 소용이 있겠는가? 나을 거라면 의료를 행하지 않아도 나을 걸세. 또 만약 의술에 의해 회복된다 할지라도 우리나라의 의술이 부족하다는 소리를 듣게 되지 않겠는가? 설령 이 시게모리가 죽는다 할지라도 어찌 나라의 수치를 생각지 않을 수 있겠는가? 이 뜻을 전하게."

라고 말했다.

모리토시가 울며 울며 후쿠하라로 달려 돌아가 이러한 말을 고하자 키요모리는,

"나라의 수치를 생각한 대신은 예로부터 들은 적이 없다. 앞으로도 있을 것 같지는 않구나. 일본에 어울리지 않는 대신이니 이번에는 죽을 듯하다."

라며 서둘러 교토로 올라갔다.

7월 28일, 시게모리는 출가하여 법명을 조렌(淨蓮)이라고 했다. 8월 1일이 되자 임종정념(臨終正念)에 들어가 마침내 세상을 떠나고 말았다. 나이는 43세였다. 이제부터 전성기를 맞이할 나이였으니, 참으로 안타까운 일이었다.

(49) 쿠마노 참배와 쿠마노의 벳토

쿠마노 참배에 대한 이야기가 자주 나오니 여기서 잠시 이야기해두도록 하겠다.

쿠마노 참배란 본궁(本宮혼구), 신궁(新宮신구), 나치(那智)의 3개 신사에 참배하는 것을 말하는데 이를 쿠마노 3산 참배라고 한다.

본궁은 지금의 칸페이타이샤 쿠마노자진자(官幣大社 熊野座神社)로 모시는 신은 케쓰미코가미(家津御子神), 즉 스사노우노미코토(素盞嗚尊)다. 신궁은 지금의 칸페이타이샤 쿠마노하야타마진자(官幣大社 熊野早玉神社)로 이자나기노미코토(伊弉那諾尊)의 아들인 쿠마노후스미노카미(熊野夫須美神)를 모시고 있다. 나치는 지금의 칸페이추샤 쿠마노나치진자(官幣中社 熊野那智神社)로 모시는 신은 거의 같은 신이다.

예로부터 황실의 숭경이 워낙 두터웠으며 특히 헤이안 시대에는 그것이 눈에 띄었는데, 엔기(延喜) 7년(907)에 우타(宇多) 법황이 참배한 이후부터 카잔(花山) 법황, 시라카와, 토바, 스토쿠, 고시라카와 등 역대 상황이 참배를 했고 그 가운데서도 고시라카와 법황은 교통이 불편하고 험한 이 산길을 올라 십수 번이나 참배했다.

그에 따라서 쿠게(공경)와 무가의 참배도 많아졌으며, 그때마다 전원 및 그 외의 것들을 기진(寄進)했기에 벳토(신사의 장관)는 재정도 풍부하고 커다란 세력을 가지고 있어서 수많은 무리를 기르는 외에 신위(神威)의 선전에도 노력했다.

고시라카와 법황이 참배를 갈 때의 광경이 미야지 나오카즈(宮地

쿠마노곤겐으로의 행행

直一) 박사의 『신기사(神祇史_{신기사})』에 기술되어 있는데,

<쿠마노 참배는 히요시(日吉)나 카스가(春日) 참배와는 그 정취가 크게 달랐는데, 워낙 일수가 약 1개월쯤이나 걸리는 대장정이었기에 그 준비도 굉장한 것이었다. 게다가 보통의 참배와는 달리 엄중한 정진결제(精進潔済)가 행해졌다. 거기에 지나는 길도 험산난로(険山難路)가 이어져 있었기에 산천촌리를 지나 마침내 본궁에 도착하여 보전에 머리를 조아릴 때면 그 어떤 자라도 감격의 눈물을 흘리지 않을 수 없었으며, 이것이 신앙을 한층 더 굳은 것으로 만들어주었다. 고시라카와 법황은 신심이 누구보다도 두터워서 닌안 4년(1169)에 출가했음을 고하기 위해 참배했을 때는 정월의 차가운 하늘 아래 하룻밤을 본궁의 쇼조덴에서 새웠다고 전해지고 있다. 3산 참배는 결코 간단한 참배가 아니었다. 그것만 봐도 쿠마노에 대한 숭경은 심상한 것이 아니라는 사실을 알 수 있다.>

라고 적혀 있다.

고시라카와 법황이 창건한 쿄토 히가시야마의 쿠마노 신사는 그 건립 당시 경내에 까는 흙까지 쿠마노에서 가져왔다고 전해지고 있다. 예전에는 매우 훌륭한 신사였던 것이다.

참배를 위해 지나는 길을 살펴보면, 우선 쿄토에서 토바로 나가서 배에 올라 요도가와(강)를 타고 내려가다 셋쓰의 와타베(渡邊)에서 내린 뒤, 텐노지(天王寺)·스미요시(住吉)를 지나 이즈미노쿠니의 해안 길을 따라 고개를 넘어 키이노쿠니로 들어가고 아리타(有田), 히타카(日高)를 지나 타나베(田辺)에서 오른쪽으로 꺾어져 나카헨로(中遍路도로)의 미코시토우게(三越峠고개)를 넘어 본궁을 참배, 거기서 강을 따라 내려가 신궁을 참배, 다시 나치산(那智山)을 참배, 그런 다음 오오쿠모토리고에(大雲取越고개), 코쿠모토리코에(小雲取越고개)를 지나 본궁으로 되돌아온 뒤, 거기서부터는 왔던 길을 따라 쿄토로 돌아가는 것이 정해진 순서였다고 한다.

×   ×   ×

쿠마노의 벳토(장관)는 신관, 중도, 샤소(社僧), 신민(神民) 모두를 지배했으며, 거기에 널따란 장원을 가지고 있었기에 그 권세는 대단한 것이어서 개중에는 차마 눈뜨고 볼 수 없는 행동을 한 자조차 있었다.

역대 벳토 가운데서도 제15대인 초카이(長快)는 걸물이어서, 이 사람 때에 여러 가지 규칙이 정해졌다고 한다. 초카이라는 사람은 오슈로 유배를 갔던 후지와라노 아손 사네카타 추조(藤原 朝臣 実方 中将)의 아들로 오슈에서 태어났기에, 그런 연유로 훗날까지도 쿠마노와 오슈는 특별한 관계에 있었다. 사네카타 추조는 오슈에서 성적인 신을 모시고 있는 신사 앞을, 마을 사람들이 말리는 것도 듣지 않고 말을 탄 채로 지났기에 그에 대한 신벌로 말에서 떨어져 죽었다는 재미있는 전설을 가지고 있는 사람이다.

초카이의 손자인 타나베 벳토 탄조(田辺 別当 湛增)가 역시 걸물이었다는 사실은 『헤이케 이야기』와 『겐페이 성쇠기[134)]』에 드러나 있다. 한편, 쿠마노의 일당 가운데는 수군(해군)도 있었는데 이는 다른 곳에서는 찾아볼 수 없는 특색으로, 요시노 조정[135)]에서도 이들에게 크게 의지했었다. 그들은 먼 옛날부터 항해술, 조선술이 뛰어났기에 그 활약상이 역사상 각 시대에 걸쳐서 기록되어 있다.

---

134) 源平盛衰紀. 카마쿠라 시대에 완성된 군담으로, 미나모토 씨와 타이라 씨의 대립을 다룬 『헤이케 이야기』의 이본이다.
135) 吉野朝廷. 일본의 남북조 시대(1336~1392) 57년 동안에 걸쳐서 요시노에 있었던 남조.

(50) 무몬의 장검

시게모리는 신비에 둘러싸인 사람으로 앞날을 예지하는 능력도 있었던 듯하다.

어느 날 꿈에서 이즈노쿠니의 미시마 신사로 참배를 갔다. 다리를 건너 문으로 들어서자 오른쪽에 법사의 목을 잘라 금사슬로 커다란 나무에 묶어놓은 것이 있었다. 시게모리가,

'도읍에서 듣기로는 니쇼136) · 미시마(三島)라고 해서 부정한 것을 매우 꺼리기에 죽은 자에게 가까이 다가간 것만으로도 여러 날이 지나지 않으면 참배할 수 없다고 들었는데 참으로 기이하구나.'

라고 생각하며 본전 앞으로 가보니 사람들이 여럿 늘어서 있었다. 이에 나이 든 샤소인 듯한 자에게,

"문 앞에 걸어놓은 것은 누구의 목인가? 또한 이곳의 묘진은 죽은 자를 꺼리지 않는가?"

라고 묻자 승려가,

"그건 당대의 장군인 헤이케의 다이조 뉴도 키요모리라는 자의 목이오. 이 지방으로 유배를 온 효에의 스케 미나모토노 요리토모가 우리 신사로 와서 천일 밤을 새우며 기도했소. 그 기원을 들어주기 위해 비젠노쿠니의 키비쓰미야(吉備津宮)에게 명령하여 뉴도의 목을 벤 것이오."

라고 대답했다. 그리고 시게모리는 잠에서 깨어났다. 두렵기도 하고

---

136) 二所. 하코네곤겐과 이즈산곤겐을 아울러 이르는 말로 특히 카마쿠라 막부에서 깊이 숭경했다.

슬프기도 하여 온몸에서 땀이 줄줄 흘러내렸다. 불안한 마음으로 있자니 그때 로쿠하라에서 묵고 있던 세노오 타로 카네야스가 달려왔다.

'이 시간에 무슨 일일까? 이상하구나. 설마 나와 같은 꿈을 꾸었기에 놀라 이야기하러 온 것은 아니겠지?'

라고 생각하며 키요모리가,

"무슨 일인가?"

라고 묻자 카네야스가 공손하게 꿈에 대해서 이야기했다. 시게모리의 꿈과 완전히 같은 꿈이었다.

"그건 망상에 지나지 않을 걸세. 이번 꿈은 누구에게도 이야기해서는 안 되네."

라고 주의를 주었으나 마음속으로는,

'마침내 일문의 영화도 끝이로구나.'

라고 생각했다.

그 이튿날 아침, 적자인 코레모리가 원(상황의 거처)으로 들어가려고 나서는 것을 시게모리가 불러 세워,

"부모가 자기 아들을 칭찬하는 것도 우스운 일이다만, 너는 매우 영리하기는 하나 조금 더 정진 수양해야만 한다. 누구 있느냐? 코레모리에게 술을 내주어라."

라고 말했기에 치쿠고의 카미 사다요시가 술을 따르기 위해 들어왔다.

"이것을 코레모리에게 주고 싶다만 아비보다 먼저 마시지는 않을 테니……."

라며 시게모리가 세 잔을 마신 뒤 코레모리에게 술을 주었다. 코레모리도 세 잔을 받았을 때,

"그것을 코레모리에게 주게."

라고 말하자 사다요시가 붉은 비단 주머니에 든 장검을 가지고 왔다.

무몬의 장검을 건네주는 시게모리

코레모리가,

'이건 헤이케에 대대로 내려오는 코가라스(小鳥)라는 장검일 거야.'

라며 기쁜 마음으로 받고 보니, 코가라스가 아니라 대신의 장례식 때 쓰는 무몬(無紋)의 장검이라고 해서, 검은 옻칠을 한 민무늬 장검이었다.

뜻밖의 일에 마음이 상한 듯한 코레모리를 보고 시게모리가 눈물을 흘리며,

"그것은 사다요시가 잘못 건네준 게 아니다. 대신의 장례식에 참석할 때 차는, 무몬이라는 장검이다. 지금까지는 아버지 뉴도 나리께서 돌아가시면 내가 차고 참석할 생각이었으나, 아버지보다 내가 먼저 세상을 떠날 테니 이제는 이것을 네게 주는 것이다."

라고 말했기에 코레모리는 슬픔에 아무런 대답도 하지 못한 채 숙소로 돌아가 그날은 원에도 들어가지 않고 하루 종일 눈물을 흘렸다.

그 후, 시게모리는 쿠마노로 참배를 갔으며, 병에 걸려 곧 세상을 떠나고 말았다.

(51) 등롱 대신

시게모리는 신앙심이 깊어서 신사와 불각에 자주 참배를 갔다. 그 덕분인지 선조들 가운데서는 예를 찾아볼 수 없었던 대신에 대장이 되었으며, 승상의 지위에까지 오르게 되었다.

인생에서의 영화는 무엇 하나 빠지는 것이 없었으나 후생의 고통을 슬퍼하여 내세의 성취를 늘 빌었다. 그 가운데서도 세상 사람들이 고맙게 여긴 것으로는 등롱이 있다.

평소 사는 곳은 동쪽으로 12칸, 남쪽으로 12칸, 서쪽으로 12칸, 북쪽으로 12칸인 집을 세워 사방에 48개의 방을 만들고, 한쪽의 12개 방에 십이광불을 1체씩 세워놓았기에 사방에 48체의 십이광불이 앉아 있었다. 십이광불이란 무량광불, 무변광불, 무애광불, 무대광불, 염왕광불, 청정광불, 환희광불, 지혜광불, 부단광불, 난사광불, 무칭광불, 초일월광불 12개를 말한다.

그 방마다에 등롱을 밝혀놓았기에 48개의 등롱이 있었다. 그 등롱의 빛은 휘황하고 매우 아름다웠다.

위로는 20세부터 아래로는 16세까지의 마음씨 곱고 상냥한 여자 가운데서도 용모가 뛰어난 미인 48명을 골라 늘 등불 하나에 한 사람씩 붙여서 기름을 붓기도 하고 심지를 돋우게도 했다. 나이가 20세가 넘으면 새로이 어린 사람과 교체를 하게 되어 있었다.

저녁이 되어 해가 저물면 48명은 아름다운 차림으로 좋은 향을 피워 저녁의 예찬을 마친 뒤, 염불을 외우며 48개 방을 돌았다.

등롱대신

그 예찬, 염불이 끝나면 여자들은 6명씩 조를 짜서 북과 자바라를 울리고 이마요우타[137)를 부르며 다시 그 48개 방을 돌았다.

그 노래는,

<마음의 어둠 깊은 곳을 등롱의 불로 비추어라. 미다(彌陀)의 맹세를 의지하는 몸에 비추지 않는 곳 없으리라.>

라는 것이었는데 그 외에는 단 한마디도 하지 않고 이 노래만 거듭 부르게 했으며, 시게모리는 중앙의 대에 앉아 이를 가만히 들었다. 그야말로 극락정토와도 같은 모습이었다.

이때부터 사람들은 시게모리를 등롱 대신이라고 부르게 되었다.

시게모리는 또한 일본의 불사에 돈을 썼을 뿐만 아니라 이국의 부처에게도 기진했다. 오슈를 다스리고 있을 때 기센군(気仙郡)에서 금 1,300냥을 바쳐왔는데 그것을 중국으로 가져가게 한 적이 있었다.

묘전(妙典)이라는 중국인이 큐슈에 있었는데 그를 불러 우선 금 100냥

137) 今様歌. 주로 7 · 5조 4구로 이루어진 새로운 양식의 가요.

을 준 뒤,

　"이 1,200냥의 금을 중국으로 가져가게. 그 가운데 200냥은 육왕산(育王山)의 중도들에게 나누어주고, 나머지 천 냥은 황제께 헌상하여 육왕산에 당을 건립하고 공미소(供米所)를 기진하여 시게모리의 명복을 빌어달라고 말씀드려주게."

라고 말하고, 노송나무와 목재 등을 실은 배도 1척 함께 보냈다고 한다. 목재와 사금을 받은 묘전이 별 어려움 없이 중국으로 건너가, 200냥은 승려들에게 나누어주고 천 냥은 황제에게 헌상하며 그 상세한 이야기를 들려주자 황제도 크게 감탄하여,

　"조그만 물건이라도 받으면 그냥 있을 수 없는 법일세. 하물며 이처럼 많은 금을 받았으니."

라며 노송나무로 훌륭한 당을 짓고 500정(15만 평)에 이르는 공미전(供米田)을 육왕산에 기부했다.

　이렇게 해서 육왕산의 승려들은, 처음에는 무사식재를 기원했으며 시게모리가 죽었다는 소식을 들은 뒤부터는,

　'대일본 무주 태수 평중성 신좌(大日本 武州 太守 平重盛 神座).'

라고 과거장에 적고 명복을 빌었다.

　시게모리는 무슨 일이나 깊이 생각한 뒤에 행했는데 평소,

　"시게모리는 평생 커다란 실수는 저지르지 않았다. 하지만 쓰네토시(経俊)를 잃은 것만은 천려일실이었다."

라고 곧잘 말하곤 했다. 이번에는 그 일에 대해서 이야기하겠다.

(52) 누노히키 폭포로 들어간 쓰네토시

어느 날, 코마쓰 나이다이진 시게모리가 셋쓰노쿠니의 누노히키(布引) 폭포를 구경하러 간 적이 있었다. 여름에도 한기가 느껴진다고 하는 누노히키 폭포는 경치가 매우 뛰어나고 바위에서 떨어지는 폭포수가 우렁차며 새파란 용소가 맑아서 보기만 해도 시원함이 느껴질 정도였다.

시게모리가 가신들에게,

"용소는 대체 얼마나 깊은지 궁금하구나. 우리 가운데 헤엄을 잘 치는 자 없는가?"

라고 말하자 비젠노쿠니 사람인 난바 로쿠로 쓰네토시가 앞으로 나서며,

"제가 한번 보고 오겠습니다."

라고 말했다. 그럼 다녀오라고 하자 쓰네토시는 남색 들보에 비젠에서 만든 2자 8치(84㎝)짜리 칼을 옆구리에 끼고 머리를 푼 뒤 물 속으로 들어갔다.

4, 5길(15m)쯤 들어갔다 싶었을 무렵, 으리으리한 집의 용마루 위에 발이 닿았다. 허리부터 위는 물이었으나 그 아래로는 물이 없었다. 이상한 일이라고 생각하며 얼른 처마 쪽으로 내려서고 보니 물은 저 멀리로 물러나 있었다.

"이게 대체 어떻게 된 일이지?"

라고 기분 나쁘게 여겨졌으나 마음을 가라앉히고 자세히 봐야겠다며 처마 끝에서 정원으로 뛰어내렸다.

동서남북을 둘러보니 사계절의 아름다운 풍경이 펼쳐져 있었다. 동쪽

은 봄에 해당되었는데 사방의 산에 안개가 걸쳐 있고 종다리가 처마 근처의 매화나무에 앉아 지저귀고 있었으며 연못가에는 푸른 버드나무가 가지를 늘어뜨리고 있었고 소나무에는 등나무 꽃이 매달려 있어서 봄의 정취로 가득했다. 남쪽은 여름에 해당되었는데 바닥에 시원하게 물을 뿌려놓았고 물가에는 제비붓꽃과 장미가 아름답게 피어 있었다. 담장 아래에는 병나무꽃이 피었고 하늘 높이 두견이가 울며 날아갔으며 탱자나무꽃 향기로운 주변에는 반딧불이가 날아다니고 있었다. 서쪽은 가을 풍경으로 싸리와 여랑화와 억새꽃이 아침이슬에 젖어 어지러이 피어 있었다. 정원의 하얀 국화와 창가의 단풍도 아름다웠으며 사슴 소리와 벌레 소리도 끊임없이 들려왔다. 북쪽은 겨울의 풍경이었는데 메마른 들판이었다. 눈에 덮여 길조차 보이지 않았다.

정원에는 금은의 모래를 깔아놓았고, 연못에는 유리로 무지개다리를 걸어놓았으며, 도랑에는 호박으로 조그만 다리를 만들어놓았고, 마노석을 세우고 산호로 주춧돌을 놓고 진주를 수북히 쌓아 사방을 장식해놓았다.

사방을 둘러본 쓰네토시가,

"정말 아름다운 곳이로군. 우라시마타로138)가 갔던 곳이 이런 곳이었을까?"

라며 서 있었으나 누구 하나 나오는 사람이 없었다.

한동안 분위기를 살피며 서 있었는데 멀리서 베틀 짜는 소리가 들려오기에 칼을 움켜쥐고 소리를 따라서 안으로 들어가보니 서른 살쯤 된 여자가 아무것도 모르는 척 베를 짜고 있었다.

쓰네토시가,

---

138) 浦島太郎. 거북의 도움을 받아 용궁에 가서 호화롭게 지내다 집으로 돌아와보니 이미 오랜 세월이 흘러버렸다는 일본의 옛날이야기 속 주인공.

"여기는 어디입니까? 어떤 분의 집입니까?"

라고 묻자 여자는,

"여기는 누노히키 폭포의 용소 아래에 있는 용궁성이오. 무엇을 하러 이런 곳에 온 것이오?"

라고 화난 목소리로 말했다.

두려움을 느낀 쓰네토시가 집의 지붕으로 훌쩍 뛰어올라 용마루 위에 서자 허리 위로 다시 물이 차올랐다. 있는 힘껏 발을 굴러 물 속을 지나 마침내 용소 위로 떠올랐다. 시게모리 이하 사람들이 눈이 빠져라 기다리고 있다가,

"어떤가? 어땠는가?"

라고 묻자 쓰네토시는 지금 막 보고 온 것들을 생생하게 들려주었다.

이야기가 채 끝나기도 전에 폭포 위로 검은 구름이 드리우더니 천둥이 치고 장대비가 주룩주룩 내리기 시작했다. 번개가 심해서 눈을 뜰 수 없을 정도였다.

쓰네토시는 갑옷을 입고 칼을 뽑아든 뒤 시게모리에게,

"저는 용궁을 보고 온 죄로 번개에 맞아 죽을 듯싶습니다. 제 가까이에 계시면 변을 당하실지도 모르니 조금 떨어진 곳에서 사태를 지켜보시기 바랍니다."

라고 말했다. 이에 2정(㎞)쯤 떨어진 곳에서 바라보았는데 검은 구름이 쓰네토시를 감싸더니 천둥소리도 아닌 끔찍한 소리가 2번쯤 울린 뒤 그쳤다. 그리고 하늘은 곧 맑아졌다.

시게모리가 가신들과 함께 다가가서 바라보니 쓰네토시는 갈가리 찢긴 채 엎드려 죽어 있었다. 칼에는 피가 묻어 있었고 그 앞에 고양이의 다리 같은 것이 잘려 떨어져 있었다.

시게모리는 이 일에 대해서 늘,

타이라노 시게모리

　"난바 로쿠로 쓰네토시는 그처럼 강용한 자였는데 내 생각이 짧아서
죽게 한 것은 평생의 실수일세."
라고 말했다.
　이와 매우 흡사한 이야기가 앞선 시대에도 등장하나 잘못 전해진
것이 아닐까 한다.

(53) 호인 문답

지쇼 3년(1179) 11월 7일 술시(19시~21시)에 커다란 지진이 일어났다. 지난 7월 7일에도 쇼군즈카[139]가 크게 울리며 흔들린 일이 있었는데 또 대지진이 일어났기에 사람들은 불안한 가슴을 가라앉히지 못하고 서로 수군거렸다.

온요의 카미인 아베 야스치카(安倍 泰親)가 급히 입궐하여,

"점괘에 의하면 이번 지진은 매우 중대한 일입니다. 세상의 최후, 참으로 화급한 상황입니다."

라고 울며 고했다. 법황은 물론 궐 안의 사람들 모두 놀랐으나, 설마 그럴 리 없다며 크게 신경 쓰지 않았다. 젊은 고관들은,

"저 꼴사나운 야스치카의 우는 얼굴을 좀 봐. 대체 무슨 일이 벌어졌다고 저 난리를 피우는 건지."

라며 한심하다는 듯 웃었다.

고시라카와 법황이,

"천재지변은 언제나 있는 법일세. 이번의 지진만을 두고 특히 수선을 떠는 것은 어떤 이유에서인가? 이유가 있는가?"

라고 물었다. 야스치카가,

"삼귀경(三貴経) 가운데 하나인 금귀경(金貴経)에 기록되어 있습니다. 밤, 술시의 지진은 연(年)을 얻으면 연(年)을 벗어나지 못하고, 월(月)

---

139) 将軍塚. 칸무 천황이 쿄토 부근으로 천도하며 철갑을 입히고 궁시를 들린 8척짜리 토우를 묻었다고 하는 무덤. (70)장 참조.

을 얻으면 월을 벗어나지 못하고, 일(日)을 얻으면 일을 벗어나지 못하며, 얻지 못하면 시(時)뿐이라고 기록되어 있습니다. 이 가운데 일을 얻으면 일을 벗어나지 못한다고 되어 있으니 늦어도 7일, 빠르면 3일이나 5일 안에 커다란 변고가 일어날 것입니다. 법황께서는 먼 여행길에 오르시게 될 것이며, 신하들도 쿄토 밖으로 벗어나게 될 것입니다. 만약 이 말에 한 치라도 거짓이 있다면 주상 앞에서 대대로 내려오는 책을 불태우고 투옥이든 유배든 그 어떤 칙명에라도 따르겠습니다."

라고 울며 숨기지 않고 말했기에 궁에서도 기도를 시작했다.

그러나 7일에 지진이 일어난 지 7일이 지나 13일이 되어서도 아무런 변도 일어나지 않았기에 공경들이 서로 상의하여,

"야스치카가 어전에서 허풍을 떨어 주상을 근심케 한 것은 발칙한 일이다. 늦어도 7일 안에 커다란 변고가 있을 것이라 했던 점괘가 맞지 않았으니 당장 토사의 벌판으로 유배를 보내자."

라고 당장 쫓아내기로 정했다.

×

한편 14일이 되자 다이조 뉴도 키요모리가 수천 기의 군병을 이끌고 후쿠하라에서 공격해올 것이라는 소문이 퍼졌기에 쿄토 안의 상하귀천 모두가 동서로 허둥대며 뛰어다니는 일대 소동이 벌어졌다.

"조정에 원한을 품은 거야."

"공경 및 텐조비토가 유배를 가게 될 거야."

라고 저마다 한마디씩 떠들어댔다.

당시의 칸파쿠였던 후지와라노 모토후사가 원으로 은밀히 들어가,

"키요모리 뉴도가 쿄토로 들어오는 것은 이 모토후사를 벌하기 위해서

라고 은밀하게 전해온 자가 있었습니다. 지난 카오 2년(1170)에 길에서 코마쓰의 스케모리가 탄 수레와 마주친 적이 있었는데 그때의 일로 뉴도가 노하여 목숨을 잃을 뻔했으나 시게모리의 간언으로 목숨을 건진 적이 있었습니다. 이제는 시게모리가 세상에 없기에 누구의 눈치도 보지 않고 묵은 원한을 풀려는 것인 듯합니다. 어전에 드는 것도 이번이 마지막이 될 듯합니다."

라고 눈물을 흘리며 말했다. 법황도,

"아니, 그것만이 아닐 걸세. 짐도 안온하지는 못할 걸세."

라며 눈물을 줄줄 흘렸다.

'뉴도 쇼코쿠(키요모리)가 조정에 원한을 품고 있다.'는 소문이 돌았기에 법황은 크게 놀라 15일에 고 쇼나곤 신제이의 아들인 조켄 호인을 사자로 삼아 뉴도 쇼코쿠의 집으로 보내,

"최근 조정도 조용하지 못하고 인심도 차분하지 못하여 세상이 어수선한 것을 한탄하고 있었는데 마침 키요모리 뉴도께서 계셔서 만사를 전부 맡겼건만 천하를 진정시키지 않고, 오히려 짐에게 원한을 품었다는 말이 들리는 것은 어떤 이유에서요?"

라고 묻게 했다.

호인이 법황의 말을 받들어 니시하치조의 저택으로 갔으나 키요모리는 만나주려 하지 않았다. 아침부터 밤까지 기다렸으나 만나주지 않았기에 겐타이후노호간 스에사다를 통해 말을 전하고 돌아오려 한 순간 토모모리가 나와서,

"법황의 말씀 전해들었습니다. 조카이(키요모리)는 노쇠하여 만사에 어둡기에 법황을 모실 수 없습니다. 그 외에 특별히 다른 이유는 없습니다."

라고 대답했다. 호인은,

'세상의 소문대로구나. 아아, 무시무시한 일이다.'

조켄과 면담하는 키요모리

라고 생각하며 겁을 먹은 채 안에서 나왔는데 중문쯤 왔을 때 불러 세우는 사람이 있었다. 호인은 자신도 42명의 죄인 가운데 한 명으로 들어 있다는 소리를 들었기에 신다이나곤처럼 되는 것이 아닐까 걱정하며 중문의 회랑까지 되돌아갔다.

키요모리가 화난 모습으로 나왔다.

"호인, 조카이의 말에 잘못된 곳이 있는지 잘 들어보시오. 우선 시게모리가 세상을 떠난 일은 우리 집안의 운명을 좌우할 정도로 슬픈 일이라 여기고 있소. 호겐 이후로는 역란(逆乱)이 끊이지 않아 주군께서도 마음 편히 지내시지 못하셨는데, 나는 단지 대략적인 일만 처리해왔을 뿐이오. 시게모리야말로 여러 가지로 고심하고 손을 써왔으며 때로는 천자의 노여움까지도 달래주었소. 게다가 불시에 일어나는 커다란 일, 조석의 정무 등 시게모리만큼의 충신은 쉽게 찾아볼 수 없을 것이오. 예전의 일을 돌아보건대 아키요리(顯頼) 민부 경이 세상을 떠나셨을 때, 돌아가신 상황께서는 슬픔에 잠기시어 야와타(八幡)로의 행행을 뒤로 미루셨소. 대대로 천황께서는 신하의 죽음을 전부 탄식하셨소. 그런데 시게모리의

49재 때 야와타로 행행하시기까지 하셨소. 탄식의 빛은 조금도 찾아볼 수 없었소. 설령 시게모리의 충성은 잊으셨다 할지라도 어찌해서 뉴도의 슬픔을 측은히 여기지 않으신 겐지. 설령 뉴도의 슬픔은 측은히 여기지 않으셨다 할지라도 어찌해서 시게모리의 충성을 잊으신 겐지. 임금의 마음을 얻지 못했으니 부자 모두 체면을 잃고 말았소. 이것이 하나. 다음으로 에치젠노쿠니[140]를 자자손손까지 내리시겠다는 약속이셨는데, 시게모리가 죽자마자 바로 거두어들이신 것은 어떠한 과실에 의해서인지? 이것이 하나. 다음으로 신다이나곤 나리치카 경 이하의 근신들이 시시가타니에 모여 모반을 꾸몄을 때 법황께서도 행행하려 하셨소. 게다가 이 키요모리는 나이가 일흔이 넘어 여생도 얼마 남지 않았건만 걸핏하면 멸하려 계획을 세우고 계시오. 나이 들어 자식을 앞세운 것은 고목이 가지를 잃은 것이나 다를 바 없는 일이오. 나이 들어 앞날이 얼마 남지 않은 지금에 와서 우물쭈물해봐야 무슨 소용이 있겠소. 이제는 뭐가 어찌 되든 상관없다 생각하고 있소."

라고 화를 내기도 하고 눈물을 흘리기도 하며 말했기에 호인 역시 두려움을 느끼기도 하고 딱하게 여기기도 하며 땀을 흠뻑 흘렸다.

키요모리가 한 말에 대해서는 어떠한 자라 할지라도 한마디 대답조차 하기 어려운 부분이 있었다. 게다가 자신도 근신으로 시시가타니에서의 회합을 보기도 하고 듣기도 했기에 그들과 뜻을 같이한 자라 여겨져 당장 붙들리는 것이 아닐까 싶기도 했으나, 호인 역시 야무진 사람이었기에,

"수시로 힘을 써주신 노고, 누가 뭐라고 해도 결코 가볍지가 않습니다. 이처럼 원망스러워하시는 것도 지당한 일이라 여겨집니다. 허나 관위를

---

140) 越前国. 지금의 후쿠이(福井) 현 북부 및 쓰루가(敦賀) 시. 엣슈(越州). 대국.

놓고 봐도 그렇고, 녹봉을 놓고 봐도 그렇고, 주상께서는 모든 면에 대해서 만족하고 계십니다. 바로 그렇기 때문에 공로에 대해서도 커다란 은상을 내리신 것입니다. 주상께서 모반을 꾀하셨다는 것은 전부 헛소문으로 모반을 꾀한 자들이 악의를 품고 그런 말을 퍼뜨린 것이라 여겨집니다. 소인배들의 험담을 무겁게 받아들여 조정의 은혜를 잊고 주상을 흔들려는 것은 참으로 커다란 과오라 하지 않을 수 없습니다. 아래에 있으면서 위를 거스르는 것은 신하의 예가 아니지 않습니까? 모쪼록 깊이 헤아려주시기 바랍니다."

라고 말한 뒤 자리에서 물러났다.

(54) 대신 이하의 유배

호인이 돌아와서 이러한 사실들을 고했으나 키요모리의 말은 이치에 합당한 것이었기에 따로 할 말이 있는 것도 아니었다.

이튿날인 16일, 키요모리는 평소부터 생각해왔던 일이었기에 칸파쿠를 비롯하여 다이조다이진 이하 고위고관 43명의 관직을 빼앗고 가두어 버렸다.

당시의 칸파쿠·다이조다이진이었던 모토후사는 다자이의 곤노소쓰[141]로 자리를 옮겼다가 쓰쿠시로 유배를 보내기로 했다. 사랑스러운 처자마저 남기고 정들었던 도읍을 떠나 멀리로 가야 했기에,

'이처럼 덧없는 세상에서 오래도록 살아봐야 무슨 보람이 있겠는가. 차라리 목숨을 끊는 편이 훨씬 나을 듯하다.'

라고 생각하여 식음을 전폐, 한때는 목숨까지 위태로웠으나 덧없는 세상에 대한 일은 전부 끊기로 하고 오오하라의 혼카쿠보(本覚坊) 상인을 불러, 요도의 후루카와(古川)라는 곳에서 출가했다. 나이는 35세였다. 키요모리 뉴도는, 출가한 자는 원래 정했던 땅으로는 유배를 보내지 않았기에 큐슈가 아니라 비젠노쿠니의 유도마리(湯泊)라는 곳으로 유배를 보냈다. 다이진이 유배를 가는 것은 매우 이례적인 일이었다.

아제치(按察使)의 다이나곤(大納言)인 스케카타(資賢)와 그의 아들인 사쇼쇼(左少将) 미치이에(通家), 손자인 우쇼쇼(右少将) 마사카타(雅

---

141) 太宰 権帥. 친왕이 다자이의 장관인 소쓰에 임명되었을 때 그 집무를 대리하던 자. 고관을 좌천하는 경우에 이 자리로 보내기도 했다.

유배 가는 대신

賢) 세 사람을 쿄토에서 추방하라고 하카세호간(博士判官) 나카하라 아키사다(中原 章貞)에게 명령했기에 옷타테케비이시(追立檢非違使)가 와서,

　"뭘 꾸물거리는 게냐, 서둘러라."

라며 내쫓았다. 두려운 나머지 아내에게조차 말을 건넬 사이도 없이 아들과 손자를 데리고 길을 떠났다. 지금까지는 잠깐 외출을 할 때도 말이네 소네 한바탕 소동을 벌이곤 했지만, 비천한 자들이 신는 짚신을 신고 길을 나섰기에 아내는 물론 하인들까지도 소리 내어 울부짖었다. 처음에는 탄바노쿠니의 무라쿠모(村雲)라는 곳에 있었으나, 후에 유배지가 바뀌어 시나노노쿠니142)의 벽지로 가게 되었다. 이 스케카타는 이마요우타(노래)의 명인으로 법황의 총신이었는데, 법황이 허물없이 무슨 일이든 상의했기에 특히 키요모리의 미움을 사게 된 것이었다.

　묘온인(妙音院) 다이조다이진 모로나가(師長)는 미카와노쿠니라고

---

142) 信濃国. 지금의 나가노(長野) 현 및 기후 현의 일부. 신슈(信州). 상국.

발표되었으나, 사실은 오와리노쿠니의 쿠니이도다(国井戸田)로 보내졌다. 이 다이진은 지난 호겐의 난 때 추나곤 추조로 20세였는데 아버지인 우지 아쿠사후(요리나가)의 죄에 연좌되어 형제 4명이 토사노쿠니로 유배를 갔었다. 형인 우다이쇼 카네나가(兼長), 동생인 사추조 타카나가(隆長), 노리나가(範長) 선사 세 사람은 유배지에서 숨을 거두고 말았다. 모로나가는 9년 뒤에 유배지에서 돌아와 다시 벼슬길에 올랐고, 점점 다이나곤의 자리에까지 오르게 되었다. 이는 관현악기를 잘 다루어 임금과 신하들이 중히 여겨 승진이 순조로웠기 때문이었다. 그런데 다시 유배를 가게 되었기에 사람들 모두 한탄했다.

16일 밤에 야마시나(山科)까지 나갔다가, 17일 이른 아침에 출발했다. 모로나가는 비파를 뜯기도 하고 시가를 읊기도 하며 세월을 보냈는데, 어느 날 아쓰타 신사로 참배를 갔다. 그날 밤, 신께 공양하기 위해 비파를 뜯으며 노래를 읊조렸는데, 그쪽 방면에는 무지한 마을사람들은 물론 잘하는 건지 못하는 건지도 몰랐으나 그래도 점점 열심히 뜯고 있자니 신도 감응한 것인지 본전이 흔들흔들 흔들렸다. 이에,

"여기로 유배를 오지 않았다면 이런 상서로운 일은 만나지 못했을 것이다."

라며 감격의 눈물을 흘렸다고 한다.

(55) 유키타카의 복관

전 칸파쿠인 모토후사의 사무라이 가운데 코다유호간(江太夫判官) 토오나리(遠成)라는 자가 있었다. 그도 헤이케에 대해서 불만을 품고 있었는데,

"로쿠하라로 잡혀갈 것이다."

라는 소문이 돌았기에 아들인 코자에몬노조(江左衛門尉) 이에나리(家成)를 데리고 남쪽을 향해 달아나다 후시미의 이나리야마(稲荷山)에 올라 말에서 내려,

"지금부터 칸토로 달아나 요리토모를 의지할까 생각하고 있었다만 그도 귀양살이를 하는 몸이니 썩 좋은 방법은 아닌 듯하다. 그 외에 일본의 어디를 가든 헤이케의 장원 아닌 곳이 없으니 도저히 몸을 숨길 수 있을 것 같지 않구나. 평소 살아오던 정든 집을 다른 사람들에게 보이는 것도 수치이니 다시 집으로 돌아가 로쿠하라에서 잡으러 오면 집에 불을 지르고 할복하기로 하자. 이것이 가장 분별 있는 행동인 듯하다."

라고 상의한 뒤, 다시 카와라자카에 있는 집으로 돌아갔다. 그러자 아니나 다를까 겐타이후노호간 스에사다, 셋쓰의 호간 모리즈미 등이 300여 기를 이끌고 카와라자카로 밀고 들어와서 함성을 내질렀다. 코다유노호간이 툇마루로 나가 버티고 서서 커다란 목소리로,

"여러분들, 로쿠하라에 이 모습을 상세히 전하도록 하시오."

라고 말한 뒤 집에 불을 지르고 부자가 함께 배를 가른 채 불길 속으로

뛰어들었다.

지난 해에 사누키인(讚岐院)에게 추호를 올려 스토쿠 천황이라고 했으며, 우지 아쿠사후(요리나가)에게 관위를 더했으나 세상은 아직 잠잠해 지지 않았다.

그 무렵 고 나카야마(中山) 추나곤 아키토키(顯時)의 장남으로 전 사쇼벤(左少瓣) 유키타카(行隆)라는 자가 있었다. 니조인(二条院) 시절 에는 벤칸(瓣官)이 되어 위세가 좋았으나 지난 10여 년 동안은 관직에도 머물지 못해 평소의 생활에조차 어려움을 겪고 있었다. 이슬 같은 목숨을 간신히 연명하고 있을 때 키요모리가 보낸 사자가 와서,

"잠깐 와주셨으면 하오. 할 말이 있으니."

라고 전했기에 유키타카는,

'지난 10여 년 동안은 관직도 얻지 못해 누구와도 교제를 하지 않았건만, 누군가가 참언을 하여 죽이려 하는 모양이군.'

하며 깜짝 놀랐다. 아내를 비롯하여 일동 모두 소리 내어 울며 슬퍼했다. 그러는 동안에도 키요모리로부터 빨리 오라는 전갈이 거듭 있었기에,

"좋은 일인지, 나쁜 일인지 가보면 알겠지."

라며 수레를 빌려 니시하치조로 갔다. 그런데 뜻밖에도 키요모리가 직접 나와 그를 보고,

"그대의 아버지와는 무슨 일이든 상의를 했었소. 그런 사람의 아들이니 그대를 결코 타인이라고는 생각지 않았소. 요즘 재야에 계신 것을 보고 딱하게 되었다고는 생각하고 있었으나 법황께서 정무를 쥐고 계셨기에 달리 방법이 없었소. 지금부터는 일을 하도록 하시오. 관직에 대해서도 차차 생각을 하도록 하겠소."

라고 말했기에 유키타카는 꿈이 아닐까 기뻐하며 서둘러 집으로 돌아갔다.

그 후 겐타이후노호간 스에사다에게, 장원의 소유권 등을 가져다주게 했고,

"여러 가지로 불편하시지요."

라며 금 100냥과 옷감 100필과 쌀을 듬뿍 가져다주게 했다. 또한 궁에 들 때 필요한 준비를 하라며 하인은 물론 수레까지 보내주었기에 꿈이 아닐까 기뻐했다. 17일에 5위인 지추(寺中)에 임명되었으며 예전처럼 사쇼벤의 자리에 올랐다.

(56) 어전을 옮긴 고시라카와 법황

지쇼 3년(1179) 11월 20일.

"호주지도노(법황의 거처) 사방을 군병들이 감싸고, 헤이지의 난 때 노부요리가 산조도노에 화공을 가한 것처럼 어소에 불을 질러 사람들을 모두 태워죽일 것이다."

라는 말이 들려왔기에 여관들을 비롯하여 모든 사람들이 놀라 달아나버리고 말았다.

전 우다이쇼 무네모리가 수레를 끌고 와서,

"자, 얼른 오르시기 바랍니다."

라고 말했기에 고시라카와 법황이 깜짝 놀라,

"나리치카나 슌칸처럼 먼 지방이나 섬으로 데려가려는 것일 테지만, 책망을 들을 이유는 어디에도 없지 않은가? 타카쿠라 천황이 아직 나이 어려 정무에 의견을 더하고 있는 것일 뿐일세. 그것도 마음에 들지 않는다면 앞으로는 의견을 내지 않겠네."

라고 말했다. 무네모리가 눈물을 줄줄 흘리며,

"어찌 그런 일이 있을 수 있겠습니까. 세상을 진정시키는 동안 잠시 토바의 키타도노로 모시라는 아버지의 명령이 있었습니다."

라고 대답하자,

"그렇다면 그대가 함께 가주기 바라네."

라고 말했으나 무네모리는 아버지 키요모리를 두려워하여 수레와 함께 가지는 않았다.

그러자 법황은 시게모리가 떠올랐기에,

"형인 나이다이진과는 너무나도 다르구나. 전에도 이와 같은 일이 있었으나 시게모리가 간언하여 오늘날까지 안심하고 있었다만, 지금은 간언을 하는 자가 없으니 앞날이 근심스럽구나."

라고 말하고 눈물을 흘리며 수레에 올랐다. 공경이나 텐조비토 가운데 뒤를 따르는 자는 아무도 없었으며, 호쿠멘의 하인과 콘교(金行)라는 리키샤[143]만이 함께 길을 떠났을 뿐이었다. 수레 뒤에는 비구니 한 명이 타고 있었다. 이 비구니는 법황의 유모인 키이노니이(신제이의 아내)였다.

슈자쿠오오지(도로)를 남쪽으로 향해 내려가자 모든 사람들이 눈물을 흘렸고 비천한 남녀에 이르기까지,

"아아, 법황께서 유배를 가시는구나."

라며 슬피 한탄하지 않는 자가 없었다.

한편 토바도노로 들어간 이후에는 단 한 사람도 섬기는 자가 없었으나 어떻게 숨어들어온 것인지 다이젠타이후(大膳大夫) 노부나리가 홀로 어전으로 들어왔다. 이에 가까이로 불러,

"짐은 목욕을 하고 싶구나. 물을 좀 준비해주게."

라고 말했기에 노부나리는 안 그래도 오늘 아침부터 놀라기만 했는데 한층 더 기가 막혀서 물을 데워 가지고 왔다.

또한 조켄 호인이 니시하치조로 가서,

"어젯밤에 법황께서 토바도노로 가셨는데 곁에 아무도 없다는 말을 듣고 너무나도 송구스러운 일 아닐까 싶었습니다. 저 혼자만이라도 허락을 얻어 곁에 머물고 싶습니다."

라고 청하자 키요모리가,

---

143) 力者. 머리를 깎고 원, 공가, 무가 등에서 주로 힘쓰는 일을 하던 자.

"스님은 허물이 없는 사람이니 얼른 가도록 하시오."

라고 허락했기에 호인은 뛸 듯이 기뻐하며 토바도노로 달려갔다.

그때 마침 법황은 불경을 읽고 있었는데 그 목소리가 참으로 섬뜩하게 들렸다. 호인이 가만히 다가가서 보니 읽고 있는 경전 위로 눈물이 뚝뚝 떨어져내리고 있었다. 호인은 너무나도 커다란 슬픔에 한동안 승복의 소매로 얼굴을 가리고 울음을 참지 못했다.

법황 곁에는 키이노니이가 한 사람 있을 뿐이었는데 호인을 보고,

"오오, 호인께서 오셨습니까? 잘 오셨습니다. 법황께서는 어제 아침에 호주지도노에서 수라를 드신 이후 어젯밤에도, 오늘 아침에도 무엇 하나 드시지 않았으며, 긴 밤을 한 숨도 주무시지 못했기에 매우 지쳐 계신 듯합니다."

라고 말하자 호인이 눈물을 삼키며,

"무슨 일에나 끝이라는 것이 있는 법입니다. 헤이케가 세상을 취한 지 20여 년, 악행에 대한 벌로 곧 멸망하고 말 것입니다. 텐쇼다이진(天照

大神아마테라스오오미카미), 쇼하치만구(正八幡宮)께서 어찌 전하를 지켜주지 않으시겠습니까? 틀림없이 지켜주시어 정치는 전하의 시대가 될 것이며, 흉도들은 물거품처럼 사라져버리고 말 것입니다."

라고 말했기에 법황도 조금은 마음의 위로를 얻었다.

칸파쿠는 유배를 떠나고 여러 신하들도 처벌을 받아 타카쿠라 천황은 근심에 잠겨 있었는데, 이번에는 법황이 토바도노로 옮겨갔다는 말을 들었기에 실의에 빠진 나머지 평소에도 침소에서 나오려 하지 않았다.

21일, 텐다이자스인 카쿠카이 법친왕이 사퇴했기에 전 자스인 메이운 대승정이 다시 그 자리에 올랐다.

만사를 자신의 뜻대로 처리한 키요모리는, 중궁은 자신의 딸이고 칸파쿠는 사위(모토미치)였기에 마음이 놓인 것인지 후쿠하라로 돌아갔다.

(57) 타카쿠라 상황, 이쓰쿠시마로 가다

지쇼 4년(1180) 정월 1일, 키요모리가 허락하지 않았을 뿐만 아니라 법황 자신도 눈치를 보았기에 토바도노에는 아무도 찾아오는 사람이 없었다. 그런데 그러한 가운데서도 고 쇼나곤 뉴도 신제이의 아들인 사쿠라초(桜町)의 추나곤 시게노리(重教)와 그의 동생인 사쿄144)의 다이부(大夫장관) 나가노리(脩範)만은 허락을 얻어 법황을 찾아왔다.

20일에 동궁(키요모리의 외손자)을 위한 축하의식이 열렸으나 법황은 토바도노에서 다른 집안의 일인 것처럼 그 소식만 전해들었을 뿐이었다.

2월 21일에 동궁이 황위에 올랐다. 그가 바로 안토쿠 천황이다. 겨우 3세의 나이로 황위에 오른 것이었다.

동궁이 황위에 오르자 키요모리 부부를 외조부, 외조모로서 준산고145)에 임하겠다는 선지가 있었고 넨칸(年官)·넨샤쿠(年爵)146)를 내렸기에 위세가 더욱 높아졌다.

3월 상순에 타카쿠라 상황이 아키의 이쓰쿠시마로 갈 것이라는 이야기가 나돌았다. 제왕이 위를 물려주고 참배를 갈 때면 오토코야마의 하치만이나 카스가로 가는 것이 선례였는데 멀리 아키노쿠니까지 가려 하다니 어떻게 된 일이냐며 모두가 이상히 여겼다.

어떤 사람은,

---

144) 左京. 쿄토의 서부를 다스리던 부서.
145) 准三后. 황족·대신 및 공로가 있는 공경을 우대하기 위해 마련한 칭호.
146) 넨칸, 넨샤쿠 모두 명목상의 관리와 서임자를 두어 그들에게 연봉을 준다는 명목으로 실질적으로는 황족들의 소득을 보장해준 제도.

법황의 쓸쓸한 겨울

"시라카와인은 쿠마노로 행행하셨고, 고시라카와인은 히에 신사로 가셨었습니다. 그러니 딱히 정해진 것이 아니라 뜻에 따라서 정하시는 것입니다. 이번의 행행은 마음속에 깊이 원하시는 바가 있고, 거기에 헤이케에서 이쓰쿠시마를 깊이 숭경하고 있기에 표면적으로는 헤이케와 같은 마음임을 내보여, 사실은 고시라카와 법황을 토바인에서 구하고자 하는 마음을 담은 것입니다."

라고 말했다.

히에이잔(엔라쿠지)의 다이슈들이 화를 내며,

"주상께서 퇴위하신 뒤 각 사원으로 행행을 시작하실 때면 야와타, 카모, 카스가에 처음 가시거나, 그러한 곳이 아니라면 우리 산의 산노로 오시는 것이 선례인데 멀리 아키노쿠니까지 행행하신다니, 이는 어떤 이유에서인가? 그렇다면 신위를 모신 가마(미코시)를 메고 내려가서 행행치 못하도록 하세."

라고 말했기에 이쓰쿠시마로의 출발이 잠시 뒤로 미루어졌으나, 키요모리가 여러 가지로 설득하여 산문의 무리들을 진정시켰다.

법황을 찾아간 상황

　17일에 이쓰쿠시마로 출발한 상황은, 뉴도 쇼코쿠 키요모리의 아내 니이도노의 저택인 하치조오오미야로 들어갔다. 그날 밤부터 이쓰쿠시마에 대한 제사가 시작되었다. 칸파쿠 모토미치(基道)가 당의 수레와 말을 바쳤다.

　18일에 키요모리의 저택으로 들어갔다. 그날 저녁에 무네모리를 불러,

　"내일 이쓰쿠시마로 가는 길에 토바도노에 들러 법황을 뵙고 싶네만, 키요모리에게 미리 말해두는 편이 좋겠는가?"

라고 묻자 무네모리가,

　"어찌 그럴 필요가 있겠습니까?"

라고 대답했기에,

　"그렇다면 그대가 오늘 밤에 토바도노로 가서 그 뜻을 좀 전해주게."

라고 말했다. 이에 서둘러 토바도노로 가서 그 사실을 전하자 법황은 꿈이 아닐까 여길 정도로 기뻐했다.

　19일에 토바도노로 가기 위해 니시하치조를 밤에 나섰다. 때는 3월 중순으로 어슴푸레한 달빛 속 사방의 산이 안개에 잠겨 있었으며, 북쪽으

로 돌아가는 기러기 소리가 끊임없이 들려왔다. 길을 함께 한 공경으로는 토추나곤 이에나리의 아들인 소쓰노다이나곤 타카스에(隆季), 전 우마의 스케 모리쿠니의 아들인 고조다이나곤 쿠니쓰나, 산조 나이다이진 키미노리(公教)의 아들인 토다이나곤 사네쿠니, 전 우다이쇼 무네모리 등 5명이 있었으며, 거기에 텐조비토 3명, 호쿠멘 4명 등 총 12명이 상황을 수행했다.

토바도노의 문 앞에 도착하자 상황은 수레에서 내렸다. 정원에 풀이 무성하고 사람이 적은 것을 보고 눈물을 글썽였다.

서로 얼굴을 마주한 법황과 상황은 한동안 한마디 말도 못한 채 그저 눈물만 흘렸는데 마침내 법황이 눈물을 훔치며,

"어떠한 숙원이 있어서 멀리 이쓰쿠시마까지 가는 것이냐?"

라고 묻자 상황은,

"간절히 기원할 일이 있어서."

라고만 대답하고 눈물을 흘렸다.

이야기가 너무 길어지면 언제 끝날지 알 수 없는 일이었기에 아쉬움을 뒤로 한 채 울며 울며 다시 길을 나섰다.

상황은 그해에 20세가 되었는데 이마에 드러난 높은 기상은 이 세상 사람의 것이 아닌 듯, 신성하게 느껴질 정도였다.

26일에 이쓰쿠시마에 도착.

사흘을 머물며 법회, 무악 등을 행했다. 마지막 날, 도사 코겐(公顕) 승정이 높다란 좌에 올라 종을 울리며,

"구중궁궐에서 나오시어 바닷길을 헤치시고 멀리 이곳까지 오신 뜻, 참으로 황공하옵니다."

라고 높다랗게 말했기에 군신 모두 감격의 눈물을 흘렸다.

본사를 시작으로 말사들을 둘러보았다.

이쓰쿠시마로 가는 타카쿠라 상황

칸누시(神主)인 사이키 카게히로(佐伯 景弘), 그곳의 코쿠시인 아리쓰네(有経), 신사의 자스인 손에이(尊叡)가 각각 상으로 관직을 받았다. 신도 감동하고 키요모리의 마음도 누그러졌으리라 여겨진다.

지쇼 4년(1180) 4월 7일에 상황은 이쓰쿠시마를 떠났으며 돌아오는 길에 키요모리가 있는 후쿠하라에 들렀다. 그리고 상을 내려 사쇼조 스케모리를 종4위상으로, 탄바의 카미 키요쿠니(清邦키요모리의 양자)를 정5위하로 승진시켰다.

8일에 후쿠하라를 출발하여 9일에 쿄토로 돌아왔다.

(58) 타카쿠라노미야 모치히토 왕

22일에 안토쿠 천황이 즉위했다. 그날의 성대한 모습을 종이 10장쯤에 자세히 적어 쿠로우도 사다나가(定長)가 키요모리에게 바쳤기에 키요모리도 그의 아내도 매우 기뻐했다.

이처럼 세상에서는 경하할 일들이 계속되었으나, 사실은 그처럼 경하할 일들만 있었던 것은 아니었다.

그 무렵, 고시라카와 법황의 셋째 아들인 모치히토(以仁) 왕이 산조의 타카쿠라에서 살고 있었다. 그랬기에 사람들은 그를 타카쿠라노미야(高倉宮)라고 불렀다.

모치히토 왕의 어머니는 카가 다이나곤 스에나리(加賀 大納言 季成)의 딸이다. 모치히토 왕은 에이만 원년(1165)에 15세의 나이로 관례식을 치렀는데 켄슌몬인(建春門院)의 시기로 간힌 몸이 되어 세월을 보내게 되었다. 명석하고 글솜씨도 좋았다. 이렇게 해서 지쇼 4년(1180)에는 30세가 되어 있었다.

그 무렵, 코노에가와라(近衛河原)에 있던 겐잔미 뉴도 요리마사가 어느 날 밤 은밀하게 타카쿠라노미야를 찾아가서,

"전하께서는 텐쇼다이진 이후 48세의 정통이시며, 진무 천황[147] 이후 78대에 해당하시니 태자가 되시고 위에도 오르셨어야 할 몸이신데 서른 살이 되도록 왕으로 계시니 안타깝다고는 여기시지 않으십니까? 헤이케

---

147) 神武天皇. 일본 1대 천황으로 전설상의 인물.

를 멸망시키시어 언제까지고 토바도노에 갇혀 계신 법황의 노여움도
풀어주시고, 전하께서 지존의 자리에 오르시기 바랍니다. 그것이 가장
커다란 효도인 줄로 압니다. 만약 그러한 계획을 세우시어 명령을 내리신
다면 각지의 겐지가 기꺼이 달려올 것입니다."
라고 말하고, 다시 말을 이어,

　"우선 쿄토에는 데와의 코쿠시였던 미쓰노부(光信)의 아들인 이가의
카미 미쓰모토(光基)와 데와의 호간 미쓰나가(光長)가 있으며, 데와의
쿠로우도 미쓰시게(光茂), 데와의 칸자 미쓰요시(光義)가 있고, 쿠마노에
는 고 로쿠조호간 타메요시의 막내아들인 주로 요시모리(十郎 義盛)라는
자가 숨어 있습니다. 셋쓰노쿠니에는 타다 쿠로우도 유키쓰나라는 자가
있지만 그는 신다이나곤 나리치카 경의 모반 때 일단 찬성을 했다가
배신을 한 믿을 수 없는 자이기에 숫자에는 넣을 수 없으나 그의 동생인
타다 지로 토모자네(多田 次郎 朝実), 테시마칸자(手島冠者) 타카요리(隆
頼), 타다 타로 요리모토(太田 太郎 頼基) 등이 있습니다. 카와치노쿠

니148)에는 무사시149)의 곤노카미(権守) 요시모토(義基), 그의 아들인 호간다이(判官代) 요시카네(義包)가 있으며, 야마토노쿠니에는 우노 시치로 치카하루(宇野 七郎 親治)의 아들들인 타로 아리하루(太郎 有治), 지로 키요하루(次郎 清治), 사부로 시게하루(三郎 成治), 시로 요시하루(四郎 義治)가 있습니다. 오우미노쿠니에는 카시와기칸자(柏木冠者) 요시야스(義康)의 차남인 키소칸자(木曾冠者) 요시나카(義仲)가 있고, 이즈노쿠니에는 유배자인 전 우효에의 스케 요리토모가 있습니다. 무쓰노쿠니에는 고 사마의 카미 요시토모의 막내아들인 쿠로칸자 요시쓰네(九郎冠者 義経)가 있는데, 이들은 모두 로쿠손 왕의 후예들입니다. 처음에는 겐페이라고 불릴 정도로 우열을 가리기 힘들었으나 지금은 하늘과 땅만큼이나 차이가 벌어져 겐지는 헤이케의 가신처럼 되어버렸습니다. 세상의 형세를 가만히 살피건대 겉으로는 헤이케에 복종하고 있지만 모두가 마음속으로는 헤이케를 시샘하고 있습니다. 전하께서 만약 뜻을 세우시어 영지를 내리신다면 각지의 겐지들이 밤을 낮 삼아 달려올 것입니다. 그때는 저도 젊은이들을 데리고 가담하도록 하겠습니다."

라고 고했다.

모치히토 왕도 어찌할까 생각에 잠겼으나 언젠가 관상을 잘 보기로 유명한 쇼나곤 코레나가가,

"지존이 되실 상이십니다."

라고 한 말이 떠올랐기에 마침내는 헤이케를 멸망시키겠다는 계획을 품게 되었다.

이에 우선은 쿠마노 신궁의 주로 요시모리(十郎 義盛)를 불러 쿠로우도

---

148) 河内国. 지금의 오오사카 동부. 카슈(河州). 대국.

149) 武蔵. 지금의 토쿄(東京) 도 및 사이타마(埼玉) 현과 카나가와(神奈川) 현의 일부. 무사시노쿠니, 부슈(武州). 대국.

신궁을 공격하는 탄조

로 삼고 이름을 유키이에(行家)라고 바꾸게 했으며, 영지를 주어 칸토로 내려가게 했다.

유키이에는 4월 28일에 쿄토를 출발하여 오우미노쿠니부터 미노·오와리에 있는 겐지들을 차례로 만나고 5월 10일에 이즈 호조의 히루가 코지마(蛭ヶ小島)로 들어가서 요리토모에게 영지를 전달했다. 그런 다음 시다(志田)의 사부로 센조 요시히로(三郎 先生 義広)에게도 전했으며, 키소 요시나카에게도 전하기 위해 나카센도[150)로 향했다.

×

한편 쿠마노의 벳토인 타나베 탄조는 대대로 헤이케의 은혜를 입어온 자였는데 어떻게 알아낸 것인지,

'신궁의 주로 요시모리가 타카쿠라노미야의 영지를 받들어 각지를

---

150) 中仙道(中山道). 쿄토에서 중부의 산악지대를 거쳐 토쿄(에도)로 이어진 길.

돌아다니고 있다. 나치와 신궁에 속한 자들은 틀림없이 겐지의 편에 설 것이다. 나는 지금까지 헤이케의 은혜를 헤아릴 수 없을 정도로 받아왔으니 헤이케를 배신할 수는 없다. 우선은 일전을 치르고 난 뒤 도읍으로 들어가 변고를 알리도록 하자.'

라고 생각했다. 이에 1천여 명의 병사들을 이끌고 신궁으로 밀고 들어갔다. 신궁에서도 1천 5백여 명이 기다리고 있다가 그에 맞서 싸웠는데 사흘 동안 이어진 전투에서 탄조는 수많은 가신을 잃어 울며 울며 본궁으로 되돌아갔다.

고시라카와 법황은 먼 지방이나 섬으로 가게 되는 것이 아닐까 근심했으나, 그렇게까지는 되지 않았으며 토바도노에서 지쇼 4년(1180)을 맞이했다.

5월 12일의 정오 무렵, 토바도노에서 족제비들이 무리지어 돌아다니며 소란을 피웠다. 점을 쳐봐야겠다고 생각한 법황이 나카카네(仲兼)를 불러,

"이것을 들고 아베 야스치카에게로 가서 깊이 생각게 힌 뒤에 답서를 받아가지고 오게."

라고 말했다.

나카카네가 그것을 들고 아베 야스치카에게로 갔다. 법황의 뜻을 전하자 야스치카는 곧 서장을 펼쳐보았다. 나카카네가 그에 대한 답서를 가지고 토바도노로 돌아왔는데 문으로 들어서려 한 순간, 그곳을 지키는 무사들이 그를 가로막았다. 내부 구조를 잘 알고 있던 나카카네는 담을 넘고 마루 밑으로 기어들어가서 야스치카의 답서를 법황에게 바쳤다.

법황이 살펴보니,

<사흘 안의 기쁨과 탄식.>

이라고 적혀 있었다.

이튿날인 13일, 무네모리가 키요모리에게 법황의 일에 대해서 여러 가지로 탄원했기에 키요모리도 마음을 바꾸어 법황을 토바도노에서 하치조의 카라스마루(烏丸)에 있는 어소로 돌아가게 했다. 이것이 '사흘

소란을 피우는 족제비

안의 기쁨'에 해당하는 일이었다.

그러한 때에 쿠마노의 벳토인 탄조가 사람을 보내서 타카쿠라노미야
의 모반을 알려왔기에 무네모리가 깜짝 놀라 키요모리에게 그 사실을
고하자 키요모리는 화를 내며,

"그렇다면 타카쿠라노미야를 잡아다 토사의 밭으로 보내버려라."
라고 말했다. 그리고 다이나곤 사네후사(実房), 토노벤 미쓰마사(頭辨
光雅)를 비롯하여 무사로는 미나모토노 카네쓰나, 데와의 미쓰나가 등
300여 명에게 갑옷을 입혀 왕의 어소로 향하게 했다. 미나모토노 카네쓰
나는 겐잔미 뉴도 요리마사의 둘째 아들이었다. 그가 병력에 포함된
이유는 타카쿠라노미야의 모반이 요리마사의 권고에 따른 것이라는
사실을 헤이케에서 아직 몰랐기 때문이었다.

한편 모치히토 왕이 5월 15일의 달을 구름 사이로 바라보고 있을
때 요리마사가 보낸 사자가 글을 들고 급히 달려왔다. 유모의 아들인
로쿠조노스케 무네노부(六条亮 宗信)가 그것을 들고 어전으로 가서
펼쳐보니,

여장을 하고 몸을 피하는 모치히토 왕

"전하의 모반이 발각되었기에 토사의 밭으로 보내기 위해 당장이라도
관인들이 들이닥칠 것입니다. 서둘러 어소에서 나오시어 미이데라(절)로
숨으시기 바랍니다. 저도 곧 그리로 향하겠습니다."

라고 적혀 있었다.

　모치히토 왕이,

　'어찌하면 좋단 말인가?'

라고 생각하고 있을 때 궁의 사무라이인 하세베 노부쓰라(長谷部 信連)라
는 자가 와서,

　"달리 좋은 방법도 없을 듯합니다. 여장을 하시고 빠져나가신다면
눈을 피할 수 있을 것입니다."

라고 말했기에,

　"그거 좋은 생각일세."

라며 머리를 풀어 여자처럼 꾸미고 여성용 삿갓을 썼다. 무네노부가
우산을 들고 함께 길을 나섰으며 카메와카(龜若)라는 어린아이에게

물건을 넣은 자루를 들고 따르게 하였기에 마치 젊은 부부와 시동이
길을 가는 모습 같았다.

(60) 하세베 노부쓰라

효에의 조(삼등관) 하세베 노부쓰라를 어소에 남겨 그곳을 지키게 했다.

어소에는 시녀들이 몇몇 있었는데 그녀들을 곳곳에 숨게 했으며, 적의

눈에 띄면 좋지 않을 물건들을 정리하기 위해 한 바퀴 둘러보고 있자니

모치히토 왕이 아끼는 '코에다(小枝)'라는 피리가 평소 묵던 침소의

베개 옆에 놓여 있는 것이 눈에 띄었기에 곧 5정(550m)쯤 뒤쫓아가서,

"전하께서 아끼시는 피리를 건네드리러 왔습니다."

라고 말하자 크게 기뻐하며,

"내가 죽으면 이 피리를 관에 넣어주게."

라고 말했다. 그리고,

"이대로 함께 가세."

라고 말했으나 노부쓰라는,

"이제 곧 관인들이 전하를 모시기 위해서 어소로 올 터인데, 거기에

아무도 없다는 건 참으로 분한 일입니다. 게다가 어소에 노부쓰라가

있다는 것은 누구나 알고 있는 사실입니다. 오늘 밤 그곳을 지키지

않는다면 노부쓰라도 달아났다는 말을 들을 것이 뻔합니다. 무인은

명예를 중히 여깁니다. 저는 어소로 돌아가 잠시 관인들을 상대로 싸워

일각을 무너뜨린 뒤 곧 따라가도록 하겠습니다."

라고 대답하고 홀로 되돌아갔다.

그날 밤 노부쓰라의 차림새는 연파랑 평상복 안에 연두색 가벼운

갑옷을 입고 장검을 차고 있었다. 그리고 산조 쪽의 대문과 타카쿠라

관인과 맞서 싸우는 노부쓰라

쪽의 작은 문을 전부 열어놓은 채 기다리고 있었다.

밤 12시 무렵, 생각했던 대로 미나모토노 카네쓰나, 데와의 호간 미쓰나가 등이 300여 기를 데리고 몰려왔다. 카네쓰나는 요리마사의 아들로 사정을 잘 알고 있었기에 문 밖에서 대기하고 있었다.

데와의 호간 미쓰나가가 말에 탄 채 문 안으로 들어가 정원에 버티고 서서 커다란 목소리로,

"전하의 모반이 발각되어 토사의 밭으로 모시기 위해 관인들이 벳토 센151)을 들고 이렇게 찾아왔습니다. 속히 나오시기 바랍니다."

라고 말했다. 노부쓰라가 대청마루에 서서,

"지금은 부재 중이시오. 어딘가로 가셨소. 무슨 일이신지 상세히 말해 보시오."

라고 말했기에 미쓰나가가,

"어찌 이 어소 밖으로 나가셨단 말이오? 얘들아, 안을 찾아보아라."

---

151) 別当宣. 케비이시의 벳토가 내준 공문서. 칙명에 버금가는 것으로 여겨졌다.

라고 명령했다.

노부쓰라가 성난 목소리로,

"참으로 이치도 모르는 관인이로군. 말에 오른 채 문 안으로 들어온 것만 해도 무례하기 짝이 없는 짓이거늘, 그것도 모자라 부하들에게 수색을 명령하다니. 효에의 조 하세베 노부쓰라가 여기에 있다. 함부로 들어오면 큰 코 다칠 줄 알아라."

라고 외쳤다. 이에 노부쓰라를 향해 한꺼번에 달려들었다.

5월 15일 밤의 달이 구름 사이로 나와 주위가 밝기는 했으나 적은 내부 구조를 잘 몰랐고, 노부쓰라는 구조를 잘 알고 있었기에 이쪽의 회랑으로 쫓아가서 베고, 저쪽의 막다른 곳으로 몰고 가서 베는 등 열네다섯 명을 순식간에 쓰러뜨렸다.

하지만 장검의 끝이 3치(9㎝) 정도 부러졌기에 그것은 내던지고 할복을 하기 위해 단도를 빼들려 했으나 언제 떨어뜨린 것인지 손에 잡히지 않았다. 하는 수 없이 타카쿠라 쪽의 작은 문으로 달아나려 했으나 왜장도를 든 무사 한 명과 맞닥뜨리게 되었다. 노부쓰라는 적이 휘두른 왜장도 위로 뛰어오르려 했으나 잘못해서 허벅지를 찔렸고 마음만은 거칠게 날뛰었으나 적의 숫자에 밀려 사로잡히고 말았다.

그 이후 어소 안을 구석구석 뒤져보았으나 왕은 보이지 않았기에 노부쓰라만을 묶어서 로쿠하라로 데리고 갔다. 앞마당으로 끌어내 무네모리가,

"너는 선지를 받고 온 자라 밝힌 사람들을 어찌 벤 것이냐? 수많은 관인을 베었으니 자세히 문초한 뒤 카모가와라로 끌어내어 목을 치도록 하겠다."

라고 말했다.

노부쓰라는 강용하기로 이름 높은 자였기에 껄껄 웃으며,

신문을 받는 노부쓰라

"요즘 들어 매일 밤 어소를 엿보는 자가 있었으나 별일 아닐 것이라 대수롭지 않게 여겨 주의를 기울이지 않았는데 한밤중에 갑옷을 입은 자 300명쯤이 밀고 들어왔습니다. '웬 놈들이냐?'라고 물었더니, '선지를 받고 온 사람이다.'라고 대답했으나 최근에는 각 지방의 절도·강도들이 '선지를 받고 온 사람이다.'라며 악행을 저지른다는 말을 들은 적이 있기에 베었습니다. 검만 부러지지 않았다면 한 놈도 남김없이 베었을 텐데, 사로잡힌 것이 안타까울 따름입니다. 전하께서는 어디로 가셨는지 알지 못합니다. 설령 알고 있다 할지라도 사무라이로서 말하지 않겠다고 한 번 말을 꺼냈으니 아무리 시달린다 할지라도 말을 할 수는 없습니다."
라고 말한 뒤부터는 아무런 대답도 하지 않았다.

이 훌륭한 태도에 모두가 감탄했으며 키요모리도 감탄하여,

"목은 붙여두고 유배를 보내게."
라고 말했으며, 결국은 호우키152)의 히노(日野)로 유배를 보냈다.

---

152) 伯耆. 지금의 톳토리(鳥取) 현 중부와 서부. 호우키노쿠니, 하쿠슈(伯州). 상국.

(61) 이즈의 카미 나카쓰나의 말

이튿날인 16일,

"타카쿠라노미야께서 모반을 일으키시려다가 미이데라(절)로 달아나셨다."

는 소문이 쿄토 전체에 넘쳐나 커다란 소동이 벌어졌다.

오랜 세월 만족스러운 생활을 해오던 겐잔미 뉴도 요리마사가 그 나이에 어째서 모반을 일으켰는가 하면, 무네모리가 모욕을 주었기 때문이었다.

요리마사의 적자인 이즈의 카미 나카쓰나(仲綱)에게는 쿄토 내에서도 이름이 높은 명마가 있었다. 적갈색 털에 아름답고 날래게 보여 어디 한 군데 흠잡을 데 없는 준마로 이름은 '코노시타(木の下)'였다.

그 명마에 대한 소문을 들은 무네모리가 어떻게 해서든 자신의 손에 넣고 싶었기에 나카쓰나에게 사람을 보내,

"코노시타라는 명마를 한번 보여주셨으면 합니다."

라고 말하게 했다. 나카쓰나는 이 명마를 놓치고 싶지 않았기에,

"그런 말을 데리고 있기는 했으나 너무 혹사해서 몸이 약해졌기에 요양을 위해 시골로 보내고 지금은 없습니다."

라고 대답했다.

무네모리는,

"그렇다면 하는 수 없군."

이라며 그대로 내버려두었으나 헤이케의 사무라이들이,

"아아, 그 말이라면 어제 보았습니다. 오늘 아침에도 정원에서 타고 있었습니다."

라고 저마다 말했기에 무네모리는 화가 나서,

"그렇다면 나카쓰나가 말을 아끼느라 거짓말을 한 게로구나. 그냥 내버려둘 수 없는 짓이다. 끌고 와라."

라며 몇 번이고 사무라이들을 보내서 말을 데려오라고 재촉했다.

이 이야기를 들은 요리마사가 나카쓰나에게,

"설령 금으로 만든 말이라 할지라도 그 정도로 청해오면 언제까지고 아끼고 있을 수만은 없는 법이다. 그 말을 얼른 로쿠하라로 보내는 것이 좋을 듯하다."

라고 말했기에 하는 수 없이 시 한 수를 덧붙여 로쿠하라로 보냈다.

<그렇게 보고 싶으면 와서 보면 될 것을 나의 그림자와도 같은 이 말을 어찌 떼어놓을 수 있겠는가>

무네모리는 그 시에 대한 대답 따위는 하지도 않고,

"아아, 정말 훌륭한 말이로다. 말은 참으로 좋은 말이다만 이것을 숨기려 한 짓이 얄미우니 주인의 이름을 낙인찍도록 하라."

라고 말하여 '나카쓰나'라는 낙인을 찍게 한 뒤 마구간에 넣었다. 손님들이 와서,

"이름 높은 말을 보고 싶소."

라고 말하면 무네모리는,

"그 나카쓰나 놈에 안장을 얹어 끌어내어라. 말에 올라 채찍을 휘둘러라."

라는 등의 말을 했다.

이러한 이야기를 전해들은 나카쓰나가,

"아끼던 말을 권세에 밀려 빼앗긴 것조차 애석한 일이거늘, 거기에

천하의 웃음거리로 삼다니 참으로 분하구나."

라고 화를 내자 요리마사도,

"어쩔 수 없을 것이라 우리를 우습게보고 그처럼 무시하는 듯한 행동을 하는 모양이구나. 이처럼 무시를 당한다면 살아 있다 한들 무슨 보람이 있겠느냐. 좋은 기회를 엿보기로 하자."

라고 화를 냈는데, 이것이 원인이 되어 타카쿠라노미야에게 모반을 권한 것이라고 한다.

이번 일에 있어서도 천하 사람들은 시게모리를 떠올렸다. 어느 날 시게모리가 궁궐에 들어갔다가 내친 김에 중궁도 만나볼 참으로 발걸음을 옮겼는데, 커다란 뱀이 시게모리가 입은 바지의 왼쪽 다리를 타고 오르는 것을 보고,

'내가 경솔히 행동하면 여관들이 소란을 피워 중궁도 놀라리라.'

라고 생각하여 왼쪽 손으로 꼬리를 잡고 오른손으로 머리를 잡아 상의의 소매 속에 넣은 뒤 조금도 소란을 피우지 않고 가만히 멈춰 서서,

"로쿠이(六位)는 어디에 있느냐?"

라고 불렀다.

그때 이즈의 카미 나카쓰나는 아직 에후의 쿠로우도였는데 그가,

"나카쓰나가 여기에 있습니다."

라고 이름을 밝히며 다가가자 시게모리는 나카쓰나에게 그 뱀을 건네주었다. 그것을 받아들고 궁궐의 작은 뜰로 나가 궁중의 하인을 불러서,

"이것을 가져가 버리게."

라고 말하자 모두가 달아나버렸기에 하는 수 없이 자신의 로도인 키오우(競)를 불러 그것을 건네주고 버리게 했다.

그 이튿날 시게모리가,

<어제 보여준 행동은 참으로 훌륭했네. 이는 타고 다니기에 부족함이

없는 말일세. 그대가 쓰도록 하게.>

라는 글과 함께 좋은 말에 안장을 얹어 나카쓰나에게 보내왔다. 이처럼 시게모리는 다정했던 반면, 무네모리는 하찮은 짓을 하며 그것을 즐거워 했다.

(62) 와타나베 키오우

16일에 겐잔미 요리마사는 적자인 이즈의 카미 나카쓰나와 차남인 겐타이후노호간 카네쓰나와 로쿠조노쿠로우도 나카이에와 그 아들인 쿠로우도 타로 나카미쓰 이하 300여 기를 데리고 자신의 저택에 불을 지른 뒤 미이데라(절)에 있는 모치히토 왕에게로 갔다.

요리마사가 평소 아끼던 가신 가운데 궁의 경비를 맡고 있던 와타나베 겐잔 키오우(渡辺 源三 競)라는 자가 있었다.

미이데라로 함께 데려가야 했으나 급히 서두르느라 정신이 없었기에 집에 그냥 남겨둔 채로 간 것을 무네모리가 로쿠하라로 불러,

"너는 어째서 주인 요리마사를 따라가지 않고 남아 있는 것이냐?"
라고 묻자 키오우는,

"평소 만약의 사태가 벌어지면 가장 먼저 달려나가 주군을 위해 목숨을 바쳐 싸울 생각이었으나, 이번에는 어찌된 일인지 아무런 전갈도 없었기에 남아 있는 것입니다."
라고 대답했다. 이에 무네모리가,

"너는 예전에 헤이케를 섬긴 적도 있지 않았느냐. 앞날을 생각하여 우리 집안을 섬길 마음은 없느냐? 아니면 조정의 적이 되어버린 겐지를 따라가겠느냐? 네 속마음을 있는 그대로 말해보아라."
라고 말했다. 키오우가 눈물을 줄줄 흘리며,

"설령 대대로 섬겨오던 주군이라 할지라도 어찌 조정의 적이 된 자를 따를 수 있겠습니까? 오로지 헤이케를 섬기고 싶을 뿐입니다."

라고 대답했기에,

"그렇다면 헤이케를 섬기도록 하라. 요리마사가 해준 것 이상으로 대우를
해주겠다."

라고 무네모리는 기꺼이 받아주었으며 키오우는 하루 종일,

　"키오우는 어디에 있느냐?"

　"네, 여기에 있습니다."

　"키오우 있느냐?"

　"네, 대령했습니다."

라며 얌전하게 무네모리 곁에 머물렀다. 저녁이 되자 키오우가 무네모리
에게,

　"겐잔미 뉴도 요리마사는 미이데라로 들어갔다고 하니 아마도 야습을
가하시리라 여겨집니다. 적은 요리마사의 일족과 와타나베 일당[153],
그리고 미이데라의 승병들입니다. 별로 두려울 것도 없는 자들이나
쓸 만한 말을 가지고 있었는데 친한 자에게 도둑을 맞아 지금은 없으니
말을 한 마리 빌려주셨으면 합니다."

　"그도 그렇구나."

라며 매우 아끼던 난료(南鐐)라는 말에 좋은 안장을 얹어 키오우에게
내주었다. 자신의 집으로 돌아와,

　"아아, 얼른 해가 저물었으면 좋으련만. 미이데라로 달려가 뉴도 나리
를 위해 선봉에 서서 목숨을 바치고 싶구나."

라며 해가 저물기를 기다렸다.

　마침내 해가 저물었기에 처자를 은밀히 숨긴 뒤 미이데라를 향해
달려갔다. 국화모양의 술이 달린 알록달록한 옷 위에 집안 대대로 내려오

---

153) 渡辺党. 사가 지방의 겐지로 요리마사의 가신 중 주요한 전력이었다.

는 붉은색 갑옷을 입고 은색 투구를 쓰고 묵직하게 만든 칼을 차고
화살을 24개 꽂고 등나무로 감은 활을 들고 난료에 올라 갈아탈 말을
한 마리 끌고 하인에게 방패를 들게 하여 집을 불태운 뒤 출발했다.

무네모리가 급히 나와,

"키오우 있느냐?"

라고 부르자,

"없습니다."

라는 대답이 들려왔기에,

"아뿔싸, 한발 늦었구나. 나를 속이다니, 뒤쫓아서 베어버려라."

라고 명령했으나 모두가 키오우의 솜씨를 잘 알고 있었기에 누구 하나
달려나가는 자가 없었다.

"화살을 24개 꽂았으니 24명은 그 화살에 죽게 될 거야. 그냥 얌전히
있자."

라며 하나같이 몸을 숨기고 있었다.

한편 미이데라에서는 마침 와타나베 일당들이 모여 키오우에 대해서
이야기하고 있었다.

"무슨 수를 써서라도 그 키오우만은 데리고 왔어야 했는데……. 참으
로 안타깝게 됐구나."

라고 모두가 말했으나 요리마사만은 키오우의 마음을 잘 알고 있었기에,

"키오우는 그리 쉽게 잡히지 않을 게다. 이 요리마사를 진심으로
따랐으니 틀림없이 곧 이리로 올 것이다."

라고 말하고 있는 사이에 키오우가 방으로 불쑥 들어왔다.

"자, 보아라. 내가 뭐라고 했느냐."

라고 말했다.

키오우가 공손하게,

난료를 끌고 온 키오우

"이즈의 카미 나카쓰나 나리의 코노시타 대신 로쿠하라의 난료를 끌고 왔습니다."

라며 말을 바쳤다. 나카쓰나가 크게 기뻐하며 당장 꼬리와 갈기를 깎아내고 거기에 낙인을 찍어 그날 밤에 로쿠하라로 돌려보냈다.

한밤중에 로쿠하라의 문 안으로 몰아넣자 마구간으로 가서 다른 말과 서로 물어뜯었기에 커다란 소동이 벌어졌다. 하인들이 놀라,

"난료가 돌아왔습니다."

라고 외치기에 무네모리가 급히 달려나가 살펴보니,

"예전에는 난료, 지금은 타이라노 무네모리 뉴도."

라고 낙인이 찍혀 있었다.

"키오우 놈, 발칙하기 짝이 없구나. 목을 쳤어야 했는데 잠깐 마음을 놓은 사이에 속아버리고 말았다. 이번에 미이데라로 공격해 들어가는 자들은 키오우를 생포해오도록 하라. 톱으로 목을 썰어주겠다."

라고 무네모리는 발을 동동 구르며 화를 냈다.

(63) 몰려든 다이슈

미이데라(절)에서는 나발을 불고 징을 울려 다이슈를 모아놓고 회의에 들어갔다.

"요즘 세상을 돌아보건대 불법(仏法)의 쇠미, 왕법(王法)의 쇠미가 매우 극심한 듯하오. 이번에 뉴도 키요모리의 포악함을 벌하지 않는다면 다시는 그 기회를 얻지 못할 듯하오. 타카쿠라노미야가 이곳으로 오신 것은 쇼하치만구의 위호(衛護)이자, 신라다이묘진의 은혜라 생각하오. 우리 모두 이 영광을 위해서 한바탕 싸우기로 합시다."

라고 의견이 일치되었기에 히에이잔(엔랴쿠지)과 나라의 코후쿠지(절)에도 글을 보내기로 했다.

우선 히에이잔 엔랴쿠지로 보내는 글은,

<뉴도 조카이(키요모리)는 방자하게도 불법을 파멸시키고 왕법을 어지럽히려 하고 있소. 수탄(愁嘆)을 금치 못하고 있던 차에 이치인의 셋째 왕자께서 뜻밖의 난을 피하시기 위해 은밀히 우리 절로 들어오셨소. 조카이는 인젠(법황의 명령)이라며 왕자를 내어달라고 자꾸만 재촉하나, 우리로서는 내어드릴 수가 없소. 이러한 연유로 우리 절을 공격할 것이라는 소문이오. 우리 절의 파멸이 눈앞에 닥친 듯하오. 엔랴쿠지와 엔조지(円城寺미이데라)가 지금은 둘로 갈리었으나 원래는 한 몸이었소. 비유하자면 새의 좌우 날개와 같고 수레의 양쪽 바퀴와 같다고 할 수 있을 것이오. 지금까지의 묵은 원한은 전부 잊으시고, 모쪼록 와서 도와주시기 바라오.>

각 절에 조력을 구하는 미이데라

라는 것이었다.

엔랴쿠지에서는 이 글을 보고,

"우리 절의 말사 주제에 새의 좌우 날개와 같고 수레의 양쪽 바퀴와 같다니, 무례하기 짝이 없구나."

라고 화를 내며 대답조차 하지 않았다. 게다가 키요모리가 텐다이자스인 메이운 대승정에게,

"중도들을 진정시키기 바란다."

라고 말했기에 자스가 서둘러 산으로 올라가 중도들을 진정시켰다.

키요모리는 또, 오우미의 쌀 2만 섬과 홋코쿠[154]의 비단 1천 필을,

"기슭을 지났으니."

라며 기부했다. 이를 곳곳에 있는 자들에게 나누어주었는데 급하게 처리한 일이라 한 사람이 많이 받은 경우도 있고, 또 하나도 받지 못한 자도 있었다. 누가 쓴 것인지,

---

154) 北国. 지금의 토야마 · 이시카와 · 후쿠이 · 니이가타 지방.

<산의 법사 비단옷 얇아 수치스러운 마음 감출 수 없네>

라고 낙서를 했다. 또 비단을 받지 못한 다이슈는,

<비단 한 조각 받지 못한 우리도 수치를 당한 자에 드는구나>

라고 낙서를 했다.

한편, 나라(코후쿠지)로 보낸 글에 대한 답장에는,

<응원을 위해 조만간 출발하겠다.>

는 내용이 담겨 있었다.

미이데라에서는 크고 작은 해자를 파놓고 다이슈가 다시 모여 상의를 했다.

"엔랴쿠지는 우리 편에 서지 않았으며 나라에서도 아직 원군이 오지 않았소. 우물쭈물하고 있다가는 패할 것이오. 오늘 밤 로쿠하라로 밀고 들어가 야습을 감행합시다. 우선은 노소 2갈래로 나누어, 노승들이 뇨이 가타케에서 뒤편으로 들어가 시라카와의 어소에 불을 질러 타오르면 쿄토 로쿠하라의 무사들은 그쪽으로 달려갈 것이오. 그 틈에 정면으로 들어간 부대가 마쓰자카에서부터 이즈의 카미를 대장군으로 하여 로쿠하라로 밀고 들어가 바람이 불어오는 쪽에 불을 붙인다면 조카이 뉴도(키요모리)를 베는 일은 아무것도 아닐 것이오."

라고 대부분의 작전이 정해졌다.

이때 평소 헤이케로 기도를 위해 자주 불려갔던 신카이(真海) 아자리가 제자와, 같은 절의 승려들 수십 명을 데리고 상의하는 자리로 들어와서,

"이렇게 말씀드리면 헤이케를 편든다고 하실지 모르겠으나 결코 그런 것이 아닙니다. 여러분들의 의를 생각하고 저희 절의 이름을 아끼기에 드리는 말씀입니다. 예전에는 겐페이가 조정을 지키는 자로 좌우를 다툴 정도였으나, 요즘에는 겐지의 운이 기울고 헤이케가 세상을 취한 지 20여 년, 그 위세에 흔들리지 않는 초목이 없을 정도입니다. 로쿠하라의

야습 감행을 주장하는 케이슈

저택도 소수의 부대로는 도저히 공략할 수가 없습니다. 사람을 모으기 위한 계책을 조금 더 세우시어 훗날 대부대로 공략하는 것이 온당할 듯합니다."
라고 시간을 끌려는 사람처럼 장황하게 이야기했다.

그때 케이슈(慶秀) 아자리가 옷 속에 연두색 갑옷을 입고 커다란 칼을 앞쪽으로 차고 하얀 손잡이가 달린 왜장도를 지팡이 삼아 앞으로 나서며,

"우리 절을 세우신 텐무(天武631~686) 천황이 아직 동궁으로 계실 때, 오오토모(大友) 황자의 습격을 받으시어 요시노에서 나와 야마토노쿠니의 우타군을 지날 때는 그 숫자가 겨우 17기였으나, 이가・이세를 넘어 미노・오와리의 군병으로 오오토모 황자에게 승리를 거두시어 마침내는 위에 오르셨소. 소수라 할지라도 패한다고 정해진 것은 아니오. 다른 사람들은 어떨지 모르겠으나 이 케이슈만은 오늘 밤 로쿠하라로 들어가 목숨을 버릴 각오로 있소."
라고 말하자 엔만인(円満院)의 타이후(大輔)인 겐카쿠(源覚)도,

"우물쭈물하고 있다가는 날이 샐 것이오. 모두 서둘러 나아가시오."
라고 말했다.

(64) 피리, 세미오레

마침내 로쿠하라를 향해 출발하게 되었다. 후방을 공격하는 노승들의 대장군으로는 겐잔미 요리마사가 뽑혔으며 아자리 케이슈, 아자리 니치인(日胤) 등을 선봉으로 총 1천 명, 저마다 손에 횃불을 들고 뇨이가미네로 향했다.

정면을 공격하는 부대의 대장군은 이즈의 카미 나카쓰나였으며 거기에 차남인 카네쓰나, 나카이에, 나카미쓰가 가세했고 다이슈 가운데서도 용맹하기로 소문 난 자들이 가담해 하나같이 일당백의 용사들뿐이었다. 와타나베 일당 등을 포함하여 총 1천 5백여 명이 미이데라를 출발했다.

타카쿠라노미야가 절로 들어온 이후부터 해자를 파기도 하고 울타리를 두르기도 하고 목책을 세우기도 했기에, 해자에는 다리를 놓고 목책을 제거하며 나아가느라 시간이 점점 흘러 오우사카야마(逢坂山)를 지날 무렵에는 벌써 새벽닭이 울기 시작했다. 나카쓰나가,

"여기서 닭 울음소리를 들었으니 로쿠하라에 도착하면 정오 무렵이 될 것이오. 어찌하면 좋겠소?"

라고 말하자 엔만인의 타이후인 겐카쿠가 다시 앞으로 나서며,

"옛날 중국의 맹상군은 진나라 소왕의 부름을 받고 진나라로 갔다가 투옥되었는데 소왕의 후궁의 청으로 풀려나자 자신을 따르는 자들과 함께 달아나 곧 함곡관에 도착했습니다. 이 함곡관은 닭이 울기 전에는 문을 열지 않습니다. 그런데 함께 가던 자 가운데 전갑이라는 사람이 닭 우는 소리를 아주 잘 냈기에 높은 곳으로 올라가 닭 울음소리를

내자 함곡관 부근의 닭들이 모두 울기 시작했습니다. 이에 관문을 지키던 자가 그 소리를 듣고 문을 열어 그곳을 지날 수 있었다고 합니다. 이것도 적이 계략을 써서 닭을 울게 한 것입니다. 계속 앞으로 나아가야 합니다." 라고 말했다.

그러나 밤이 짧은 초여름이었기에 그러는 사이에 날이 희붐하게 밝아오기 시작했다.

나카쓰나는,

"야습을 가하면 못 이길 것도 없다고 생각했으나, 낮에 싸워서는 승산이 없다. 아쉽지만 돌아가기로 하자."

라고 말하고 마쓰자카에서 군대를 돌렸으며, 후방을 공격하려던 부대도 뇨이가미네에서 퇴각하고 말았다.

젊은 다이슈와 거친 승병들이,

"이는 신카이 아자리의 장황설 때문에 날이 샌 것이다. 그 중놈을 베어라."

라며 밀고 들어가 마구 날뛰었기에 그들을 막으려던 제자들 모두 목숨을 잃고 말았다. 부상을 입기는 했으나 간신히 목숨을 건진 신카이가 로쿠하라로 달아나 이러한 일들을 고했는데 로쿠하라에는 군병 5, 6만 기가 모여 있었으며 그러한 소식에도 조금도 동요하지 않았다.

한편 타카쿠라노미야는,

'히에이잔은 가세하지 않겠다고 하고 나라에서는 아직 오지 않았으니 이 절만으로는 버티기 어려우리라.'

라고 생각했기에 23일 새벽에 미이데라에서 나와 나라로 향했다.

이 미야(왕을 일컫는 말)는 중국의 대나무로 만든 피리인 세미오레(蟬折)와 사에다(小枝)를 가지고 있었다. 그 가운데서도 세미오레는, 토바인 시절에 송나라에서 살아 있는 매미(일본어로는 세미)처럼 생긴 마디가 달린 대나무

모치히토 왕

를 보내온 적이 있었다.

"이처럼 귀한 것을 어찌 함부로 다룰 수 있겠는가."

라며 미이데라의 카쿠소(覚宗)에게 명하여 단 위에 올려놓고 7일 동안 가지기도(加持祈禱)를 하게 한 뒤 만들게 한 피리였다. 어느 날 타카마쓰의 추나곤 사네히라(実平)가 와서 이 피리를 불었는데 세상의 평범한 피리와 다를 바 없는 것이라 여겨 무릎 아래에 놓았기에 피리가 노한 것인지 그때 매미 모양이 부러지고 말았다. 그때부터 세미오레(부러진 매미라는 뜻)라고 부르게 되었다.

타카쿠라미야는 피리를 잘 불었기에 그가 세미오레를 물려받았던 것이리라. 그런데 이번 생의 최후를 예감한 것인지 대웅전의 미륵보살 안에 그것을 넣어두었다.

마침내 출발할 때가 되자 노승들에게 인사를 하고 그들은 절에 그대로 남겨두었다. 젊은 다이슈와 무예에 뛰어난 스님들은 미야를 따랐다.

요리마사의 일족, 와타나베 일당, 미이데라의 다이슈 등 따르는 무리는 총 1천 5백여 명이었다.

조엔보(乘円坊)의 아자리 케이슈가 지팡이를 짚고 미야 앞으로 나와 눈물을 줄줄 흘리며,

"어디까지고 모시겠다고 결심했으나 나이가 벌써 일흔이 넘어 마음대로 걸을 수가 없으니, 대신 제자인 교부보(刑部坊) 슌슈(俊秀)를 보내도록 하겠습니다. 이 아이는 지난번 헤이지의 전투 때 고 사마의 카미 요시토모의 부하로 로쿠조가와라에서 목숨을 잃은 사가미노쿠니[155] 사람 스도 교부(須藤 刑部)의 아들인데 약간의 인연이 있어서 제 손으로 거두었기에 마음속까지 잘 알고 있는 자이니 어디까지고 데려가시기 바랍니다."
라고 말하자 미야도 눈물을 흘렸다.

---

155) 相模国. 지금의 카나가와 현. 소슈(相州). 상국.

(65) 우지바시 전투

타카쿠라노미야는 코하타(小幡) 마을을 통해서 우지로 들어갔다. 미이데라에서 겨우 30리(12km) 정도밖에 되지 않는 곳이었으나 미야(모치히토왕)는 말에서 6번이나 떨어졌다. 말에 익숙하지 않은 탓인지, 잠을 못자서인지는 모르겠으나 이처럼 중요한 때에 이처럼 자꾸만 조느라 말에서 떨어졌다는 것은 참으로 안타까운 일이었다.

말에서 자주 떨어졌기에 잠시 쉬었다 가기 위해 우지의 뵤도인(平等院)으로 들어가 잠을 잤다.

그 동안에 우지바시(宇治橋다리)를 3간(6m) 정도 뜯어내고 슈토와 무사 모두가 미야를 지켰다.

미야가 나라로 향했다는 소식을 접한 헤이케에서는 바로 추토사를 보냈다. 사효에의 카미(督) 토모모리, 쿠로우도의 카미 시게히라, 추구의 스케 미치모리(通盛), 사쓰마156)의 카미(守) 타다노리(忠度), 사마의 카미 유키모리(行盛), 아와지157)의 카미 키요후사(清房)를 비롯하여 2만여 기가 우지미치(宇治路도로)를 남쪽으로 향해 내려갔다.

적이 뵤도인으로 들어갔다는 소식을 접한 헤이케의 병사들이 구름떼처럼 몰려들어 강의 동쪽에 자리를 잡고 함성을 내질렀다. 그 섬뜩한 기세는 말로 표현할 수 없을 정도였다. 미야 쪽의 병사들도 함성을

---

156) 薩摩. 지금의 카고시마(鹿児島) 현 서부. 사쓰마노쿠니, 삿슈(薩州). 중국.
157) 淡路. 지금의 효고 현 아와지시마(淡路島)와 누시마(沼島). 아와지노쿠니, 탄슈(淡州), 하국.

우지바시 전투

지르며 다리를 막아선 채 화살을 쏘아댔다.

헤이케 병사들이 다리를 건너기 시작했으나 다리를 3간 정도 뜯어냈기에 더는 앞으로 나아갈 수가 없었다. 앞선 자들이,

"다리를 뜯어냈다. 위험해."

라고 외쳤으나 뒤에서 앞 다투어 나아가려고 밀어댔기에 앞선 자 200여 기가 다리에서 떨어져 물에 빠져죽고 말았다.

그러는 사이에도 다리 양편에서는 화살을 쏘아댔다. 미야 쪽에서 커다란 화살을 쏘는 슌초(俊長)와 고치인 타지마(五智院 但馬)와 와타나베 일당인 하부쿠(省)·키즈쿠(授)·쓰즈쿠(続) 등의 겐지가 나와서 화살을 쏘아댔기에 방패고 갑옷이고 아주 간단히 뚫었다. 요리마사는 오늘이 마지막이라고 각오한 것인지, 비단 히타타레에 갑옷을 입고 투구는 일부러 쓰지 않았다. 적자인 나카쓰나는 붉은 비단 히타타레에 검은색 갑옷을 입었는데 그 역시도 활을 힘껏 당기기 위해서 투구는 쓰지 않았다.

고치인 타지마라는 자가 기다란 왜장도를 들고 혼자서 다리 위로

나아갔다. 헤이케 쪽에서 이를 보고,

"저놈을 쏘아라, 쏘아 죽여라."

라며 마구 화살을 쏘았으나 타지마는 조금도 두려워하지 않았으며 위로 오는 화살은 몸을 숙여 피하고 아래로 오는 화살은 훌쩍 뛰어 피하고 정면으로 오는 화살은 왜장도로 베어 떨어뜨렸는데 그 당당한 모습에 적과 아군 모두 감탄을 금치 못했다. 이후부터는 '화살 베는 타지마'라고 불리게 되었다.

또한 승도(僧徒) 가운데 쓰쓰이 조묘 메이슈(筒井 浄妙 明秀)라는 자가 있었는데, 검은 갑옷을 입고 다섯 겹 투구를 쓰고 검은 옻칠을 한 장검을 차고 화살을 24개 꽂고 활에 왜장도를 들고, 그 역시도 홀로 다리 위로 나섰다. 커다란 목소리로,

"멀리 있는 자는 소리로 들어라. 가까이 있는 자는 눈으로 보아라. 미이데라에는 쓰쓰이 조묘 메이슈라는 일당백의 유명한 용사가 있다. 자신 있는 자는 앞으로 나와 승부를 겨루자. 썩 앞으로 나서라."

라고 외치며 24개의 화살로 갑자기 적 12명을 쏘아 쓰러뜨리고 11명에게 부상을 입혔기에 화살이 이제는 1개만 남았다. 그 후 활을 집어던지고 화살도 버려버리고 말았다. 신발을 벗어 맨발이 되더니 다리의 횡목을 타고 나는 듯이 건너가 헤이케 군 쪽으로 뛰어들었다. 왜장도로 5명을 베어 쓰러뜨리고 6명째 적을 만났을 때 왜장도가 뚝 부러졌기에 그것도 버렸다. 그 다음부터는 장검을 뽑아 수많은 적을 상대로 모든 기술을 동원하여 사방팔방의 적을 베었다. 8명을 베어 쓰러뜨리고 9번째 적의 투구를 너무 세게 내리쳤기에 장검도 부러져버리고 말았다.

"이제 믿을 것이라고는 단도밖에 없구나."

라며 단도를 뽑으려 할 때, 이치라이(一来) 법사라는 힘이 세고 강용한 자가 조묘의 뒤를 따라와서 싸웠는데 다리의 횡목이 좁아 옆으로 지날

나라로 몸을 피하는 모치히토 왕

수 없었기에 쓰쓰이 조묘의 투구에 손을 얹고,

"길을 비키시오."

라며 어깨를 훌쩍 뛰어넘어 싸웠으나 목숨을 잃고 말았다. 조묘가 엉금엉
금 기다시피 해서 돌아와 뵤도인 앞의 잔디 위에서 갑옷을 벗어보니
화살자국이 63개소, 갑옷을 뚫고 들어와 상처를 입은 곳이 5개소였다.
조묘는 하얀 옷을 입고 활을 꺾어 지팡이로 삼아 '나무아미타불'을 외우며
나라 쪽으로 갔다.

그 후, 조묘가 건넌 방법을 따라서 미이데라의 다이슈를 비롯하여
겐지 일족도 다리의 횡목을 건너 불꽃이 튈 정도로 격렬하게 싸웠다.

헤이케의 사무라이 대장인 카즈사의 카미 타다키요가 대장군 토모모
리 앞으로 나아가,

"저처럼 다리 위에서는 마음대로 싸울 수도 없습니다. 강을 건너게
하고 싶지만 장맛비로 물이 불어나 그렇게 하면 틀림없이 수많은 사람이
목숨을 잃을 것입니다. 요도, 이모아라이(一口)로 향하게 하는 것이

우지가와를 건너는 헤이케

좋겠습니까? 아니면 카와치지(河内路_{도로})로 돌아가게 하는 것이 좋겠습니까?"

라고 물었다. 곁에서 듣고 있던 시모쓰케노쿠니 사람인 아시카가 마타타로 타다쓰나(足利 又太郎 忠綱)는 당시 17세였는데 앞으로 나서며,

"요도, 이모아라이, 카와치지로는 인도나 중국의 무사들이라도 불러 향하게 하실 생각이십니까? 그도 아니면 저희가 가야만 하는 것입니까? 눈앞의 적을 치지 않고 멀리로 돌아들 수는 없습니다. 무사시와 카즈사 사이에는 토네가와(利根川)라는 커다란 강이 있는데 몇 마리 말을 나란히 줄지어놓고 그곳을 건넌 예가 있습니다. 이 강의 깊이와 유속은 토네가와에 미치지 못하는 듯합니다. 제 뒤를 따르시기 바랍니다, 여러분."

이라고 외치고 가장 먼저 강으로 뛰어들었다.

그 뒤를 따라서 300여 기가 우르르 강으로 뛰어들었다. 타다쓰나가 커다란 목소리로,

"약한 말은 하류 쪽에 세우시기 바랍니다. 강한 말은 상류 쪽으로.

말의 다리가 닿는 곳까지는 걷게 하십시오. 닿지 않는 곳에 다다르면 헤엄치게 하십시오. 강물 속에서 활을 쏘아서는 안 됩니다. 적이 쏘아도 상대하지 마십시오."

라고 외쳤는데, 300여 기 가운데 단 1기도 강물에 떠내려가지 않고 맞은편 기슭으로 오를 수 있었다.

(66) 모치히토 왕의 최후

타다쓰나가 등자를 힘껏 밟고 말 위에 서서 커다란 목소리로,

"예전에 조정의 적이었던 마사카도를 친 것에 대한 은상을 받아 이름을 후세에 남긴 타와라토타 히데사토(俵藤太 秀鄕)의 10대손인 시모쓰케노쿠니 사람 아시카가 타로 토시쓰나(足利 太郎 俊綱)의 아들로 이름은 마타타로 타다쓰나, 당년 17세. 이처럼 무위무관인 자가 타카쿠라노미야를 향해 활을 쏜다는 것은 천벌을 받을 일이나, 활도 화살도 신의 가호도 헤이케의 편에 서 있는 듯 여겨지오. 겐잔미 뉴도의 군 가운데 자신 있는 자는 이리로 나오시오."

라고 외친 뒤 뵤도인의 문 안으로 공격해 들어가 싸웠다. 대장군 토모모리가 이를 보고,

"건너라, 강을 건너라."

라고 명령했기에 2만 8천 기 모두가 강으로 들어가 빠른 물살을 건넜다. 그 가운데 이가·이세의 병력 600여 기는 말이 떠내려가 잠겼다 떠오르기를 반복하며 물살에 휩쓸려버리고 말았다. 붉은 갑옷을 입은 무사 셋이 그물에 걸려 허우적거리는 것을 보고 나카쓰나는,

"이세의 무사 모두 붉은 갑옷을 입고 우지의 그물에 걸렸구나."

라고 노래 부르며 웃었다.

한편 그러는 사이에 미야를 먼저 나라 쪽으로 보내고 일동은 그곳에 버티고 서서 싸웠다.

요리마사는 70세가 넘은 나이로 전투를 벌이다 왼쪽 정강이에 중상을

입었기에 조용히 자결하기 위해 뵤도인 안으로 물러났는데 적이 그를 덮쳐왔기에 차남인 카네쓰나가 아버지를 돕기 위해 적 앞으로 나가서 싸웠다. 카즈사의 타로호간이 쏜 화살이 카네쓰나의 투구에 명중했다. 카즈사의 카미의 시동인 지로마루(次郎丸)는 힘이 장사였는데 말 위에서 카네쓰나와 엉겨붙었다. 두 사람이 함께 말에서 털썩 떨어졌으나 카네쓰나의 힘이 더욱 셌기에 지로마루를 잡아 짓누른 뒤 목을 베고 일어서려는 순간, 헤이케의 병사 열네다섯 기가 달려와 마침내는 카네쓰나의 목을 베고 말았다.

나카쓰나도 분전을 거듭했으나 여러 군데 상처를 입었기에 뵤도인의 연못가에 있는 건물에서 자결하고 말았다. 나카이에와 나카미쓰도 함께 전사하고 말았다.

요리마사가 와타나베 초시치 토나우(渡辺 長七 唱)를 불러,

"나의 목을 치거라."

라고 명령했으나 차마 살아 있는 주인의 목을 칠 수는 없었기에,

"그렇게 할 수는 없습니다. 자결을 하시면 그 뒤에 목을 베도록 하겠습

니다."

라고 말하자 그도 맞는 말이다 싶어 서쪽을 향해 합장한 채 10번 염불한 뒤,

　　<매목(埋木)처럼 꽃도 피우지 못하고 이 몸도 끝나는구나>

라고 마지막 글(지세)을 남긴 채 칼끝을 배에 대고 그대로 엎어져 목숨을 끊고 말았다. 토나우가 베어낸 목을 돌에 묶어 우지가와(강) 깊은 곳에 넣었다.

　헤이케의 병사들이,

　"어떻게든 와타나베 키오우를 생포해야 한다."

며 찾아다녔으나 그는 힘껏 싸우다 부상을 입어 할복하고 말았다.

　엔만인의 타이후인 겐카쿠는 이쯤이면 미야도 멀리로 달아났으리라 생각했는지 장검, 왜장도를 좌우에 들고 적 사이를 뚫고 나가서 우지가와에 뛰어들어 무기 하나 버리지 않고 물속을 헤엄쳐 맞은편 기슭으로 건너가서 높은 곳에 올라 커다란 목소리로,

　"자, 보아라, 헤이케의 애송이들아. 여기까지 올 수 있겠느냐?"

라고 말한 뒤, 미이데라로 돌아갔다.

　히다의 카미 카게이에는 노련한 무사였기에 이 소란을 틈타 미야는 틀림없이 나라로 향했을 것이라 생각하여 400기를 이끌고 그 뒤를 쫓았다. 아니나 다를까 미야는 30기쯤을 데리고 달아나고 있었는데 야마시로노쿠니 사가라군(相楽郡) 코묘잔(光明山)의 산문 앞에서 일행을 따라잡아 퍼붓는 비처럼 화살을 쏘아댔다. 그 가운데 화살 하나가 미야의 왼쪽 옆구리에 꽂혔기에 말에서 떨어졌으며 결국은 목이 잘리고 말았다. 참으로 끔찍한 일이었다. 함께 따르던 오니사도(鬼佐渡), 아라토사(荒土佐), 교부 슌슈 등도 분투를 거듭하다 함께 전사하고 말았다.

　따르던 자 가운데 유모의 아들로 로쿠조노스케 타이후 무네노부(宗信)

라는 자는 니이노(新野)의 연못으로 뛰어들어 수초를 얼굴 부근으로
모으고 벌벌 떨며 숨어 있었다. 적이 모르는 채로 지나갔다가 잠시
후 다시 4, 5기 정도가 이야기를 나누며 되돌아왔는데 하얀 옷에 목이
없는 시체를 들고 가는 것을 자세히 보니 미야의 몸이었다.

"내가 죽으면 이것을 관에 넣어주게."

라고 말했던, 코에다라는 피리가 아직도 허리에 꽂혀 있었다. 달려나가
빼앗고 싶은 마음은 굴뚝같았으나 두려움에 그렇게 하지 못하고 적이
지나기를 기다렸다가 연못에서 나와 울며 울며 쿄토로 돌아갔으니 그를
미워하지 않을 수 없으리라.

　나라의 다이슈 7천여 명이 투구를 쓰고 미야를 맞으러 달려왔는데
선봉이 키즈(木津)에 다다랐을 때 후진은 아직 코후쿠지의 문에 남아
있었을 정도로 기다란 대군이었으나 코묘잔의 산문 앞에서 미야가 이미
목숨을 잃었다는 소식이 들려왔기에 눈물을 머금고 다시 발걸음을 돌렸
다. 바로 코앞에서 미야가 세상을 떠났으니 참으로 안타까운 일이었다.

(67) 어린 왕자의 출가

헤이케 사람들은 미야(모치히토 왕)를 시작으로 겐잔미 요리마사의 일족, 와타나베 일당, 미이데라의 다이슈 등 전부해서 500여 명의 목을 장검과 왜장도 끝에 걸어 높다랗게 치켜들고 저물녘에 로쿠하라로 개선했다.

미야를 곁에서 늘 모시던 자도 없었기에 누구 하나 미야의 목인지를 확인해줄 자조차 없었다. 이에 지난 해에 치료를 위해서 불려간 적이 있었던 전의 사다나리(定成)를 불러 확인케 하려 했으나 병에 걸렸다며 오지 않았다. 어쩔 수 없이 늘 미야를 곁에서 모시던 궁녀를 불러냈는데, 처음 보자마자 소매에 얼굴을 묻고 눈물을 흘렸기에 미야임을 확인할 수 있었다.

이 미야에게는 아들이 여럿 있었다. 하치조의 뇨인158)에서 일하던 이요의 카미 모리노리(盛教)의 딸인 산미노쓰보네(三位局)라는 여자와의 사이에 7살인 아들과 5살인 딸이 있었다.

키요모리는 동생인 요리모리로 하여금 하치조의 뇨인으로 가서,

"공주님에 대해서는 아무런 말도 하지 않겠으니 왕자님을 얼른 내놓으시기 바랍니다."

라고 말하게 했다. 이에 대한 뇨인의 대답은,

"그런 소문이 들려온 날 아침에 유모가 데리고 나가 종적을 감춘 것인지, 어소에서는 도통 모습을 찾아볼 수가 없습니다."

---

158) 女院. 원(院)의 칭호를 받은 천황의 생모 · 공주의 존칭.

어머니와 마지막 인사를 나누는 어린 왕자

라는 것이었다. 요리모리가 돌아와 그대로 전하자 키요모리가 화를 내며,

"그 어소 이외에 갈 곳에 대체 어디에 있단 말이냐? 그렇다면 무사들을 데리고 가서 찾게 하여라."

라고 말했다.

어린 왕자가 뇨인에게,

"도저히 달아날 수 있을 것 같지 않으니 저를 얼른 건네주시기 바랍니다."

라고 말했다. 뇨인도 눈물을 흘리며,

"일고여덟 살 무렵이면 아무것도 모를 때인데, 내게 커다란 일이 벌어진 것을 측은히 여겨 이처럼 말씀하시는 것이 사랑스럽구나."

라고 탄식했으나 키요모리가 거듭 사람을 보내왔기에 어쩔 수 없이 내주었다.

어머니 산미노쓰보네는 이것이 마지막이라는 듯 마치 꿈결 속에 있는 사람처럼 눈물을 흘리며 작별을 아쉬워했다.

요리모리는 어린 왕을 수레에 실어 로쿠하라로 돌아왔다. 무네모리가 이 왕을 보고 아버지 키요모리 앞으로 가서,

"어린 왕을 뵈니 그 모습이 참으로 가슴 아픕니다. 모쪼록 왕의 목숨을 살려 제게 맡겨주시기 바랍니다."

라고 말하자,

"그렇다면 당장 출가하라고 말하도록 해라."

라고 말했기에 무네모리가 하치조의 뇨인에게 이 말을 전하자,

"아무런 이견도 없습니다. 그렇게 하십시오."

라는 대답이 돌아왔기에 출가하여 닌나지(칠)로 들어갔다. 훗날 토지(東寺)의 초자(長者) 야스이노미야(安井宮) 대승정 도손(道尊)이라 불리던 자가 바로 이 왕이다.

나라에도 다른 왕자가 하나 있었다. 양육을 담당하던 신하인 사누키의 카미 시게히데(重秀)가 출가시켜 홋코쿠로 데려가던 차에 쿄토로 올라오던 키소 요시나카(요리토모의 사촌)와 마주쳤는데, 요시나카가 왕자를 환속시키고 투구와 갑옷을 입혀 다시 쿄토로 데리고 갔기에 키소노미야(木曾宮), 혹은 겐조쿠노미야(還俗宮)라고 불렀다. 후에는 사가 부근의 노요리(野依)에 있었기에 노요리노미야라고도 불렀다.

이번 타카쿠라노미야의 모반 때 헤이케를 위해 기도를 올린 고승들에게는 은상이 내려졌다. 무네모리의 아들인 키요무네는 산미가 되어 산미노지주(三位侍従)라 불리게 되었다. 당시 아직 12세였는데 3위 이상에 오른 것은 매우 드문 일이었다.

(68) 겐잔미 뉴도 요리마사

겐잔미 뉴도 요리마사는 요리미쓰(賴光)의 자손으로 효고의 카미인 나카마사(仲政)의 아들이다. 호겐의 난 때 고시라카와 천황 편에 가담하여 선봉에 섰으나 이렇다 할 상도 받지 못했으며, 헤이지의 난 때도 친족들을 버리고 그들과는 반대편에 가담했으나 극히 미미한 은상밖에 받지 못했다.

궁중을 수호하는 역할을 맡고 있었는데 오래도록 승진하지 못했으며 쇼덴도 허락받지 못했기에 나이 든 뒤에 시가 한 수를 지었다.

<사람이 알지 못하는 오오야마(大山)의 산지기는 나무에 숨어서만 달을 보네>

이 시가 덕분에 쇼덴을 허락받고 정4위하에 서임되었으나, 3위(산미)가 되고 싶었기에,

<오를 길이 없는 몸은 나무 아래서 열매를 주우며 살아가는구나>

라고 읊어서 3위에 올랐다. 3위가 된 뒤에 마침내 출가했기에 겐잔미 뉴도라고 불린 것이다. 세상을 떠났을 때는 75세였다.

요리마사에게는 다음과 같은 유명한 이야기가 전해진다.

코노에 천황이 왕위에 있던 닌페이(仁平) 시절(1151~1154), 매일 밤 섬뜩한 일이 일어났다. 고승과 귀승들에게 명령하여 기도하게 했으나 아무런 효험도 없었다. 섬뜩함이 느껴지는 것은 축시(02시~03시)였는데, 시간이 다가오면 히가시산조(東三条)의 숲 속에서 한 덩이 검은 구름이 밀려와 어전 위를 감쌌고 그러면 섬뜩함이 느껴지는 것이었다. 이에 공경들이

모여 상의한 끝에,

"전례에 따라서 무사에게 경호를 맡기기로 합시다."

라는 결론이 났기에 겐페이 두 집안 가운데서 요리마사를 뽑았다.

그때 요리마사는 아직 효고의 카미였는데,

"예로부터 조정에 무사를 둔 것은 반역자를 퇴치하거나, 칙명을 어긴 자를 처단하기 위해서였소. 눈에 보이지도 않는 것을 퇴치한 예는 들어본 적이 없소."

라고 말하기는 했으나 칙명이었기에 부름에 응해 궁궐로 들어갔다.

요리마사는 자신이 아끼던 로도인 토오토우미노쿠니 사람 이노 하야타(猪早太)에게 화살을 메게 하여 그 한 사람만 데리고 궁으로 들어갔다. 요리마사는 철로 화살촉을 만든 커다란 화살 2개와 활을 들고 난덴(南殿)의 대청마루에서 기다리고 있었다. 화살 2개를 가지고 있었던 것은 마사요리(雅賴)가,

"요물을 쏠 자는 요리마사밖에 없다."

라고 말했기에 화살 하나로 요물을 맞히지 못하면 나머지 화살로 마사요리의 목을 쏘아야겠다고 생각했기 때문이었다.

축시 무렵이 되자 히가시산조의 숲 쪽에서 한 덩이 검은 구름이 밀려와 어전 위를 뒤덮기 시작했다.

요리마사가 가만히 바라보니 구름 속으로 이상한 것이 보였다.

'맞히지 못한다면 이 세상에서 살아갈 수 없으리라.'

라고 생각하며 화살을 쥐어 시위에 메기고,

'나무하치만다이보사쓰'

라고 마음속으로 기원한 뒤 힘껏 당겼다가 화살을 날렸다. 무엇인가가 맞아 떨어졌다. 이노 하야타가 달려가 떨어진 것을 붙들고 있는 힘껏 9번이나 찔렀다. 이에 사람들이 저마다 횃불을 들고 다가가보니 머리는

요물을 퇴치한 요리마사

원숭이, 몸은 너구리, 꼬리는 뱀, 손발은 호랑이, 우는 소리는 호랑지빠귀 같은 요물이었다.

　주상이 크게 감탄하여 시시오(獅子王)라는 검을 하사했다. 우지의 사다이진인 후지와라노 요리나가가 그것을 받들어 요리마사에게 건네 주었는데, 어전의 계단을 절반쯤 내려왔을 때, 마침 4월 10일을 막 지난 시절이었기에 두견이가 두어 번 울며 그 하늘 위로 지나갔다. 이에 사다이진 요리나가가,

　"두견이처럼 이름이 구름 위로 오르는구나."

라고 시가를 읊으며 건네주었다. 요리마사는 무릎을 꿇은 채 왼쪽 소매를 펼쳐 달을 슬쩍 곁눈질하고,

　"활을 당겨 구름이 드는 곳을 쏘았더니 우연히 맞았네."

라며 답가를 읊은 뒤 검을 받고 자리에서 물러났다. 이처럼 요리마사는 무예와 시가 모두에 능해서 문무를 겸비한 대장이었다.

　또한 니조 천황이 위에 있던 오호 시절(1161~1163)에 누에[159]라는 괴조가 금중에서 울어 천황의 마음을 어둡게 하는 일이 종종 있었기에 전례에

따라서 이번에도 요리마사를 불렀다.

마침 5월 20일이 지난 때였는데 누에는 딱 한 번만 울 뿐, 더는 울지 않았다. 어두운 밤이라 모습은 보이지 않고 딱 한 번 울 뿐이었기에 어디에 있는지조차 알 수 없었다. 요리마사는 우선 우는살을 시위에 메겨 누에의 울음소리가 들린 궁궐 위로 쏘아올렸다. 그러자 누에가 우는살의 소리에 놀라 잠시 하늘 위로 날아올랐다. 그때를 놓치지 않고 바로 두 번째 화살을 쏘자 누에가 거기에 맞아 떨어졌다.

궁궐 안의 사람들 모두가 일제히 칭찬했다. 천황도 크게 감탄하여 옷을 하사했다. 이번에는 오오이(大炊)의 미카도(御門)인 우다이진 키미요시(公能)가 받들어 요리마사에게 건네주었는데 그때,

"5월의 어둠에 이름을 드러낸 오늘 밤이로구나."

라고 시를 읊자 요리마사가,

"황혼도 아직 지나지 않은 듯한데."

라고 답시를 읊으며 옷을 어깨에 걸치고 물러나 그의 이름이 더욱 높아졌다.

그 후, 이즈노쿠니를 받았으며, 아들인 나카쓰나가 그것을 물려받았고 자신은 산미(3위)에 올라 탄바의 장원 5개와 와카사의 토미야가와(東宮川)를 받아 안락하게 세상을 살았는데 쓸데없이 모반을 일으켜 모치히토 왕이 세상을 떠났을 뿐만 아니라 자신은 물론 자손까지도 멸망케 하는 안타까운 짓을 하고 말았다.

---

159) 鵺. 전설상의 괴물로, 앞선 일화의 요물처럼 생겼다.

(69) 화염에 휩싸인 미이데라

평소 같았으면 히에이잔(엔략쿠지)의 승려들이 떠들썩하게 밀고 내려왔을 테지만 이번만은 어떻게 된 일인지 아무런 소리도 들려오지 않았다. 게다가 나라의 코후쿠지와 미이데라가 미야(모치히토 왕)의 편을 들었기에,

"그들은 조정의 적이다. 나라의 코후쿠지와 미이데라를 공격해야 한다."

라고 말했으며, 우선은 미이데라를 먼저 공략하기로 했다.

5월 27일, 사효에의 스케인 토모모리를 대장군으로, 사쓰마의 카미인 타다노리를 부장군으로 삼아 1만여 기로 미이데라를 공격하게 했다.

절에서도 다이슈 1천 명이 투구를 쓰고 목책을 두르고 울타리를 친 채 기다리고 있었다. 아침부터 전투가 시작되어 하루 종일 싸웠는데 날이 저물어 저녁이 되었을 때 승병들은 300여 명이 전사하고 말았다.

밤이 되어서도 전투가 이어졌는데 관군은 새카만 어둠 속에서 절로 밀고 들어가 불을 질러버렸다. 불에 탄 것은 혼카쿠인(本覚院), 조키인(城喜院), 신뇨인(真如院) 등 모든 당사와 탑묘 637기, 오오쓰의 민가 1,853채 및 치쇼(智証) 대사가 중국에서 가져온 모든 불경 7천여 권, 불상 2천여 체 등 모든 것이 삽시간에 재가 되어버리고 말았다.

이 미이데라는 오우미노쿠니 시가 고오리기(郡擬)의 다이료(大領)인 오오토모 야스라마로(大友 夜須良麿) 개인의 절이었는데 텐무 천황의 청에 따라서 기부한 것이었다. 텐치・텐무・지토 3대에 걸친 천황이 태어날 때 처음 목욕시킬 물을 이곳에서 떴기에 미이데라라고 이름

화염에 휩싸인 미이데라

붙인 것이었다.

어쨌든 이 유서 깊은 절을 불태운 것은 참으로 안타까운 일이었다.

(70) 후쿠하라로의 천도

지쇼 4년(1180) 6월 3일에 후쿠하라로 천도하겠다는 이야기가 있었다. 그 이전부터 '도읍을 옮길 것'이라는 얘기는 모두가 듣고 있었으나 이렇게 빨리 옮기리라고는 누구도 생각지 못했기에 깜짝 놀랐다. 게다가 얼마 뒤 하루를 앞당겨 2일에 옮기기로 결정했다.

2일 아침, 천황이 탈 가마가 오자 안토쿠 천황은 겨우 3세로 아직은 어린 나이였기에 아무런 생각도 없이 가마에 올랐다. 유모인 소쓰노스케 텐지(典侍)가 가마에 함께 올랐다.

중궁인 켄레이몬인(建礼門院)과 고시라카와 법황과 타카쿠라인도 함께 길을 떠났다. 셋쇼인 후지와라노 모토미치를 비롯한 다이조다이진 이하의 공경 및 텐조비토들이 모두 수행했다. 헤이케에서는 키요모리를 비롯하여 일문의 사람들이 모두 수행했다.

이튿날인 3일에 후쿠하라에 도착했다. 키요모리의 동생인 요리모리의 산장이 황거로 쓰이게 되었다.

키요모리는 법황을 토바의 키타도노에서 나오게 하여 쿄토로 돌아가게 했다가, 타카쿠라노미야의 모반으로 다시 화가 났기에 이번에는 후쿠하라로 옮기게 했다. 그리고 사방을 판자로 두르고 문 하나만 뚫어놓은 곳 안에 3칸짜리 판잣집을 지어 그곳에 가두었다. 무사로는 하라다 타이후 타네나오(原田 大夫 種直)만을 두어 법황을 지키게 했다. 함부로 출입을 할 수 없었기에 아이들은 '감옥의 어소'라고 불렀다. 듣기만 해도 참으로 황공한 일이었다.

후쿠하라로 향하는 행렬

　고시라카와 법황은,

　"이제 정치에 관여하고 싶은 마음은 조금도 없네. 그저 산과 절을 돌아다니며 수행하여 마음의 즐거움으로 삼고 싶네."

라고 말했다. 참으로 안타까운 일이었다.

　천도는 이전에도 종종 있었던 일로 진무 천황이 카시하라160)를 황거로 삼은 이후 삼사십 번 정도의 천도가 있었다.

　진무 천황부터 케이코 천황까지 12대 동안에는 야마토노쿠니에 머물러 있었다.

　세이무 천황이 오우미로 천도하여 시가군에 도읍을 세웠으며, 추아이 천황은 나가토로 옮겨 토요우라(豊浦)에 도읍을 세웠다.

　오진 천황은 야마토의 카루시마(軽島)에 있는 아카리노미야로 갔으며, 닌토쿠 천황은 셋쓰 난바의 타카쓰에 궁을 지었다. 리추 천황은 다시 야마토로 옮겨 토이치(十市)를 도읍으로 삼았으며, 한쇼 천황은

---

160) 橿原. 나라 현 중부에 위치한 시.

카와치로 옮겨 시바가키(柴籬)의 궁으로 들어갔다. 인교 천황은 다시 야마토로 옮겨 아스카(飛鳥)의 궁으로 들어갔으며, 유랴쿠 천황은 하쓰세(泊瀨)의 아사쿠라(朝倉)에 궁을 지었다. 케이타이 천황은 야마시로의 쓰쓰키(筒城)로 옮겼다가 다시 오토쿠니(乙訓)에 궁을 지었다. 센카 천황은 야마토로 옮겨서 히노쿠마의 이리노(入野)에 궁을 지었으며, 코토쿠 천황은 셋쓰의 나가라(長柄)로 옮겨 토요사키(豊崎) 궁으로 들어 갔다. 사이메이 천황은 야마토로 옮겨 오카모토(岡本)의 궁에 머물렀으 며, 텐치 천황은 오우미 오오쓰(大津)의 궁으로 들어갔다.

텐무 천황은 야마토 오카모토의 미나미노미야(南の宮)에 머물렀으며, 지토 천황부터 코닌 천황까지 나라를 도읍으로 삼았다.

칸무 천황 시절인 엔랴쿠(延曆) 3년(784) 10월 3일에 야마시로 나가오 카(長岡)의 궁으로 옮겼으며, 역시 엔랴쿠 13년(794) 1월 21일에 나가오카 에서 지금의 쿄토로 천도한 이후 제왕은 32대, 햇수로는 380여 년이 지났다.

예전부터 종종 도읍을 옮겼지만 이처럼 좋은 땅도 없다며 흙으로 8척(240cm)짜리 인형을 만들어 철로 만든 투구와 갑옷을 입히고 궁시를 쥐게 하여 칸무 천황이 직접 인형을 향해,

"이 도읍지의 수호신이 되어주시기 바랍니다. 만약 미래에 이 도읍지 를 다른 곳으로 옮기려 하는 자가 있다면 왕성을 굳게 지키시어 그 사람을 반드시 벌하시기 바랍니다."

라고 말한 뒤 히가시야마(山)의 봉우리를 깊이 1장(3m) 정도로 파내 서쪽을 향하게 해서 서 있는 채로 그것을 묻었다. 이것이 바로 쇼군즈카다. 천하에 커다란 일이 벌어질 때면 이 무덤이 소리를 울리며 흔들린다고 한다.

이 도읍지는 헤이안조(平安城)라 불려 평온하고 안녕한 도읍이었는데

이를 다른 지방으로 옮긴 것은 조금 이상한 일이었다.

지금까지 쿄토는 왕성의 땅으로 번창해왔으나 이제는 길 곳곳이 파헤쳐져 수레조차 쉽게 다닐 수 없었기에 가끔 지나는 사람은 작은 수레를 타고 간신히 지날 뿐이었다. 처마를 나란히 하고 줄줄이 늘어섰던 집들도 하루하루 황폐해져갔기에 사람들은 그것을 허물어다 뗏목을 만들어 가재도구를 싣고 카모가와(강)나 카쓰라가와(강)에 띄워 후쿠하라로 옮겨갔다.

(71) 새로운 도읍, 후쿠하라

6월 9일에 새로운 도읍의 조영을 시작했다. 조케이(上卿)로는 토쿠다이지 사다이쇼 사네사다와 쓰치미카도(土御門)의 재상인 추쇼 미치치카(通親), 부교의 벤(辯)으로는 전 사쇼쇼인 유키타카 등 수많은 관리들을 불러들여 와다(和田) 마쓰하라(松原)의 서쪽 들판을 점검케 했다. 9개 구역으로 나누려 했으나 5개 구역밖에 되지 않았다.

이에 땅을 보는 관인이 이 사실을 고하자,

"9개 구역(九条)이 아니면 너무 좁다. 그렇다면 하리마의 이나미노(印南野)나, 셋쓰의 코야노(児屋野)로 옮기는 것이 어떻겠는가?"

라며 공경들이 회의를 했으나 결국 다른 곳으로는 옮기지 않기로 했다. 이처럼 새로운 도읍은 아직 구획이 결정되지 않았으며, 옛 도읍은 날이 갈수록 쇠퇴했기에 사람들 모두 불안하게 생각했다.

원래부터 그곳에 살던 사람들은 땅을 잃어 슬퍼했으며, 새로이 옮겨온 사람들은 건축이나 공사로 어려움을 겪었다.

쓰치미카도의 재상인 미치치카가,

"이국에서는 3줄기의 넓은 길을 닦고 12개의 문을 세운다고 들었습니다. 5개 구역이 있으면 충분하니 궁궐을 지으시는 것이 좋을 듯합니다. 무엇보다 먼저 임시 궁을 조영하는 것이 중요합니다."

라고 말했기에 상의한 결과, 고조노다이나곤 쿠니쓰나에게 임시로 스오우노쿠니161)를 주어 궁궐을 조영하게끔 키요모리가 일을 추진했다.

8월 10일에 상량식을 거행하고 11월 13일에 거처를 옮기기로 했다.

후쿠하라의 구획을 정하는 관리들

옛 도읍은 나날이 황폐져갔으나 새로운 도읍인 후쿠하라는 나날이 번창했다.

가을이 깊어지자 후쿠하라에 사는 사람들은 명소의 달을 보기 위해 스마(須磨)에서 아카시(明石) 포구를 따라가서 아와지의 세토(迫門)를 건너 에지마가이소(絵島が磯)의 달을 보는 사람도 있었으며, 와카노우라(和歌浦), 스미요시(住吉), 타카사고(高砂), 오노에(尾上)에서 새벽달을 보고 돌아오는 사람도 있었다.

옛 도읍에 남아 있던 사람들은 후시미나 히로사와이케(広沢池)로 달을 보러 갔다.

사다이쇼 사네사다는 옛 도읍의 달이 그리웠기에 8월이 되자 열흘 정도 후쿠하라에서 쿄토로 들어와 있었다. 모든 것이 전부 변해버렸으며, 가끔 남아 있는 집들도 풀이 무성하게 자라 황폐해져 있었다.

어느 달밤, 지인의 집에서 달을 보며 노래를 읊었다.

---

161) 周防国. 지금의 야마구치(山口) 현 남부. 보슈(防州). 상국.

쿄토를 찾은 사네사다

<옛 도읍에 와보니 황폐한 벌판에 띠가 무성하네.

달빛은 빈틈없이 비추는데 가을바람만 몸에 스미네.>

×

사람들이 반대했음에도 불구하고 키요모리는 어째서 후쿠하라로 도읍을 옮긴 것인지 여기서 잠깐 생각해보기로 하겠다.

보기에 따라서는 더욱 크게 발전하기 위해서라고 여겨지기도 한다. 즉, 헤이케 일문은 해양사상을 품고 있어서 바다를 통해 중국의 송나라와도 오갔기에 세토나이카이 정도의 바다는 집 뜰의 연못처럼 생각했다. 따라서 사이카이[162]에 근거지를 가지고 있는 헤이시가 지키기 어려운 쿄토를 버리고 후쿠하라로 옮긴 것이라고 볼 수도 있으리라.

그러나 사실은 겐지 가운데서 군대를 일으키는 자가 있기도 하고,

---

162) 西海. 쿄토의 서쪽 바다를 뜻하며, 특히 세토나이카이를 일컫는 경우가 많다. 혹은 큐슈 지방을 일컫기도 한다.

히에이잔 및 나라 등의 승병들이 걸핏하면 밀고 들어오기도 해서 귀찮았기에 후쿠하라로 피한 것이라고 보는 편이 타당할 듯하다.

그렇다면 후쿠하라는 코베(神戸)의 어느 부근에 해당하며 키요모리의 저택을 비롯한 일족의 저택, 그리고 궁궐은 어디쯤에 있었을까?

『셋쓰 향토사론』에 실린 「후쿠하라 천도」의 기사로 위치를 추정해보면, 후쿠하라 도읍은 미나토가와(강) 유역과 카루모가와(苅藻川) 유역에 걸쳐 있었던 듯하다. 당시 우나고다케(宇奈五岳)의 산자락이 있어서 도읍을 경영하는 데 방해가 되었던 듯하다.

『교쿠요』라는 책에,

<우쿄(右京)를 만드는 데 궁성 서쪽에 작은 산이 있었다. 그 작은 산을 끼고 땅을 쓰는 것은 어떨지.>

라는 의미의 내용이 담겨 있다. 이 작은 산이란 에게산(会下山)을 말하는 것이리라. 궁성은 에게산 동쪽에 있었던 것이다.

미나토가와 유역에 대해서 생각해보자면, 그곳의 아라타초(新田町)에는 상황의 어소였던 요리모리의 저택도 있었다.

『셋쓰 명소도회』에,

<안토쿠 천황의 행궁이 아라타무라에 있다. 원래는 이케다이나곤 요리모리의 영지이자 산장이었다. 후쿠하라 천도 때 이곳에 잠시 머무시며 황거로 삼았다.>

라고 기록되어 있다. 즉, 처음에는 안토쿠 천황의 행궁이었다가 후에 상황의 어소로 쓰이게 된 것이다.

또한 천황의 행궁이었던 키요모리의 저택도 히라노에 있었다. 지금의 미나토야마 소학교 부근이다.

(72) 귀신 이야기

한편 헤이케가 도읍을 후쿠하라로 옮긴 뒤부터는 꿈자리도 사납고 이상한 일들이 종종 일어났다.

어느 날 밤, 키요모리가 잠을 자고 있자니 방 하나에 다 들어오지도 못할 정도로 커다란 얼굴이 나타나서 키요모리를 가만히 바라보았다. 키요모리가 조금도 당황하지 않고 매섭게 노려보자 슥 사라져버리고 말았다.

또한 오카노고쇼(岡の御所)는 새로 지은 곳이기에 그렇게 커다란 나무는 없었는데도 어느 날 밤 거목이 쓰러지는 소리가 들리고 2, 3천 명의 사람들이 하늘을 향해 한꺼번에 '하하하……'하고 웃는 소리가 들려왔다. 이는 텐구의 소행이라 생각했기에 낮에는 50명, 밤에는 100명의 사람들로 지키며 화살을 쏘게 했다. 텐구가 있는 쪽으로 쏘았다고 여겨질 때는 소리가 들리지 않았지만, 없는 쪽으로 쏘았을 때는 '하하하……'하고 웃었다.

어느 날 아침, 키요모리가 침실에서 나와 정원을 바라보니 죽은 자의 해골들이 헤아릴 수 없을 정도로 많았다. 위에 있던 것이 아래로 내려가기도 하고 아래에 있던 것이 위로 올라가기도 하고, 가운데 있던 것이 끝으로 구르기도 하고 끝에 있던 것이 가운데로 굴러 들어가기도 하는 등 서로 나뒹굴다가 점점 하나가 되어갔다. 키요모리가,

"누가 있느냐? 아무도 없는 게냐?"

라고 사람을 불렀지만 아무도 오지 않았다. 그러는 사이에 해골은 정원에

가득 찬 정도가 되어 높이 14, 5길(45m)이나 되었는데 하나의 커다란 머리에 살아 있는 사람의 눈처럼 커다란 눈이 몇 백 개고 몇 천 개고 달려서 깜빡거림도 없이 키요모리를 노려보았다. 키요모리가 꿈쩍도 하지 않고 그것을 마주 노려보았더니 아침 해에 서리가 사라지듯 흔적도 없이 사라져버리고 말았다.

또한 키요모리가 매우 소중히 여겨 아침저녁으로 쓰다듬어줄 정도로 아끼는 말의 꼬리에, 하룻밤 사이에 쥐가 둥지를 틀고 새끼를 낳았다.

"이건 예삿일이 아니다. 점을 쳐봐야겠다."

라며 신기관(神祇官)이 점을 쳤다. 그리고,

"이건 커다란 변이 일어날 조짐입니다."

라고 말했다.

또한 겐추나곤 마사요리 밑에 있던 젊은 사무라이가 이상한 꿈을 꾸었다. 궁궐 안 신기관들의 집무소라 여겨지는 곳에 의관을 갖춘 고귀한 자들이 모여 여러 가지로 상의를 하는 듯한 모습이었는데, 끝자리에 앉은 자가 헤이케를 편드는 듯한 말을 하자 자리에서 쫓겨나고 말았다. 멀리 상석에 나이 든 자가 앉아 있었는데,

"얼마 전에 헤이케에 맡겼던 칼을 거두어 이즈노쿠니에 유배가 있는 전 우효에의 스케 요리토모에게 주게."

라고 말하자 그 옆에 있던 자가,

"그 이후에는 저희 자손에게도 내리십시오."

라고 말했다. 젊은 사무라이가 꿈 속에서 노옹에게 저 분들은 누구냐고 물었더니,

"끝자리에서 헤이케 편을 들었던 자는 이쓰쿠시마의 다이묘진일세. 칼을 요리토모에게 주라고 말씀하신 분은 하치만다이보사쓰이실세. 그리고 이후에는 저희 자손에게도 내려달라고 말한 분은 카스가의 다이

해골과 마주선 키요모리

묘진(후지와라 씨의 조상신)이실세. 이렇게 말하고 있는 나는 타케노우치(武內)의 묘진일세."

라고 대답했다. 잠에서 깨어나 이 꿈을 이야기했기에 그 소문이 퍼져 키요모리의 귀에까지 들어갔다.

이에 마사요리에게로 사람을 보내서,

"그대 밑에 묘한 꿈을 꾼 젊은 사무라이가 있다고 하던데 한번 데리고 오게. 자세히 이야기를 듣고 싶으니……"

라고 말했다. 그런데 꿈을 꾸었던 젊은 사무라이는 두려움을 느낀 것인지 어딘가로 달아나버리고 말았다. 이에 마사요리가 키요모리의 집으로 찾아가서,

"그런 꿈을 꾸었다는 것은 전혀 근거 없는 이야기로, 누군가가 꾸며낸 것입니다."

라고 말했기에 더는 이야기하지 않게 되었다.

그런데 신기하게도 키요모리가 아키의 카미였을 때 신령한 꿈에

의해서 이쓰쿠시마 다이묘진으로부터 받아 늘 머리맡에 두었던 작은 왜장도가 어느 날 밤 갑자기 사라져 어디로 갔는지 전혀 알 수 없게 되어버리고 말았다.

(73) 요리토모의 거병

9월 2일, 사가미노쿠니 사람인 오오바 사부로 카게치카(大庭 三郎 景親)가 후쿠하라로 전령을 급히 보내서,

"이즈노쿠니로 유배를 와 있던 요리토모가 장인인 호조 시로 토키마사 (北条 四郞 時政)와 상의하여 지난 8월 17일에 이즈노쿠니의 모쿠다이(지방 장관의 대리)인 호간 카네타카(兼隆)의 저택이 있는 야마키(八牧)에 야습을 가했습니다. 그 후 도히(土肥), 쓰치야(土屋), 오카자키(岡崎)를 비롯하여 300여 기가 이시바시야마(石橋山)로 들어간 것을 제 편에 선 자들 1천여 기를 이끌고 가서 힘껏 들이쳤기에 효에의 스케(요리토모)는 7기 정도만 남았으며 도히의 스기야마(杉山)로 달아났습니다. 하타케야마(畠山)는 500기로 저희 편에 가담했었습니다. 미우라 오오스케(三浦 大介)의 아들 이 300기를 이끌고 겐지 편에 가담했는데 유이(由井), 코쓰보(小坪)의 포구에서 싸웠으나 하타케야마가 싸움에 져서 무사시 쪽으로 물러났습니다. 이후 하타케야마의 일족이 전부 일어나 2천여 기로 미우라의 키누가사(衣笠) 성을 하루 밤낮 공격하여 오오스케는 전사하고 말았습니다. 아들들은 모두 쿠리하마(久里浜)에서 배를 타고 아와163)와 카즈사로 건너갔다고 합니다."

라고 보고했다.

키요모리는 이를 듣고 크게 화를 내며,

---

163) 安房. 지금의 치바 현 남부. 아와노쿠니, 보슈(房州). 중국.

요리토모가 반기를 들었다는 보고를 받는 키요모리

"그 요리토모라는 놈은 헤이지 원년(1159) 12월에 죽였어야 할 것을
돌아가신 이케노젠니께서 너무도 측은히 여기시기에 유배를 보내버린
놈이다. 그런데 그 은혜도 잊고 우리 집안을 향해 활을 겨누다니 고약하기
짝이 없구나."

라고 말했다.

그런 요리토모가 은혜를 입은 헤이케에 대해 어째서 모반을 일으켰는
가 하면, 몬가쿠(文覚) 상인이라는 자가 권했기 때문이었다.

그 몬가쿠란 대체 어떤 사람일까?

(74) 몬가쿠 상인

몬가쿠는 원래 엔도 모리토오(遠藤 盛遠)라는 무사였다.

19세 때 불문에 뜻을 두어 머리를 깎고 수행에 들어가려 했으나,

"수업은 얼마나 힘든 것일까? 한번 경험해보기로 하자."

라며 한여름에 어떤 산골의 숲 속으로 들어가 알몸으로 누워 있었다. 벌과 등에와 모기와 개미 등이 몸 전체에 들러붙어 물어뜯었으나 꿈쩍도 하지 않고 7일 동안이나 일어나지 않았다.

8일째에 일어나,

"수행이란, 이만큼 힘든 것인가?"

라고 어떤 사람에게 물어보았더니,

"그 정도로 힘들었다가는 목숨이 버티지 못할 거야."

라고 대답했기에,

"그렇다면 쉬운 일이군. 아무것도 아니야."

라며 수행을 위해 전국을 돌아다녔다.

우선 키슈 쿠마노의 나치산으로 들어가려고 산을 오르다,

'수행에 앞서 이름 높은 나치의 폭포수를 맞아보기로 하자.'

라며 폭포 옆으로 내려갔다.

때는 겨울이 끝나갈 무렵으로 눈이 쌓여 있었으며 물은 얼어 있었고 봉우리에서 바람이 불어와 폭포수도 얼어버릴 것처럼 차가웠다. 그래도 몬가쿠는 용소로 들어가 목까지 잠긴 채 불경을 외웠다. 그렇게 이삼일은 그럭저럭 버텼으나 사오일쯤 지나자 도저히 견딜 수가 없어서 벌떡

일어났다. 물살이 센 곳이었기에 몸을 지탱하지 못하고 물살에 휩쓸려 칼날처럼 날카로운 바위 사이로 떠내려갔다. 5, 6정(600m)쯤 떠내려갔을 때 아름다운 동자 하나가 와서 몬가쿠의 손을 잡아 건져주었다.

사람들이 이상히 여기면서도 불을 피워 녹여주었기에 정신을 차렸다. 그런데 몬가쿠가 눈을 번쩍 뜨더니 커다란 목소리로,

"나는 이 폭포를 삼칠일 동안 맞으며 부동명왕의 다라니경을 3만 번 외우려 했소. 오늘로 겨우 닷새가 지났을 뿐인데, 대체 누가 여기로 데려온 것이오!"

라고 말했기에 들은 사람 모두 깜짝 놀라고 두려운 마음이 들었다.

몬가쿠는 다시 용소로 들어가 서 있었다. 그 이튿날 동자 여덟 명이 와서 몬카구의 양쪽 손을 쥐고 끌어내려 했으나 있는 힘껏 버텼기에 결국은 끌어내지 못했다. 그 다음 날에는 마침내 몸이 얼어 목숨이 끊어지고 말았다.

그때 머리를 두 갈래로 묶은 천동(天童)이 둘 폭포 위에서 내려와 '용소를 더럽힐 수 없다.'고 생각한 것인지 향기로운 손으로 몬가쿠의 머리에서부터 손발의 끝까지 문지르자 몬가쿠는 마치 꿈에서 깨어난 사람처럼 다시 되살아났다.

"이렇게까지 보살펴주신 여러분께서는 대체 어떤 분들이십니까?" 라고 묻자,

"대성 부동명왕을 모시고 있는 금가라, 세타가라는 두 동자입니다. 몬가쿠가 무상의 소원을 일으켜 용맹한 수행을 하고 있으니 가서 도우라고 명왕께서 명령하셨기에 온 것입니다." 라고 대답했다.

"그 명왕께서는 어디에 계십니까?"

"도솔천에."

라고 말하고 구름 너머 멀리로 올라가버렸다. 몬가쿠는 합장하고 절한 뒤,

　"나의 수행을 부동명왕께서 도우시다니 참으로 고맙구나."

라며 다시 용소로 들어가 물을 맞았는데 그 이후부터는 바람도 몸에 스미지 않았으며, 물은 마치 따뜻한 물처럼 느껴졌다. 이렇게 해서 스무하루 동안의 수행도 마침내 마쳤기에 천 일 동안 나치에 들어가 있었다.

　오오미네산(大峯山)에 3번, 카쓰라기산(葛城山)에 2번, 코야산, 코카와데라, 킨푸센(金峰山), 하쿠산(白山), 타테야마(立山), 후지산(富士山), 이즈, 하코네야마(箱根山), 시나노의 토가쿠시야마(戸隠山), 데와의 하구로야마(羽黒山) 등 전국을 빠짐없이 돌아다니며 수행을 쌓았기에 나는 새도 기도로 떨어뜨릴 수 있을 정도가 되었다.

　그 후에는 타카오(高雄)의 깊은 산 속에 있는 신고지(神護寺)라는 절에서 수행했다. 이 절은 쇼토쿠(称徳781~770) 천황 시절에 와케 키요마로(和気 清麻呂)가 지은 가람인데 오랫동안 수선도 하지 않았기에 매우 황폐해져 있어서 주지도 없었으며 거의 쓰러져가고 있던 고찰이었다.

기부를 받기 위해 어소로 온 몬가쿠

몬가쿠는 어떻게 해서든 이 절을 다시 세우고 싶었기에 권화장을 들고 기부를 받으러 돌아다녔다.

어느 날, 법황의 어소인 호주지도노로 가서 기부를 해달라고 청했다. 한창 아악 놀이 중으로 만나주지 않자 몬가쿠는 비할 자가 없을 정도로 거친 승려였기에 어전으로 들어가는 것이 무례한 짓이라는 사실도 모른다는 듯 뜰 안으로 들어가,

"대자대비하신 전하께서 어찌 들어주시지 않는 것입니까."
라고 커다란 목소리로 말한 뒤,

"소승 몬가쿠가 공손히 말씀 올립니다. 특히 귀천승속(貴賤僧俗) 모든 사람들의 도움을 얻어 타카오산의 영험한 땅에 절 하나를 건립하여 2세의 안락을 누리는 커다란 이익을 얻기 위해 노력하겠다는 소망의 권화장. 생각건대 영구불변한 진리는 광대하여⋯⋯."
하고 권화장을 높다랗게 읽어 내려갔다.

바로 그때 어전에서는 묘온인의 모로나가가 비파를 뜯으며 시가를 읊조리고 있었다. 아제치의 다이나곤인 스케카타는 와곤(和琴일본의 6현

칼을 휘두르는 몬가쿠

겨문고)을 뜯고 있었으며, 스케토키(資時)는 풍속가인 사이바라(催馬楽)를
부르고 있었다. 모두 흥에 겨웠으며 법황도 그들을 따라 노래를 부르고
있었다. 그러한 때에 몬가쿠가 커다란 목소리로 소란을 피웠기에 음정도
어긋나고 박자도 흐트러지게 되었다.

"괘씸한 놈. 당장 물러나라."

라고 호통을 치자 몬가쿠가,

"타카오의 신고지에 장원 하나를 기부해주시지 않는 한 여기서 결코
물러나지 않겠습니다."

라고 대답했기에 다가가 목을 치려 하자 몬가쿠가 권화장을 고쳐 쥐더니
스케유키의 에보시를 쳐서 떨어뜨렸으며 돌덩이 같은 주먹으로 가슴을
치자 스케유키는 뒤로 벌렁 나자빠지고 말았다.

그리고 몬가쿠가 품에서 칼을 꺼내 다가오는 자를 찌를 듯한 자세를
취했기에 커다란 소동이 벌어지고 말았다.

시나노노쿠니 사람인 안도 무샤 미기무네(安藤 武者 右宗)라는 자가
장검을 뽑아 달려들었다. 몬가쿠는 기다리고 있다가 기꺼이 맞붙었다.

안도 무샤가 베어서는 좋지 않으리라 생각하여 칼등으로 오른팔을 힘껏 내리쳤다. 칼등에 맞아 뒤로 물러나는 몬가쿠에게 칼을 버리고 달려들어 서로 엉겨붙었다. 두 사람 모두 누구에게도 뒤지지 않을 만큼의 장사였기에 엎치락뒤치락했으나 곁에 있던 자들이 모두 달려들어 몬가쿠를 묶었다.

이렇게 해서 몬가쿠는 사로잡혔고 일단 용서를 받기는 했으나,

"이러한 법사를 쿄토에 두어서는 무슨 일을 벌일지 모른다."

라며 이즈노쿠니로 유배를 보내버렸다.

(75) 이즈의 요리토모

몬가쿠는 나고야(奈古屋)의 구석진 곳에서 살고 있었다. 그곳은 요리토모가 살고 있는 히루가코지마에서 가까운 곳이었기에 종종 그곳으로 찾아가서 서로 이야기를 나누었다.

어느 날, 몬가쿠가 요리토모에게,

"헤이케에는 코마쓰의 오오이 나리(시게모리)라고 해서 마음도 용맹하시고 지략도 뛰어나신 분이 계셨으나, 헤이케의 운이 다한 것인지 작년 8월에 세상을 떠나셨습니다. 지금 겐페이 두 집안 가운데서 나리만큼 천하의 장군에 합당한 인상을 가진 인물은 없습니다. 얼른 모반을 일으키시어 일본 전역을 따르게 하십시오."

라고 권했다.

요리토모는,

"그건 생각할 수도 없는 일입니다. 저는 이케노젠니 덕분에 목숨을 건져 오늘 이처럼 살아 있는 것입니다. 그 은혜를 갚기 위해서 매일 법화경을 외우고 있기에 다른 일은 생각할 수도 없습니다."

라고 대답했다.

몬가쿠가 거듭,

"하늘이 주신 것을 받지 않으면 오히려 그에 대한 책망을 받게 되며, 시기가 왔는데 행하지 않으면 오히려 재앙을 입게 된다고 옛 책에 기록되어 있습니다. 이렇게 말하면 나리의 마음을 떠보려 한다고 생각하실지 모르겠으나 결코 그런 것이 아닙니다. 우선 이를 보시고 제 깊은 뜻을 헤아려주시기 바랍니다."

라며 품속에서 하얀 천으로 감싼 해골을 하나 꺼냈다.

　요리토모가,

　"그건 무엇입니까?"

라고 묻자,

　"이것은 나리의 아버님이신 고 사마의 카미 요시토모 나리의 목입니다. 헤이지 이후 옥사 앞의 이끼 아래에 묻혀 후세에 명복을 빌어주는 자도 없었는데 몬가쿠가 생각한 바 있어 옥지기에게 청하여 이것을 목에 걸고 여러 산과 절로 수업을 다니는 20여 년 동안 명복을 빌어왔습니다. 이것도 제 뜻이 굳다는 증거 가운데 하나입니다."

라고 말했기에 사실인지 아닌지는 알 수 없었으나, 아버지의 목이라는 말을 듣자 그리움에 눈물이 저절로 흘러내렸다.

　잠시 후, 요리토모가 눈물을 닦으며,

　"이 요리토모는 천황의 노여움을 산 몸인데 어찌 모반을 꾸미겠습니까?"

라고 말했다. 몬가쿠는,

　"아니, 아니. 그건 문제 삼을 것 없습니다. 당장 도읍으로 달려가서 용서를 구하도록 하겠습니다."

　요리토모가 웃으며,

　"스님도 천황의 노여움을 산 몸인데 어찌 다른 사람의 용서를 빌겠다는 말씀이십니까? 깊은 사려 없는 그런 말은 믿을 수가 없습니다."

라고 말하자 몬가쿠가 화를 내며,

　"저의 죄를 용서받으려 하는 것이라면 웃음거리가 될 테지만, 나리의 일에 대해서 말하는 것이니 무슨 어려움이 있겠습니까? 여기에서 지금의 도읍인 후쿠하라까지 올라가는 데 사흘은 걸리지 않을 것입니다. 인젠(법황

^{의 뜻)}을 여쭙기 위해서는 하루만 묵으면 될 터입니다. 도합 7, 8일이면 충분히 다녀올 수 있습니다."

라고 말하더니 그대로 자리에서 일어났다.

나고야로 돌아와서 제자들에게,

"이즈의 산으로 조용히 들어가 7일 동안 머물 생각이네."

라고 말해놓은 뒤 출발했다. 정말 사흘째 되는 날 후쿠하라에 도착했으며, 전 우효에의 카미인 미쓰요시를 찾아가서,

"이즈노쿠니로 유배를 가 있는 전 우효에의 스케 요리토모가, 죄를 용서하시고 인젠을 내려주신다면 칸핫슈[164]의 가신들을 모아 헤이케를 멸망시키고 천하를 진정시키겠다고 말하고 있습니다. 모쪼록 이러한 사정을 법황께 말씀드려주시기 바랍니다."

라고 청했다. 미쓰요시는,

"지금은 나도 모든 직을 박탈당해 괴로워하고 있는 중일세. 법황도 갇혀 계시기에 어떻게 될지는 모르겠으나 일단 찾아가보기는 하겠네."

라고 말한 뒤 이러한 사정을 은밀히 아뢰었다. 법황도 감동하여 바로 인젠을 내렸다.

몬가쿠가 기뻐하며 인젠을 목에 걸고 다시 사흘에 걸쳐서 이즈노쿠니로 돌아왔다.

몬가쿠 같은 사람을 만나게 되어 또 어떤 어려움을 겪게 될지 근심스러운 마음이 들어 요리토모가 이런저런 생각에 잠겨 있자니,

"이것이 바로 인젠입니다."

라며 내밀었다.

요리토모는 '인젠'이라는 말에 새 에보시를 쓰고 정갈한 옷으로 갈아입

---

164) 関八州. 칸토 지방의 여덟 개 주.

인젠을 받아든 요리토모

고 손을 씻고 양치질을 하고 공손하게 인젠을 향해 세 번 절한 뒤 펼쳐보았다.

　<지난 수 년 동안 헤이시는 전횡을 일 삼아왔네. 얼른 헤이시를 멸망시켜 조정의 원적(怨敵)을 물리치게.>
라는 내용이 적혀 있었다.

　요리토모는 비단 주머니에 넣은 이 인젠을 이시바시야마 전투 때에도 목에 걸고 있었다고 한다.

(76) 후지가와 전투

요리토모가 모반을 일으켰다는 소문과 급보가 후쿠하라에도 거듭 전해졌다. 공경이 상의한 결과,

"세력이 강성해지기 전에 하루라도 빨리 치는 것이 좋을 듯하오." 라고 결정되었기에 코마쓰의 곤노스케 쇼쇼 코레모리를 대장군으로 삼고, 사쓰마의 카미인 타다노리를 부장군으로, 카즈사의 카미인 타다키요를 사무라이 대장으로 삼아 3만여를 이끌고 9월 18일에 후쿠하라를 출발케 했다. 이들은 19일에 쿄토에 도착했으며, 20일에 토고쿠를 향해 출발했다.

코레모리는 23세였는데 마치 그림으로 그려놓은 듯 훌륭한 용모였다. 대대로 내려오는 카라카와(唐皮)라는 갑옷을 궤짝에 넣어 들게 하고, 길을 가는 동안에는 붉은색 비단으로 지은 히타타레에 연두색 갑옷을 입었으며, 회백색 얼룩말을 타고 있었다.

산을 넘고 물을 건너 행군하여 10월 16일에 스루가노쿠니의 키요미가세키(淸見が關)에 도착했다. 도읍을 떠날 때는 3만여 기였는데 도중에 점점 숫자가 늘어 7만여 기가 되어 있었다.

선진은 칸바라(蒲原), 후지가와(富士川)로 나아갔으며, 후진은 아직 타고시(手越), 우쓰(宇津)의 계곡 부근에 남아 있었다.

코레모리가 타다키요를 불러,

"코레모리의 생각으로는 아시가라야마(足柄山)를 넘어 널따란 곳으로 나가 싸우는 것이 좋을 듯하오."

요리토모 추토를 위해 떠나는 코레모리

라고 말하자,

"후쿠하라를 떠날 때 뉴도 나리께서, 군에 관한 일은 타다키요에게 맡기겠다고 말씀하셨습니다. 이즈・스루가에서는 아직 1기도 오지 않았습니다. 저희 군이 7만 기라고는 하나 각 지방에서 달려온 무사들로 사람과 말 모두 지쳐 있습니다. 게다가 토고쿠는 풀과 나무까지 모두 요리토모를 따르고 있으니 몇 십만 기가 될지 모릅니다. 후지가와를 앞에 두고 아군의 세력이 더 오기를 기다리는 것이 가장 좋을 듯합니다." 라고 말했다. 이에 어쩔 수 없이 후지가와를 앞에 두고 진을 쳤다.

그러는 사이에 요리토모가 카마쿠라를 출발하여 아시가라야마(山)를 넘어 키세가와(黃瀨川)에 도착했다. 카이와 시나노의 겐지들이 달려와 그들 편에 가담했다. 스루가의 우키시마가하라(浮島が原)에 모든 세력이 집결했는데 그 숫자는 총 20만 기에 이르렀다.

헤이케의 사무라이 대장인 타다키요가 히타치에서 도읍으로 가는 전령을 붙잡아,

"겐지의 군세는 얼마나 되는가?"

라고 물었더니,

"저는 사오백 정도까지는 헤아릴 수 있으나 그 이상의 숫자는 헤아리지 못합니다. 많은 건지 적은 건지는 모르겠지만 어쨌든 7, 8일쯤 오는 동안 들판이고 산이고 강이고 무사들로 빽빽하게 이어져 있었습니다. 어제 키소가와⒁에서 사람들이 말하는 것을 들었는데 겐지의 숫자는 20만이라고 했습니다."

라고 대답했다. 타다키요가,

"아아, 안타깝게 되었구나. 하루만 더 일찍 손을 썼더라면 오오바 형제와 하타케야마 일족이 어찌 우리 편에 서지 않았겠는가……. 그들만 가세했다면 이즈·스루가의 세력은 모두 우리를 따랐을 텐데……."

라고 후회했으나 이제 와서 후회해봐야 소용없는 일이었다.

대장군 코레모리가, 토고쿠에 대해서 잘 알고 있는 나가이의 사이토 벳토 사네모리(實盛)를 불러서,

"그대만큼의 강궁을 쏘는 자들이 칸토에는 얼마나 있는가?"

라고 물었더니 사이토 벳토가 웃으며,

"그렇게 말씀하시는 것을 보니 대장군께서는 저를 강궁을 쏘는 자라 생각하고 계신 모양입니다. 저는 겨우 13줌의 화살을 쏠 뿐입니다. 칸토에 저 정도의 화살을 쏘는 자는 얼마든지 있습니다. 강궁을 쏜다고 알려진 자 가운데 15줌 이하의 화살을 쏘는 자는 아무도 없습니다. 활도 건장한 사내 대여섯 명이서 시위를 걸어야 합니다. 그와 같은 강궁으로 쏘면 갑옷 두어 벌 정도는 간단하게 뚫을 수 있습니다. 그들은 말에 오르면 떨어지는 법이 없으며 아무리 험한 곳이라도 평지를 가듯 지납니다. 싸움에 임하면 아버지가 죽든 아들이 죽든 그 시체를 넘고 넘어 싸웁니다. 사이고쿠⒂의 무사들은 그렇지 않습니다. 아버지가 돌아가시면 물러나 장례를 치른 뒤 상이 끝나야 다시 싸움에 임하며, 아들이 죽으면 근심하고

슬퍼하며 공격합니다."

라고 말했기에 자리에 있던 사람들 모두 두려움을 느끼고 말았다.

어쨌든 24일 묘시(06시)에 후지가와에서 겐페이 양군이 전쟁을 개시하기로 했다. 23일 밤에 헤이케 쪽에서 겐지의 진영을 바라보았는데, 전란을 두려워하여 산과 들로 숨은 이즈와 스루가의 백성들이 피운 불이 곳곳에 보였기에 그것을 겐지 군이라 생각하여 깜짝 놀라고 말았다.

한밤중에 연못에 있던 물새 여러 마리가 무엇에 놀랐는지 한꺼번에 푸드득 날아오르자 그 날개소리에 헤이케 군이 깜짝 놀라,

"겐지의 대군이 몰려온다. 오와리가와(尾張川)까지 퇴각하여 그곳에서 적을 막아라."

라며 걸음아 나 살려라 달아나기 시작했다. 너무 당황하여 다른 사람의 말을 타고 달아나기도 하고, 묶여 있는 말에 올라 말뚝 주위를 빙글빙글 맴도는 자도 있었다.

24일 묘시에 겐지의 20만 기가 후지가와로 밀고 들어가 천지가 진동할 정도로 함성을 3번 내질렀다. 헤이케 쪽은 쥐 죽은 듯 고요하여 아무런 소리도 들려오지 않았다. 이에 사람을 보내 모습을 살펴보게 하니,

"모두 달아나 아무도 남아 있지 않습니다."

라고 말했기에 요리토모는 급히 말에서 뛰어내려 왕성을 향해 절을 하고,

"이건 요리토모의 공이 아니다. 모두가 하치만다이보사쓰의 뜻이다."

라고 말했다. 계속 뒤를 쫓을 수도 있었으나 후방이 근심되었기에 카마쿠라로 돌아갔다.

---

165) 西国. 쿄토의 서쪽 지방을 일컫는 말로, 여기서 사이고쿠의 무사란 헤이케 쪽의 무사를 가리킨다.

후지가와 전투

×

이 무렵, 헤이케를 비웃는 노래가 여럿 들려왔다.

<헤이케의 무네모리 얼마나 당황스러울까, 기둥이 될 줄 알았던 코레모리를 잃었으니>

<후지가와 여울목의 바위 넘는 물보다 빠르게 달아나는 이세 헤이시로구나>

또한 카즈사의 카미 타다키요가 후지가와에 갑옷을 버리고 달아났기에,

<후지가와에 갑옷을 버렸으니 승복을 입게, 후세를 위해서>

(77) 다시 쿄토로

11월 8일에 대장군 코레모리가 후쿠하라로 돌아왔다. 키요모리가 크게 화를 내며,

"코레모리를 키카이가시마로 유배보내라. 타다키요의 목을 베어라." 라고 말했다. 이에 9일에 헤이케의 사무라이들이 모여 그에 대해서 상의했다. 그때 슈메의 호간인 모리쿠니가 앞으로 나서서,

"타다키요는 평소 기백이 없는 자라 여겨지지 않습니다. 18세 때, 토바도노의 창고로 키나이(畿內) 최고의 악당 둘이 달아나 숨자 누구 하나 손을 내밀려 하지 않았으나 타다키요가 홀로 그들을 잡았을 정도로 강용한 자입니다. 이번 패배는 다른 곳에 이유가 있지, 타다키요의 죄는 아니리라 여겨집니다."

라고 말했기에 죄를 묻지 않았다. 10일에 임관식이 열려 코레모리는 우콘에의 추조가 되었다. 사람들은,

"이건 패한 것에 대한 상일까?"

라고 험담을 했다.

11일에 키요모리의 넷째 아들인 토우(頭)의 추조 시게히라가 사콘에의 추조로 승진했다.

13일에는 후쿠하라의 궁궐이 완성되어 주상이 그곳으로 옮겼다. 다이조에166)를 행해야 했으나 다이조에는 10월 말에 토가(東河카모가와)로

---

166) 大嘗会. 그해에 수확한 곡물을 신에게 바치고 천황 자신도 그 곡물을 먹는 행사를 신조사이라고 하며 즉위 후 처음으로 행하는 신조사이를 다이조에라고 한다.

패전 후 회의를 연 헤이케의 사무라이들

가서 목욕재계하고 난 뒤 다이고쿠덴(大極殿) 앞에서 신성한 물을 뿌리고 부라쿠인(豊楽院)에서 연회를 열어야 하는데 새로운 도읍인 후쿠하라에는 다이고쿠덴이 없었기에 대례는 행해지지 않았다.

후쿠하라로 도읍을 옮기고 난 뒤부터 이상한 일들이 거듭 일어났으며, 히에이잔(엔랴쿠지)과 나라(코후쿠지) 등에서 쿄토로 돌아오라고 자꾸만 권했기에 키요모리도,

"그렇다면 다시 쿄토로 돌아가자."

라며 12월 2일에 갑자기 쿄토로 돌아갔다.

후쿠하라는 북쪽에 산들이 높이 솟아 있고 남쪽은 바다와 가까워서 파도소리가 시끄러웠을 뿐만 아니라 바닷바람도 센 곳이어서, 타카쿠라 상황은 걸핏하면 몸이 좋지 않았기에 서둘러 후쿠하라를 떠났다. 중궁, 이치인, 상황 모두 쿄토로 돌아갔다. 셋쇼인 후지와라노 모토미치를 비롯하여 공경들이 수행했다. 헤이케도 키요모리를 시작으로 일문 사람들 모두가 수행했다.

쿄토로 돌아오는 행렬

　고시라카와인, 타카쿠라인은 로쿠하라의 이케도노로 갔으며, 주상은
고조의 궁궐로 들어갔다. 사람들은 묵을 곳이 없었기에 하치만, 카모,
사가, 우즈마사(太秦) 등의 한편 구석으로 들어가 당우나 회랑이나 창고
등에서 묵었다.

　23일에는 오우미 겐지의 배반을 치기 위해 사효에의 카미인 토모모리
와 사쓰마의 카미인 타다노리가 대장군이 되어 총 3만여 기의 군대를
이끌고 오우미로 출발했다. 그들은 야마모토(山本), 카시와기(柏木),
니시고리(錦織) 등 각지에 있던 겐지를 물리치고 미노 · 오와리까지
공격해 들어갔다.

(78) 불타오르는 나라

한편 누구의 입에서부터 나왔는지는 모르겠으나 도읍에,

"나라의 코후쿠지는 미이데라에 동조하여 모치히토 왕을 모시러 왔었으니 이야말로 조정의 적이다. 그러니 나라도 공격해야 한다."

라는 말이 돌았기에 코후쿠지의 다이슈들이 모여 봉기했다.

칸파쿠는,

"생각하는 바가 있다면 말씀을 해보시게. 얼마든지 상주해줄 테니."

라며 타다나리를 사자로 삼아 나라로 보냈다. 그러나 무슨 생각을 한 것인지 다이슈가,

"수레에서 끌어내려라. 상투를 잘라라."

라며 소란을 피웠기에 타다나리는 창백해진 얼굴로 달아나 돌아왔다.

또한 나라에서는 커다란 나무 공을 만들어 그것을 키요모리의 목이라고 말하며,

"쳐라, 밟아라."

하고 기다란 채로 때리며 놀았다.

키요모리는 코후쿠지 법사들의 소란을 잠재우기 위해서 세노오 타로 카네야스를 야마토노쿠니의 케비이시로 임명했다. 이에 카네야스는,

"다이슈가 난동을 부려도 결코 맞서서는 안 된다. 갑옷을 입어서는 안 된다. 궁시를 쥐어서는 안 된다."

라고 말한 뒤 500기를 데리고 출발했다. 그러나 그러한 사정을 몰랐기에 다이슈들이 60여 명을 잡아다 목을 베어 사루사와(猿沢)의 연못가에

나라를 공격하는 시게히라

그것을 늘어놓았다.

　이에 크게 화가 난 키요모리가,

　"그렇다면 남도(나라)를 불태워라."

라며 토우의 추조인 시게히라와 추구의 스케인 미치모리를 대장군으로 삼고 총 4만여 기를 주어 나라를 공격하게 했다.

　나라에서는 노소를 가리지 않고 총 7천여 명이 모여 나라자카(奈良坂)와 한냐지(般若寺)의 길을 파냈으며 방패로 담을 쌓고 가시나무 울타리를 두른 채 적을 기다렸다.

　헤이케에서는 4만여 기를 두 갈래로 나누어 나라자카와 한냐지 두 곳의 성곽으로 밀고 들어가 한꺼번에 함성을 올렸다.

　다이슈는 모두 보병으로 장검을 들고 싸웠다. 관군이 말을 타고 달리며 그들을 헤집었기에 다이슈는 수많은 사람들이 목숨을 잃었다. 아침부터 싸움이 시작되었는데 저녁이 되자 나라자카와 한냐지 2곳의 성곽 모두 패하고 말았다.

　밤이 되자 대장군 시게히라가 한냐지의 어두운 문 앞에 서서,

화염에 휩싸인 나라의 절

"불을 질러라."

라고 명령했기에 하리마노쿠니 사람으로 후쿠이 쇼(莊장원)의 하급관리
인 지로 타이후 토모카타(友方)라는 자가 방패를 쪼개서 만든 횃불로
민가에 불을 질렀다. 불을 지른 곳은 한 군데였으나 마침 바람이 세차게
불어 불길이 이리저리 휘날렸기에 수많은 가람이 화염에 휩싸이고 말았
다.

다이슈 가운데서도 수치를 알고 이름을 아끼는 자들은 나라자카에서
싸우다 목숨을 잃었으며, 걸을 수 있는 자들은 요시노, 토쓰카와(十津川)
쪽으로 달아났다. 걷지 못하는 노승이나 어린아이, 아녀자 등은,

"어쩌면 목숨을 구할 수 있을지 모른다."

며 대불전의 2층이나 코후쿠지의 경내로 몸을 피했다. 대불전 2층에는
1천여 명 정도가 모여 있었는데, 적이 오르지 못하도록 하기 위해서
계단을 뜯어냈기에 불이 그리로 옮겨붙자 밑으로 내려갈 수가 없어서
모두가 불에 타죽고 말았다. 그 울부짖는 소리는 그야말로 초열지옥,
아비규환 자체였다.

화염 속에서 목숨을 잃은 자들을 헤아려보니 대불전 2층에서 1천 7백 명, 그 외의 곳까지 더해 총 3천 5백여 명이나 되었다. 전장에서 목숨을 잃은 다이슈는 1천여 명이었는데 일부는 한냐지(절)의 문에 목을 걸었으며, 일부는 목을 가지고 쿄토로 돌아갔다.

　29일에 쿄토로 개선하자 키요모리는 크게 기뻐했으나 일반 사람들은,

　"못된 중놈들을 죽인 것은 잘한 일이지만, 가람을 여럿 불태운 것은 안타까운 일이다."

라며 한탄했다.

(79) 각지에서 기치를 올린 겐지

그 무렵, 시나노노쿠니에 키소 지로 요시나카(木曾 次郎 義仲)라는 겐지가 있었다. 고 타테와키 센조 요시카타(帶刀 先生 義賢)의 둘째 아들이었다. 아버지 요시카타는 큐주(久寿) 2년(1155)에 카마쿠라의 아쿠겐타 요시히라에 의해 목숨을 잃었다. 그때 요시나카는 아직 2세였는데 어머니가 품에 안고 울며 울며 시나노로 내려가 키소의 카네토오(兼遠)에게,

"이 아이를 훌륭한 무사로 키워주십시오."

라고 부탁했고 카네토오가 이를 받아들여 양육했다. 성장함에 따라서 기골이 장대하고 마음도 강용한 자가 되어갔다.

13세 때 관례식을 치렀는데 이와시미즈하치만구(石清水八幡宮)로 가서 참배하고,

"저희 4대조인 요시이에는 이 하치만의 아들로 이름을 하치만 타로 요시이에라고 하였습니다. 저도 그렇게 하겠습니다."

라며 신 앞에서 상투를 틀어올리고 키소 지로 요시나카라는 이름을 쓰기 시작했다. 자신을 돌봐주던 카네토오를 따라서 늘 쿄토로 올라가 헤이케의 모습을 잘 살펴보았다.

하루는 요시나카가 카네토오를 불러,

"요리토모가 칸핫슈의 병력을 이끌고 토카이도[167]를 따라 공격해

---

167) 東海道. 쿄토에서 토쿄까지 해안선을 따라 난 도로.

키소 요시나카

들어가 헤이케를 멸망시키려 하고 있네. 요시나카도 토잔·호쿠리쿠 2개 도의 병력을 이끌고 하루라도 빨리 헤이케를 멸망시켜 일본의 두 장군이라 불리고 싶네만, 어떻게 생각하는가?"

라고 말했다. 카네토오가 크게 기뻐하고,

"그날을 위해서 나리를 20여 년 동안 양육한 것입니다. 과연 하치만 나리(요시이에)의 후예답게 훌륭하신 생각을 하셨습니다."

라며 바로 군대를 일으켰다. 그리고 각지로 서장을 돌리자 시나노노쿠니의 모든 무사들이 그를 따랐다.

　요시나카에 대한 소식을 전해들은 헤이케에서는,

"토고쿠의 반란조차 아직 진압하지 못했는데 홋코쿠에서 또 반란을 일으키다니, 큰일이다."

라며 일대 소동이 벌어졌다. 이를 들은 키요모리는,

"설령 시나노노쿠니의 모든 자들이 키소를 따른다 할지라도 에치고노

쿠니에 요고쇼군(余五将軍)의 후예인 조(城) 타로 스케나가(資永)와 시로 스케시게(資茂) 형제가 있으니 명령을 내리기만 하면 바로 공격할 걸세."

라고 말했다.

지쇼 5년(1181) 2월 1일에 임관식이 행해져 조 스케나가가 에치고의 카미에 임명되었다. 이는 요시나카를 치게 하기 위해서였다.

9일에 카와치 이시카와군에 살고 있는 무사시의 곤노카미 요시모토와 그의 아들인 이시카와의 호간 대리 요시카네가 헤이케에 반기를 들고 겐지 편에 섰다는 소식이 들려왔기에 헤이케에서는 군대를 보냈다.

겐타이후호간인 스에사다와 셋쓰의 호간인 모리즈미를 대장으로 삼고, 3천여 기를 주어 출발케 했다. 성 안에는 요시모토를 비롯하여 겨우 100기쯤밖에 없었기에 낮 동안 싸우다 밤이 되자 요시모토는 목숨을 잃고 말았다. 아들인 요시카네는 부상을 입어 생포당하고 말았다.

12일이 되자 큐슈에서 전령이 와서,

"친제이(鎮西큐슈)의 무리들은 오가타 사부로 코레요시(緒方 三郎 惟

각지에서 겐지가 일어났다는 보고를 받는 키요모리

義)를 비롯하여 우스키(臼杵), 헤쓰키(部槻), 마쓰우라(松浦) 일당에 이르기까지 전부가 헤이케에서 등을 돌리고 겐지 편에 섰습니다."
라고 말했기에 헤이케 사람들은,

"토고쿠(東国)가 등을 돌리고, 홋코쿠(北国)가 등을 돌리고, 이제는 사이고쿠(西国)까지 등을 돌리다니……"
라며 놀랐다.

16일에 이요노쿠니에서 전령이 와서,

"지난 겨울 무렵부터 이요 사람인 카와노 미치키요(河野 通清)가 헤이케를 배반하고 겐지를 따랐기에, 빈고 사람으로 헤이케를 깊이 따르고 있는 누카(額) 뉴도 사이자쿠(西寂)가 3천여 기를 이끌고 이요로 가서 타카나오(高直) 성을 공격하여 미치키요를 제거했습니다. 그 아들인 미치노부(通信)는 아키의 메다 지로(奴田 次郎)가 외할아버지이기에 그쪽으로 가 있어서 성에 없었으나, 아버지가 목숨을 잃었기에 어떻게 해서든 사이자쿠를 치려고 기회를 엿보고 있었습니다. 뉴도 사이자쿠는 시코쿠의 적을 진압하고 정월 15일에 빈고의 토모(鞆)로 건너가 주연을 베풀었는데, 그때 카와노 미치노부가 100여 기를 이끌고 와서 자리를 덮쳤습니다. 사이자쿠 쪽은 300여 명이었으나 갑작스러운 습격에 맞서지 못했기에 사이자쿠는 마침내 생포되어 타카나오 성까지 끌려갔다가 톱으로 목이 썰려 죽고 말았다고 합니다."

라고 고했다.

또한 쿠마노의 벳토인 탄조는 헤이케의 무거운 은혜를 입은 자였으나 홀연 변심하여 겐지 쪽으로 돌아누웠다는 소문이 키이노쿠니에서 들려 오기도 했다.

(80) 키요모리의 죽음

23일에 상황의 어전에서 갑작스럽게 공경들의 회의가 열렸다. 그 자리에서 전 우다이쇼인 무네모리가,

"지난번에 반도(칸토)로 토벌군을 보냈으나 아무런 성과도 없었습니다. 이번에는 무네모리가 대장군이 되어 토고쿠와 홋코쿠의 흉도들을 추토하겠습니다."

라고 말했기에 모두가 거기에 찬성했다.

27일에 출발할 예정이었으나 그날 밤부터 키요모리가 병에 걸려 출발은 결국 중지되었다.

28일에 상당한 중태라는 사실이 알려졌기에 로쿠하라는 물론 쿄토 안의 사람들 사이에서 일대 소란이 벌어졌다.

"이거 큰일 났어."

"다 업보야."

라고 험담을 하는 자들도 있었다.

키요모리는 병에 걸린 날부터 물도 마시지 못했으며 열이 높아서 온 몸이 불덩어리 같았다.

"아아, 덥다, 더워."

라며 괴로워할 뿐이었다. 너무나도 괴로워하기에 히에이잔 센주이(千手井·우물)의 물을 떠다 돌욕조에 채우고 그 안에 들어가게 했으나 열 때문에 물이 끓어올라 곧 뜨거운 물이 되어버리고 말았다. 보통의 물을 몸에 뿌리면 달구어진 돌이나 철에 물을 부었을 때처럼 물을 튕겨냈다.

키요모리의 아내인 니이도노는 섬뜩한 꿈을 꾸었다.

맹렬한 불길에 휩싸인 수레가 탄 사람도 없는데 문 안으로 들어왔다. 수레 앞뒤로는 소의 얼굴을 한 사람과 말의 얼굴을 한 사람이 따르고 있었다. 수레 앞에는 '무(無)'라는 글자만 보이는 철판이 달려 있었다. 니이도노가 꿈 속에서,

"이건 어디에서 어디로 가는 수레입니까?"

라고 묻자,

"헤이케의 다이조 뉴도 나리의 악행이 도를 넘어섰기에 염라청에서 데리러 온 수레입니다."

라고 대답했다.

"그렇다면 저 철판은……."

이라고 묻자,

"나라의 대불을 불태운 죄로 무간나락에 떨어뜨리라는 대왕의 명령이 있었는데 '무'자만 쓰고 '간(間)'자는 아직 쓰지 않은 것입니다."

키요모리의 최후

라고 말했다. 잠에서 깨어나 땀을 줄줄 흘리며 꿈에 대해 이야기하자 그것을 들은 사람 모두 모골이 송연해졌다.

그 후 신사와 불각에 온갖 보물을 바치며 기도했으나 아무런 효과도 없었다.

윤2월 2일에 니이도노가 키요모리의 머리맡으로 가서,

"용태를 보니 나날이 기운이 쇠하고 있는 것 같습니다. 제정신으로 돌아오셨을 때 생각나는 것이 있으면 말씀해두시기 바랍니다."

라고 말하자 평소 더 없이 건강했던 키요모리도 괴롭다는 듯,

"우리 집안은 호겐·헤이지 이후 지금까지 조정의 적을 거듭 물리쳐 과분할 정도의 은상을 받아왔소. 그리고 황공하옵게도 천황의 외척으로 다이조다이진에까지 올라 영화를 자손에게까지 남겼소. 이번 생에서의 소망은 무엇 하나 남김없이 이루었소. 단지 마음에 걸리는 것은 요리토모의 목을 보지 못하고 세상을 떠나야 한다는 것뿐이오. 내가 죽어도

장례는 치를 필요 없으니 서둘러 토벌군을 내려보내 요리토모의 목을 나의 무덤 앞에 걸도록 하시오. 그것이 가장 커다란 효행이 될 것이오."라고 말했다.

4일에 64세를 일기로 그처럼 온갖 영화를 다 누리던 키요모리도 마침내는 황천객이 되어버리고 말았다.

7일에 아타기(愛宕신사)에서 화장했으며, 뼈는 엔지쓰(円実) 법안이 목에 걸고 셋쓰노쿠니로 가서 쿄노시마에 묻었다.

그 이후 헤이케는 하루하루 운이 기울어 쿄토에서 쫓겨났을 뿐만 아니라, 이치노타니(一ノ谷)·야시마(屋島)에서 연달아 패했으며, 일문 모두가 단노우라(壇ノ浦)의 이슬로 허망하게 사라져버리고 말았다.

(81) 키요모리의 인물상

키요모리는 세상 사람들로부터 여러 가지로 비난을 받고 있으나, 여기서 주의해야 할 점은 키요모리의 전기 등은 대부분 적의 전성기에 쓰인 것이기에 좋지 않게 기술된 부분이 많다는 점이다.

키요모리는 상당한 영걸이자 위인이었으나 좋지 않은 쪽으로만 기록되었기에 그것에만 의지하여 판단하면, 상당히 오만방자하고 불충한 자인 것처럼 보인다.

키요모리가 왜 당시 사람들의 미움의 대상이 되어 적을 많이 두게 되었는가 하면, 영달을 이루는 것이 너무 빨라 그 권세에 맞설 자가 없었기에 시기심을 품게 하는 점이 많았기 때문이었다.

키요모리는 세상으로부터 여러 가지 비난을 받았다. 무엇보다 점점 더 커다란 영화를 누리게 되자 권세를 마음껏 휘둘렀으며, 자신에게 반대하는 자는 어디까지고 억압하여 잔학한 행동까지도 서슴지 않았기 때문이었다.

그런데 키요모리는 정말로 잔학한 행동을 많이 했던 인물이었을까? 아니, 오히려 관대한 부분이 많았던 것처럼 여겨진다. 앞서 이야기한 것처럼 요리토모를 죽일 심산으로 있었으나 이케노젠니의 청에 따라서 그를 살려주었으며 다른 아이들도,

"요리토모를 용서해주었는데 어찌 다른 아이들을 죽일 수 있겠느냐." 라며 용서해주었다는 사실로도 그 점을 잘 알 수 있다. 이를 호겐의 난 때 신제이가 반대편에 섰던 자들을 전부 죽인 일과 비교하면 둘

사이에는 커다란 차이가 있다.

또한 지쇼 원년(1177)에 키요모리가 고시라카와 법황을 유폐하려 했으나 시게모리가 이를 말렸다는 이야기는 누구 하나 모르는 사람이 없을 정도로 유명한 이야기이나, 이것도 사실이 아닐 것이라 여겨지고 있다.

『교쿠요』라는 책에 당시 원(법황의 거처) 안에 대한 상세한 기록이 있는데 그러한 기사는 조금도 찾아볼 수 없다는 점으로도 그 이야기는 사실이 아니었음을 추측해볼 수 있다. 뿐만 아니라 원의 근신들이 원 안으로 들지 않아 법황을 모시는 자가 아무도 없음을 보고 키요모리가 오히려 크게 화를 냈다고 기록되어 있다. 법황에 대한 원한으로 그에 대한 보복을 해야겠다는 생각은 결코 품고 있지 않았던 것이다.

겐페이 시대의 정확한 기록으로 인정받고 있는 『구칸쇼[168]』라는 책에도,

<원으로 들어가 미쓰요시를 불러내 다음과 같이 이야기했다. 이는 오로지 세상을 위해서, 임금을 위해서입니다. 저를 위한 일은 그 다음입니다. 그리고 후쿠하라로 돌아갔다. ……>

라고 기록되어 있는 것처럼 세상을 위하고 임금을 위하는 것이 으뜸이었 으며, 자신을 위한 일은 그 다음이라고 생각하고 있었다.

앞서 이야기한 일은 시게모리를 부각시키기 위해서 키요모리에게 악역을 맡겼기 때문이 아닐까 여겨진다. 다음 사실도 앞서 이야기한 바 있지만, 키요모리의 손자인 스케모리가 길에서 셋쇼 모토후사와 마주쳤는데 수레에서 내리지 않았기에 치욕을 당한 적이 있었다. 그에 대한 보복을 키요모리가 했다고 전해지고 있지만, 이것도 사실은 시게모

---

168) 愚管抄. 카마쿠라 시대 전기의 역사서. 진무 천황에서 준토쿠 천황까지의 역사를 기록한 책. 이후의 사서에 커다란 영향을 주었다.

켄레이몬인

리가 시킨 일이었던 것처럼 키요모리를 상당한 악인으로 다루고 있는 듯하다.

×

다음으로 키요모리의 인상에 대해서 말해보자면, 세상 사람들이 흔히 상상하고 있는 것 같은 험상궂은 뉴도가 아니었다. 오히려 미목수려(眉目秀麗)하고 한아(閑雅)한 용모로 품위 있는 신사의 모습이었다. 키요모리의 어머니는 천황의 궁녀였다고 하니, 틀림없이 미인이었을 것이다. 키요모리에게는 딸이 9명 있었는데 하나같이 미인들이었다. 그 가운데서도 둘째 딸인 켄레이몬인은 국색으로 비할 자가 없다고 기록되어 있다. 또한 아들 가운데서도 시게히라는 미남이었다고 전해진다. 이러한 점들로 미루어보았을 때 키요모리의 용모도 상상해볼 수 있으리라 여겨진다.

×

이번에는 키요모리의 취향에 대해서 이야기해보겠는데, 그는 상당한 풍류객이었던 듯하다. 12세 때 처음으로 이와시미즈의 임시 제례에서 무인(舞人)으로 춤을 추었다. 그리고 28세 때 이와시미즈로 행행이 있어서 임시 제례가 열렸는데 그때도 무인으로 나섰으며, 당시의 일을 『다이키169)』라는 책에서는,

<4위인 자가 무인으로 나서는 것은 세상에서도 비범한 일이다.> 라고 기록했다.

키요모리는 문학에 대해서도 관심을 갖고 있던 사람으로, 『태평어람(太平御覽)』이라는 책을 궁궐에 헌상했다. 이 책은 송나라(당시의 중국)에서 새로이 인쇄한 것으로 외국에는 좀처럼 유출되지 않던 책이었다. 그것을 키요모리가 송나라와의 교통에 의해서 판목을 손에 넣게 되었는데, 이는 귀중한 책이라며 궁궐에 헌상한 것이었다. 문학에 얼마나 관심이 있었는지를 이 사실 하나만 봐도 알 수 있다.

그 필적 등도 상상 이상으로 뛰어나서 지금도 그것이 남아 있다. 이쓰쿠시마에 바친 경권이 특히 유명한데, 아름다움의 극치를 이루고 있는 장식은 고금에 비할 바가 없다 일컬어지고 있다. 전 32권으로 키요모리의 일족이 각자 의장을 겨루며 그것을 필사했다. 매우 훌륭한 것으로, 이를 주도하여 만들게 한 키요모리의 취향이 어느 정도였는지를 엿볼 수 있다.

---

169) 台記. 1136~1155년까지 기술한 사다이진 후지와라노 요리나가의 일기.

이러한 일들로 보았을 때 키요모리는 각 방면에 뛰어난 위인이었음을 알 수 있는데, 특히 정치적으로는 비범한 수완을 가지고 있었으며, 시류를 초월한 식견을 가지고 있었다.

키요모리가 사원의 세력을 이용하여 그들을 자신에게 유리한 쪽으로 움직이게 했다는 사실은 그의 정치적 수완이 어떠한 것이었는지를 이야기해주는 대목이다. 원래부터 히에이잔의 중도는 병력과 재력과 신앙의 힘을 함께 소유한 일대 세력이었기에 예로부터 정치가들 모두 그들을 다루기에 애를 먹었다. 그러한 사원의 세력을 손 안에 쥐고 있었다는 사실은 키요모리가 얼마나 비범한 수완을 가지고 있었는지 여실히 보여주는 예라고 할 수 있다.

키요모리가 굉장한 걸물이었다는 사실을 보여주는 또 다른 예가 바로 후쿠하라로의 천도다. 지쇼 4년(1180) 6월 2일에 상주하여 키요모리는 도읍을 후쿠하라로 옮겼다. 이 후쿠하라 천도의 목적은 단순히 중심을 옮기는 것에만 있었던 것이 아니라, 쿄토에서 황실 및 공경들을 옮길 필요가 있었기 때문이었다. 결국에는 쿄토로 다시 돌아가기는 했으나, 어쨌든 도읍을 옮기는 커다란 사업을 단행한 것이었다.

또한 옳고 그름을 떠나서 미이데라와 코후쿠지 등의 거대 사찰에 불을 질렀다는 사실도 키요모리의 비범함을 증명해주는 일들이다. 수백 년 동안 상하 모든 사람들이 두려워하여 그 어떤 억지를 부려도 굴종하기만 했던 이들 거대 사찰에 불을 질러 타격을 주었다. 이는 그 어떤 정치가나 영웅도 손을 대지 못했던 곳을 근저에서부터 뒤집어엎은 사건이었다. 당시 사람들은 부처님의 벌을 매우 두려워했는데, 키요모리는 그것을 조금도 마음에 두지 않았던 것이다. 미신이 일반적이었던 시절에도 초연했다는 점에 키요모리의 위대함이 드러나 있는 듯 여겨진다. 또한 가뭄이 들었을 때 초켄(澄憲)이라는 승려가 기도하여 비를 내리게

했다는 말이 들려오자 키요모리는 이를 비웃으며,

"마침 내릴 때가 되어 내린 것일 뿐, 기도 때문에 내린 것은 아니다."
라고 말했는데 비를 기원하는 당시에 있어서는 탁견이라고 하지 않을
수 없다.

키요모리의 사상이 당시 사람들과 달랐다는 점은 죽음에 앞서 한
유언으로도 알 수 있다.

"죽음은 두려워할 것 없다. 사람들 모두 거기에 이른다. 단지 요리토모
의 목을 보지 못한 것이 유감스러울 뿐이다."
라고만 말했을 뿐, 부처님에 대한 공양이네 추선(追善)에 대해서는 단
한마디도 하지 않았다. 이러한 일들을 봐도 진취적이고 적극적이었다는
사실을 알 수 있다.

×

키요모리의 비범함은 송나라와의 교통을 활발히 했으며, 효고에 항구
를 지었다는 사실에도 잘 나타나 있다.

키요모리는 호겐의 난에서 세운 공으로 아키의 카미가 되었으며
뒤이어 다자이의 다이니가 되어 하카타(博多)에서 외국과 무역하는
모습을 보았고, 그것을 자신의 손에 넣어 경제적으로 풍부해졌기에
커다란 세력을 얻게 된 것이다. 무역에 의한 이익이 크다는 사실을
잘 알고 있었기에 자신이 세력을 얻은 뒤에도 송과의 교통을 점차 늘려
무역이 활발해진 것이다.

키요모리는 송과의 무역을 더욱 활발히 하기 위해서 효고에 항구를
수축했다. 그에 대한 내용은 인공섬에 대해서 기술할 때 이야기했는데,
효고의 항구는 원래 와다노토마리(和田泊), 혹은 오오와다노토마리(大

헤이케의 가문

和田泊라고 해서 나라 시대에 교키(行基) 보살이 만든 5개의 토마리(泊)
가운데 하나였다. 이를 수축한 것이 점점 양항이 되어 지금의 코베
항으로까지 발전한 것이다.

×

　마지막으로 키요모리의 행적 가운데 가장 커다란 업적이라고 할
수 있을 만한 것은 무가정치를 시작했다는 점이다.
　무가정치란 일본 문화사의 특징 가운데 하나로 다른 나라에서는
거의 예를 찾아보기 어렵다. 이는 일본인이 독창적으로 만들어낸 하나의

정체(政体)라고 할 수 있다. 쿄토에 조정이 엄연히 존재했으나 실질적으로는 무가가 정치를 행했으며 그 정치에 대한 책임도 무가에서 지는 형태로, 이는 일본인이 시작한 하나의 문화상이었다. 그러한 형식을 굳건히 한 것은 요리토모였으나, 그 근원은 키요모리에게 있었다. 키요모리는 후지와라 씨 족벌을 타파하고 정치적 대변혁을 일으켜 일본 국내에 새로운 기운을 만들어냈으며, 새로운 정체의 근원을 만들어냈다. 후세 사람들은 키요모리를 난폭한 사람이라며 비난하지만, 그러한 국면을 전환시킨 공적은 크게 인정해주어야 한다고 생각한다.

키요모리의 이상은 힘을 표현하는 데 있었다. 그리고 의지가 매우 강하고 고집이 세고 마음이 강인했기에 자신의 뜻을 관철시켰으며 아집을 부렸던 것이라 여겨진다.

키요모리가 조금만 더 자신의 행동을 자제했다면 더욱 훌륭한 위인으로 후세에 전해졌으리라.

그렇게도 탁월한 식견과 힘을 가지고 있었는데 악인처럼 여겨진다는 것은 참으로 유감스러운 일이 아닐 수 없다.

○ 옮긴이의 말

일본의 역사를 돌아보면 중세와 근세는 무사들의 시대였다. 쿄토에 천황을 중심으로 한 중앙정부(조정)가 엄연히 존재했음에도 불구하고 실제로 정치를 행한 것은 쇼군(将軍)을 중심으로 무사들이 세운 무가정권(막부)이었다.

그러한 무가정권을 공고히 하여 약 700년에 걸친 무가정권을 이어갈 수 있게 한 것은 미나모토노 요리토모였으나, 무가정권을 처음으로 시작한 사람은 타이라노 키요모리였다.

애초에 무사들은 귀족의 호위(사부라이侍)를 맡거나 지방의 장원을 경비(兵ツ와모노)하는 정도의 신분에 지나지 않았으나 점차 실력을 키워 중앙으로 진출하게 되었고, 마침내는 실권을 쥐기에 이르렀다. 이러한 과정에서 두각을 드러낸 것이 타이라(平) 집안과, 미나모토(源) 집안이었다.

무사들의 시대가 도래하자 두 집안은 권력을 놓고 치열하게 다투었는데 이 다툼에서 승리를 거둔 것은 타이라 집안이었으며 그 무사집단의 우두머리(동량)가 바로 타이라노 키요모리였다. 정적을 제거한 키요모리는 곧 자신의 세력을 더욱 키워 결국에는 무가정권을 시작하기에 이르렀다.

이 책은 일본에서 처음으로 무가정권을 시작한 타이라노 키요모리의 일생을, 야사까지도 포함한 전기 형식으로 알기 쉽게 쓴 것이다.

알기 쉽게 썼다고는 하나 워낙 오랜 전의 이야기이기도 하고, 또 우리 독자에게는 낯선 부분도 많아 그것이 이해를 어렵게 하기에, 역자

나름대로 독자의 이해를 돕기 위해 몇 가지 시도를 해보았다.

이러한 시도 가운데 가장 눈에 띄는 것은 관직명의 표기일 것이다.

예를 들어 일본사에 조금이라도 관심이 있는 사람이라면 한 번쯤은 들어봤을 치쿠젠노카미(筑前守)는 치쿠젠노쿠니(筑前国)라는 지방의 장관을 뜻하는 관직명이다. 그러나 우리나라 독자들의 대부분은 이러한 내용을 잘 모르고 그냥 읽어나가는 듯하다. 이에 독자의 이해를 돕기 위해 치쿠젠노카미의 경우 '치쿠젠의 카미(장관)'라는 식으로 표기했다. 그리고 주요한 지명이나 관직명은 각주를 달아 이해를 도왔으며 책의 끝부분에 주요한 관직과 위계 및 옛 지명을 실었으니 함께 보면 이해가 더욱 빠를 것이다.

다음으로 눈에 띄는 것은 인명의 한자 표기다. 지금까지는 '타이라노 키요모리(平清盛)'라고 표기하는 것이 일반적이었으나 이 책에서는 '타이라노 키요모리(平 清盛)'라고 성과 이름을 띄어 썼다. 커다란 차이가 없어 보이는 듯하지만, 일본의 경우는 성과 이름 사이에 관직명이나 아명 등을 넣어 부르는 경우가 많다. 예를 들자면 이 책의 처음에 나오는 '타이라노 쇼코쿠 조카이 뉴도 키요모리(平相国浄海入道清盛)'의 경우, 한자를 붙여 쓰면 어디까지가 성이고 어디부터가 이름인지 알 수가 없어진다. 하여 한자도 우리말에서처럼 띄어쓰기를 하여 '平 相国 浄海 入道 清盛'라고 표기했다. 단, '겐잔미 요리마사'의 '겐잔미'처럼 고유명사화한 것은 그대로 붙여 썼다.

일본의 고유명사(인명, 지명, 관직명)에는 우리말로 '노'라고 읽히는 것이 많이 삽입되어 있다. 이는 일본어 특유의 용법이라고 할 수 있는데 예를 들어 '타이라노 키요모리'의 성은 '타이라'이며 이름은 '키요모리'다. 그렇다면 가운데 삽입된 '노'는 무엇일까? 여러 가지로 복잡한 내용이 있지만 전부 생략하고 우선은 단순하게, 예전에 신분이 높았던 집안의 자손이라고 알아두면 될 듯하다.

이 외에 지명과 관직명에서 흔히 볼 수 있는 '노'는 소유격조사라고 생각하면 될 듯하다. 예를 들어 '하리마노쿠니'는 하리마라는 지방을 말하는데 일본의 옛 행정구역 단위 가운데 하나가 '쿠니'였다. 즉, 하리마라는 이름을 가진 쿠니라는 뜻이다. 이를 우리 식으로 비유하자면 '가평군' 쯤 되는데 이를 '가평의 군'이라고 표기하는 것이 일본 특유의 방식이다. 또한 '하리마노카미'는 하리마 지방의 장관이라는 뜻이다. 이 책의 본문 속에는 문맥이나 내용의 흐름상, 일본어의 '노'와 우리말의 '의'가 혼용되어 있다. 역자가 임의대로 판단하여 표기한 것인데 독자에게 혼돈을 줄 수 있으니 따로 얘기를 해두기로 하겠다.

다음으로는 본문 속에 작은 괄호를 삽입하여, 독자에게 도움이 될 만한 정보를 여러 가지로 넣었다. 괄호 안의 내용은 때로 일본어 발음이 될 수도 있고 우리말 발음이 될 수도 있으며, 인물의 소속을 나타내는 경우도 있고 내용에 대한 간단한 정보가 들어간 경우도 있다. 일정한 규칙이 없어서 약간의 혼돈을 줄지도 모르겠으나 차분하게 읽어나간다면 괄호 속 내용을 통해서 약간의 정보를 얻을 수도 있고 책을 조금 더 빨리 이해할 수도 있을 것이다.

본문 속의 삽화는 대부분 나라에혼(奈良絵本) 『헤이케 이야기』에서 취해왔다. 『헤이케 이야기』에는 여러 판본이 있으며 각 판본마다 삽화도 다르고, 하나의 일화만을 따로 떼어 묘사한 그림도 아주 많으나 이번 책에는 나라에혼 『헤이케 이야기』의 그림 가운데 본문과 관계가 있는 것을 주로 하여 실었다. 또한 이 책의 저본이 되는 책에서도 삽화를 취해왔다. 다른 판본의 다른 그림은 다음 책으로 기획하고 있는 『미나모토노 요리토모』 등에서 소개하도록 하겠다.

일본에서는 겐페이(源平_{미나모토 씨와 타이라 씨를 아울러 이르는 말}) 시대라고 하여 무가정권이 탄생하기 전후의 역사가 활발히 연구되고 있으며 대중에게도 커다란 인기를 끌고 있으나 우리나라에는 당시의 역사가 거의 소개되어 있지 않다. 그러나 일본이라는 국가를 이해하는 데 있어서 겐페이 시대의 역사는 매우 중요한 역할을 담당한다. 일본인들의 정서 저변에 흐르는 칼의 문화가 바로 이때부터 본격적으로 시작되었기 때문이다.

이 책을 통해서, 그리고 앞으로 계속 발행될 '인물과 사건으로 읽는 일본, 칼의 역사' 시리즈를 통해서 일본에 대한 올바른 지식을 쌓기 바란다.

마지막으로 책에 관한 의견이나 충고, 앞으로 발행할 '인물과 사건으로 읽는 일본, 칼의 역사' 시리즈에 바라는 점 등이 있으시면 번거롭더라도 https://blog.naver.com/gensang로 오셔서 말씀 들려주셨으면 한다. 앞으로의 출판에 커다란 도움이 될 것이다.

* 주요한 관직과 위계

각 관은 4등의 직계로 나뉘어 있어서,

장관을 카미(伯·大臣·卿·大夫·頭·正·別当尹·大将·督·帥·守)

차관을 스케(副·大中納言·参議·輔·亮·助·五位·弼·中少将·佐·大少弐·介)

삼등관을 조(佑·少納言·弁·丞·進·允·六位·忠·監·尉·掾)

사등관을 사칸(史·外記·録·属·令史·疎·曹·志·典·目)이라고 불렀다.

				진기칸 (神祇官)	다이조칸 (太政官)	나카쓰카사쇼 (中務省)	기타 7쇼
귀족 (상급관인)	키 (貴)	정1위 종1위			太政大臣 (다이조다이진)		
		정2위 종2위			左大臣(사다이진) 右大臣(우다이진)		
		정3위			大納言(다이나곤)		
		종3위			中納言(추나곤)		
	쓰우키 (通貴)	정4위	상			卿(쿄)	
			하		参議(산기)		卿(쿄)
		종4위	상		左(사) 右(우) 大弁 (다이벤)		
			하	伯(하쿠)			
		정5위	상		左(사) 右(우) 中弁 (추벤)	大輔 (타이후)	
			하		左(사) 右(우) 小弁 (쇼벤)		大輔(타이후) 大判事 (다이한지)
		종5위	상			少輔 (쇼유)	
			하	大副(타이후)	少納言(쇼나곤)	侍従 (지주)	少輔(쇼유)
하급관인		정6위	상	少副(쇼후쿠)	左(사) 右(우) 弁大史 (벤다이시)		
			하			大丞 (다이조)	大丞(다이조) 中判事 (추한지)
		종6위	상	大祐(타이조)		少丞(쇼조)	少丞(쇼조)
			하	少祐(쇼조)			少判事 (쇼한지)
		정7위	상		大外記(다이게키) 左(사) 右(우) 弁小史 (벤쇼시)	大録 (다이사칸)	大録 (다이사칸)
			하			大主鈴 (다이슈레이)	判事大属(한 지다이사칸)
		종7위	상		少外記(쇼게키)		

346

		하				
정8위	상			少錄(쇼사칸) 少主鈴 (쇼슈레이)	少錄(쇼사칸)
	하	大史(다이시)			判事少属 (한지쇼사칸)
종8위	상	少史(쇼시)			
	하				
대초위 (大初位)	상				
	하				
소초위 (少初位)	상				
	하				

				에후 (衛府)	다자이후 (大宰府)	코쿠시 (国司)
귀족(상급관인)	키 (貴)	정1위 종1위				
		정2위 종2위				
		정3위				
		종3위		大将(타이쇼)	帥(소쯔)	
	쓰우키 (通貴)	정4위	상			
			하			
		종4위	상			
			하	中将(추조)		
		정5위	상	衛門督 (에몬노카미)	大弐 (다이니)	
			하	少将 (쇼쇼)		
		종5위	상	兵衛督 (효에노카미)		大国守(카미)
			하	衛門佐 (에몬노스케)	少弐 (쇼니)	上国守(카미)
하급관인		정6위	상			
			하	兵衛佐 (효에노스케)	大監 (다이겐)	大国介(스케) 中国守(카미)
		종6위	상	将監(쇼겐)	少監(쇼겐)	上国介(스케)
			하	衛門大尉(에 몬노다이조)		下国守(카미)
		정7위	상	衛門少尉 (에몬노쇼조)	大典 (타이텐)	
			하	兵衛大尉(효 에노다이조)	主神 (슈신)	大国大掾 (다이조)
		종7위	상	兵衛少尉 (효에노쇼조)		大国少掾 (쇼조) 上国掾(조)
			하	将曹(쇼소)	博士(하카세)	
		정8위	상		小典·医師 (쇼텐·이시)	中国掾(조)
			하	衛門大志(에 몬노다이사칸)		
		종8위	상	衛門少志(에 몬노쇼사칸) 兵衛大志(효 에노다이사칸)		大国大目 (다이사칸)

		하	兵衛少志(효 에노쇼사칸)		大国少目 (쇼사칸) 上国目(사칸)
대초위 (大初位)	상			判事大令史 (한지다이레이 시)	
	하			判事少令史(한지쇼레이지)	中国目(사칸)
소초위 (少初位)	상				下国目(사칸)
	하				

349

일본의 옛 행정구역명

토산도
40. 오우미/고슈
45. 미노/노슈
50. 히다//히슈
57. 시나노/신슈
63. 시모쓰케/야슈
64. 코즈케/조슈
67. 데와/우슈
68. 무쓰/오슈

호쿠리쿠도
39. 와카사/자쿠슈
46. 에치젠/엣슈
47. 카가/카슈
48. 노토/노슈
49. 엣추/엣슈
65. 에치고/엣슈
66. 사도/사슈

산인도
19. 이와미/세키슈
21. 이즈모/운슈
25. 호키/하쿠슈
28. 타지마/탄슈
29. 이나바/인슈
30. 오키/온슈
31. 탄고/탄슈
32. 탄바/탄슈

산요도
16. 스오/보슈
17. 나가토/조슈
18. 아키/게이슈
20. 빈고/비슈
22. 빗추/비슈
23. 비젠/비슈
24. 미마사카/사쿠슈
27. 하리마/반슈

키나이
33. 셋쓰/셋슈
34. 이즈미/센슈
35. 카와치/카슈
37. 야마토/와슈
38. 야마시로/조슈

난카이도
12. 이요/요슈
13. 토사/도슈
14. 아와/아슈
15. 사누키/산슈
26. 아와지/탄슈
36. 키이/키슈

사이카이도
1. 오오스미/구슈
2. 사쓰마/삿슈
3. 휴가/닛슈
4. 부젠/호슈
5. 분고/호슈
6. 치쿠젠/치쿠슈
7. 치쿠고/치쿠슈
8. 히젠/히슈
9. 히고/히슈
10. 이키/잇슈
11. 쓰시마/타이슈

토카이도
41. 이가/이슈
42. 이세/세이슈
43. 시마/시슈
44. 오와리/비슈
51. 미카와/산슈
52. 토오토우미/엔슈
53. 스루가/슨슈
54. 이즈/즈슈
55. 사가미/소슈
56. 카이/코슈
58. 무사시/부슈
59. 아와/보슈
60. 카즈사/소슈
61. 시모우사/소슈
62. 히타치/조슈

오다 노부나가와 도쿠가와 이에야스의 어린 시절을 그린 소설

젊은 날의 도쿠가와 이에야스

—와시오 우코 지음 12,000원

일본 역사상 최대의 미스터리인 혼노지의 변을 소재로 한 소설

(소설) 아케치 미쓰히데

—와시오 우코 지음 13,000원

전국시대 최고의 무장으로 꼽히는 다케다 신겐의 일대기

(소설) 다케다 신겐

—와시오 우코 지음 13,400원

치열했던 가와나카지마 전투, 그 중심에 섰던 우에스기 겐신의 인간상

(소설) 우에스기 겐신

—요시카와 에이지 지음 13,400원

혼돈의 전국시대를 평정한 진정한 영웅

(전기) 도쿠가와 이에야스

—나카무라 도키조 지음 14,000원

일본 최고의 감독들이 앞 다투어 영상화를 시도한 명작소설

계절이 없는 거리

—야마모토 슈고로 지음 12,000원

인간에 대한 날카로운 통찰과 따뜻한 휴머니즘이 돋보이는 걸작소설

붉은 수염 진료담

—야마모토 슈고로 지음 12,000원

일본 대문호의 계보를 잇는 야마모토 슈고로의 드라마 원작소설 모음집

유령을 빌려드립니다

—야마모토 슈고로 지음 13,000원

옮긴이 **박현석**

일본의 소설 및 역사에 관심을 갖고 관련 서적들을 꾸준히 번역·출판하고 있다. 우리나라의 일반 독자에게는 자료가 풍부하지 않은 일본의 역사를 소개할 때는 가능한 한 쉽게 풀어쓴 책을 찾기 위해 노력하고 있다. 문학 쪽으로는 숨겨진 양서를 발견하여 출판하는 작업도 계속하고 있다. 옮긴 책으로는 『나쓰메 소세키 단편소설 전집』, 『그럼, 이만…… 다자이 오사무였습니다.』, 『운명의 승리자 박열』, 『붉은 수염 진료담』, 『추리소설 속 트릭의 비밀』 등이 있으며, '인물과 사건으로 읽는 일본, 칼의 역사' 시리즈를 20권쯤 기획하고 있다.

다이라노 기요모리

1판 1쇄 인쇄 2023년 10월 15일
1판 1쇄 발행 2023년 10월 25일

지은이 가사마쓰 아키오
옮긴이 박현석
펴낸이 박현석
펴낸곳 炫 人(현인)

등 록 제 2010-12호
주 소 서울시 도봉구 덕릉로 62길 13, 103-608호
전 화 010-2012-3751
팩 스 0505-977-3750
이메일 gensang@naver.com

ISBN 979-11-90156-42-4